How to solve the writing test

国内MBA受験のための 筆記試験 の解き方

鄭 龍権 著

河合塾KALS 編集協力

晶文社

はじめに

　本書は、国内MBAに関心がある方や、すでに国内MBA入試に向けて対策に取り組んでいる方を対象に筆記試験の解き方をまとめたものです。

　MBAプログラムを提供するビジネススクールの多くは、筆記試験による選考が導入されています。筆記試験は、ビジネススクールで学ぶのに必要な教養や思考力などの基礎能力を備えているかを統一した尺度で評価するねらいがあります。本書は、国内MBA入試を突破するために押さえるべき筆記試験のポイントを整理していきます。

　本書の特徴は大きく2つあります。

　まず、伝わる文章を書く力と問いを読み解く力に焦点を当てて、問いを解くステップを体系的に整理していることです。筆記試験で求められる基礎能力の中でも特に重要なのが、問いを読み解く力と伝わる文章を書く力の2つです。基礎編では、筆記試験全般に共通するポイントを4つのステップでまとめています。さらに、単語から文、パラグラフと、文章の構造をレベル別に解説することにより、伝わる文章とは何かを正しくつかめるよう工夫しました。このように問いを解くステップを的確に押さえることにより、2つの力を同時に強化することを目指しています。

　次に、本書ではビジネススクールで実際に出題された過去問をふんだんに取り込んでいます。過去問を活用するメリットとして、ビジネススクールが求める基礎能力のレベル感を知る手がかりになることが挙げられます。他方で、過去問には出題意図がつかみにくいものもあるため、どの問題を選べばよいかが悩みどころとなります。本書では、過去問の中でも特に重要性の高いものを選び、国内MBA入試突破に必要な力を養うことを目指します。練習編では、1つ目の特徴に挙げた問いを解くステップを定

着させるべく、問いの求めに応じた答案をまとめる練習を行います。実践編では、ビジネススクールの筆記試験で出題される形式に応じた解き方を身につけていきます。筆記試験で採用されている形式には、知識問題、課題文型問題、図表・グラフ型問題の3つがあります。実際に出題された過去問を通じて各々の形式が持つ傾向をつかみ、問いを解くステップをどう生かせばよいかを理解していきます。

　本書作成に当たり、多くの方々にご協力をいただきました。まず、過去問の使用を許諾いただきましたビジネススクールをはじめ、著者、出版社各位に深く感謝申し上げます。また国内MBA入試にあたり貴重な機会を与えてもらった河合塾KALSの同僚や社員の方々にも謝意を表したいと思います。今回の書籍化に当たり企画の実現や編集の労を執っていただきました株式会社晶文社・藤川明代様にも深く御礼を申し上げます。そして、仕事とプライベートのバランスが取れない私を陰ながら支えてくれた妻・博子にも感謝を伝えたいと思います。

　最後に本書をご購入いただいた皆様に心から感謝の意を申し上げます。本書が皆様の国内MBA合格を勝ち取る礎になることができれば、これに勝る幸せはございません。

2022年5月　　　鄭　龍権

目 次

4

概要編

Ⅰ MBAとは？

❶ MBAの定義

　MBAとは、Master of Business Administrationの略で、日本では「修士（経営学）」や「経営管理修士（専門職）」などと表記されます。MBAを授与するプログラムは、ビジネスに関する実務上の課題に対して、体系的、かつ論理的な視点で解決策を導き実行できるビジネスリーダーを養成することを目的としています。専門性の高い実務家を育成する点で、研究者の養成を目的とする経営学研究科や商学研究科と区別されます。

　ビジネススクールは、1881年にアメリカの実業家、ジョセフ・ウォートンがペンシルベニア大学に設立したビジネス系学部（現在のウォートン・スクール）が始まりとされています。その後、1908年にハーバード・ビジネススクールがMBAプログラムをスタートしたのを皮切りに、アメリカやイギリスの有名大学でMBAプログラムが創設され、MBAホルダーがビジネスエリートの代名詞として定着するようになりました。

❷ 日本版MBAの誕生と発展

　日本で初めてMBAプログラムが開設されたのは慶應義塾大学です。1962年に設立した慶應義塾大学ビジネススクールは、日本で初めてハーバード・ビジネススクールが開発したケースメソッドを導入し、協力企業の幹部候補生への教育を始めました。その後、1978年に大学院経営管理研究科修士課程を開設し、MBAプログラムをスタートさせています。ちなみに、慶應義塾は1890年に大学部が発足したときに、現在の経済学部・商学部の源流となる理財科が設置されています。慶應義塾が「実学の精神」にのっとり日本におけるMBAプログラムの先駆的役割を担ったと考えるのは、決して大げさではないでしょう。

　1989年には神戸大学と筑波大学がMBAプログラムを発足させました。

両校のプログラムでは、社会人が働きながら学べるよう、平日夜間や土曜日に講義を開講しました。これが、現在のMBAプログラムにおいて広く社会人に門戸を開くスタイルにつながったといえるでしょう。

　2003年には、文部科学省により高度専門職業人の養成に目的を特化した課程として専門職大学院制度が創設されました。これは、理論と実務の架け橋となる教育が行えるよう、実践的な教育方法の導入や研究指導や論文審査の緩和、および実務家教員の受け入れを柱とする制度です。これにより、さまざまな大学でビジネススクールが開設され、2021年5月現在、専門職大学院制度に基づくビジネススクールは31大学[1]にのぼっています。

❸ MBAの国際的評価 —— 国際認証とランキング

　昨今、企業活動がグローバル化する中で、世界に通用するビジネススクールを目指し、各校が努力を重ねています。その努力を表す指標として、国際認証と大学評価機関によるランキングがあります。

　国際認証とは、アメリカなど海外の評価機関からビジネス教育に関する品質が保持されているという認証を受けることをいいます。実務における国際化が進展する中で、ビジネススクールも海外からの人材受け入れや学生間の交流を促進することが求められていることから、国際認証の取得に積極的に取り組んでいます。主な国際認証機関と認証取得校を【表1.1】にまとめています。

　大学評価機関によるランキングは、ビジネススクールがグローバル化されたビジネス社会に貢献できる人材を輩出することができているか、教育面や修了生のキャリアなど多角的に分析しランクづけしたものです。世界的なレベルで評価を実施しているランキングとして、Eduniversal社が公表している「Eduniversal Best Masters Ranking」や、QS（Quacquarelli Symonds）社の「QS Global MBA Rankings」などがあります。【表1.2】では2021年時点の順位など、ランキングの概要をまとめています。

【表1.1】主な国際認証機関

認証機関名	概　要	取得校（22年2月現在）
AACSB	米国拠点の認証機関 2021年5月時点で、世界58カ国で901校が認証を取得している	慶應義塾大学 国際大学 名古屋商科大学 立命館アジア太平洋大学 早稲田大学 一橋大学
EFMD	1972年、ベルギーで設立 大学など組織・機関単位で認証するEQUISと、提供するプログラム単位で認証するEFMD Accredited（旧EPAS）がある	早稲田大学（EQUIS） 明治大学 青山学院大学 （EFMD Accredited）
AMBA	1967年、イギリスで設立 2021年5月時点で、世界75カ国、260以上のビジネス系プログラム（MBA、DBAなど）を認証している。	名古屋商科大学 立命館アジア太平洋大学

（各評価機関のウェブサイトより筆者作成）

【表1.2】主なランキング

	Eduniversal社	QS社
特　徴	ランキングの網羅性が高い 順位に加え、プログラムごとの評価も実施している	世界大学ランキングをはじめ注目度の高いランキングを公表している
ランキング	Eduniversal Best Masters Ranking 2021 (MBA full time)	QS Global MBA Rankings 2021
ランクインした大学	4位　　早稲田大学 10位　　国際大学 12位　　慶應義塾大学 20位　　一橋大学（ICS） ＊順位は極東地区[2]	17(141-150)位 　名古屋商科大学 19(151-200)位 　早稲田大学 29(201+)位 　立命館アジア太平洋大学 32(201+)位 　国際大学 33(201+)位 　同志社大学 ＊順位はアジア地区（括弧内は世界全体）[3]

（各評価機関のウェブサイトより筆者作成）

1）慶應義塾大学や筑波大学は修士課程なので、この数には含まれません。

2）https://www.best-masters.com/ranking-master-mba-full-time-in-far-eastern-asia.html

3）https://www.topuniversities.com/university-rankings/mba-rankings/asia/2021

Ⅱ　ビジネススクールとは？

❶　ビジネススクールでの学びと研究

　前章で述べたとおり、ビジネススクールではビジネスに関する実務上の課題に対応できる、ビジネスリーダーとして必要な能力を身につけることを目的としています。そのためビジネススクールでは、研究者の養成を主な目的とする経営学研究科や商学研究科とは異なるカリキュラムや研究方法が取り入れられています。

（１）実務に関する横断的な知識の習得

　通常の経営学研究科や商学研究科は、研究者のような特定の専門分野に精通した人材を育成することを目標としています。従って、大学院に入学する時点でその専門分野に関する基本的な知識が備わっているかを確かめるべく、筆記試験で基本的な知識の有無を直接問います。大学院入学後は基本的な知識が備わっていることを前提に、専攻する分野を軸に科目履修を進めることになります。

　これに対して、ビジネススクールでは業種や職種、年代を問わず、ビジネスリーダーとしての役割を望む人々が集まります。そのため、各人が等しく学ぶ環境が得られるよう、ビジネススクールでは１年次を中心にビジネスに必要な領域に関する知識を必修科目として学ぶことになります。具体的には、経営理論（戦略論や組織論）やマーケティング、会計、ファイナンス、統計学、経済学などが課されます。さらには、論理的思考そのものをひとつの科目として取り上げることもあります。いずれにしても、短期間に実務で求められる基本知識をまとめて習得すべく、相当な時間と労力を使うことになります。

（2）ディスカッションやグループワークの充実

　ビジネスリーダーは、チームを率いて目的達成に取り組むため、メンバーへの動機づけや管理などを効果的に行う必要があります。そのため、ビジネススクールでは教員や学生相互のコミュニケーションに軸足を置いた教育がなされています。

　まず、ビジネススクールの講義は基本的に教員と学生とが双方向に発言する形で進められます。通常、講義では事前にケース（実際の企業や組織が直面した経営課題を記述した教材）が配布され、学生はそのケースで議論すべき問題（論点）を特定し、問題解決に必要な情報を読み取り、解決策を導き出します。この予習の成果をもとに教員と学生、ないしは学生相互のディスカッションを繰り返すことにより、実務に不可欠な知識の修得に加え、ビジネスに関する洞察力やメンバーとの協働意識を高めていきます。また、講義ではグループワークとして、学生がチームで問題解決に向けた取り組みを行う機会を設けています。

　さらに、多くのビジネススクールでは、ゼミ形式による少人数教育の機会を確保しています。ゼミとは、学生自らが実務に関わるテーマを設定し、そのテーマに含まれる問題を学生相互、および教員との議論を通じて解決策を探る教育システムをいいます。少人数形式で議論を深めるゼミは、ビジネス実務における問題の早期発見や、イノベーティブな解決策を立案するのに必要な能力を養成する貴重な機会となります。また、ゼミは通常は1年間、課程によっては入学直後から2年間、同じメンバーで取り組みます。ゼミという長期的なグループワークを通じて、在学中に限らず修了後も互いの成長の刺激となる貴重な人脈を形成することもできます。

（3）論文による成果のとりまとめ

　ビジネススクールでは、学生自ら設定したテーマに基づき、ゼミでのディスカッションや最新の理論、技法を駆使して問題解決を図り、その成果を論文形式でまとめます。この論文は、ビジネススクールにより修士論文やワークショップレポート、専門職学位論文などと称されます。テーマ

の設定から問題解決の成果まで論文にまとめること、これがビジネススクールでいう研究となります。

　この研究に対するスタンスはビジネススクールによって大きく異なり、これがビジネススクール選択における重要なポイントとなります。例えば、筑波大学や神戸大学ではビジネスの実務に加え経営理論に関する研究にも注力しています。これらのビジネススクールでは、経営理論などの知識をベースにした議論ができることが実務への貢献にもつながると考え、入学前から研究計画書において明確なテーマ設定が求められます。すなわち、出願前から論文執筆を想定した準備が必要となります。

　他方、早稲田大学、特に夜間主総合プログラムでは、出願書類に研究テーマの記載を求めてはいるものの、修了要件となるプロジェクト研究論文ではゼミ内で改めて研究テーマの設定を行えます。また、研究成果も研究論文に限らず、ビジネス・プランや事例研究などによる方法でまとめることが認められています。さらに、青山学院大学のように論文提出自体を卒業要件としていないビジネススクールもあります。

　このように、修士論文などに対するスタンスはビジネススクールにより異なるため、必ず説明会や募集要項などで情報収集を行いましょう。

❷　修了後のキャリアプラン

　ビジネススクールでは業種や職種、年代を問わず、ビジネスリーダーとしての役割を望む人々が集まります。当然、目指すキャリアも人により異なります。ビジネススクール修了後も現在の勤務先に残りキャリアアップを実現させる人もいれば、別の勤務先への転職を通じてキャリアチェンジを図る人もいます。すでに経営の立場にある人は事業の成長を目指し、事業承継や起業を考える人は自ら経営者として顧客や社会への貢献を果たそうとしています。実際に、筆者の周囲でも多くの人たちが多種多様なキャリアプランを考え、実現に向けて取り組んでいます。慶應ビジネススクール（KBS）を例に取ると[4]、同校を2021年3月に修了した学生がさまざまな業種に所属していることがわかります。具体的には、サービス業が27％、

製造業が23%、情報・通信業が13%、金融・保険業と卸売・小売業、不動産業がそれぞれ5%となっています。サービス業が多いのは、コンサルティング業が含まれているからだと考えられます。このように、特定の業種に偏ることなく各々のキャリアプランに応じて選択していることがデータからも読み取れます。

　ところで、学生が多種多様なキャリアプランを持っているということは、裏返すと進学する時点で一定のキャリア目標を持つことが求められることを意味します。というのも、ビジネススクールでは多種多様なキャリアプランに応じたカリキュラムが作られていることから、目標に沿った学習プランを持つことが学習の成果に大きく関わるためです。従って、ビジネススクールが出願時に求める研究計画書では、必ずキャリアに関する目標や達成手段、すなわちキャリアプランを記載することが求められています。従って、ビジネススクールに入学すればキャリアの道が自ずと開かれるだろうという受け身な姿勢では、そもそも入学すること自体が危ぶまれます。何の目的でビジネススクールに進学するのか、キャリアプランの策定は早めに取りかかりましょう。

---

4) 慶應義塾大学大学院経営管理研究科「2022年度MBAプログラム案内」を参照しています（http://www.kbs.keio.ac.jp/pdf/KBS_2022.pdf）。

Ⅲ MBA入学試験の形式

❶ 試験の基本パターン

国内ビジネススクールで課せられる試験科目は、主に下記の3つです。

（1）研究計画書
（2）筆記試験
（3）面接試験

（1）研究計画書の目的

研究計画書では、出願までの背景（実務経験）や志望動機、キャリアゴール、今回の進学がキャリアゴールにどのように結びつくのかなどを整理して述べていきます。「Ⅱ.2.修了後のキャリアプラン」で説明したとおり、ビジネススクールは出願者が進学する目的が何かに注目しているので、これらをいかに整理して伝えられるかが合格のポイントといえます。

研究計画書の書き方などの詳しい対策は、拙編著『新版 国内MBA受験のための研究計画書の書き方』をご参照ください。

（2）筆記試験の目的

ビジネススクールの筆記試験の多くは小論文形式です。小論文とは、与えられた設問に対して自分の主張を根拠と共に論じていくタイプの試験で、ビジネススクールでの学習および修了後の実務に対応できる能力が備わっているかを確かめることを目的としています。筆記試験で評価される能力は自身の考えを論理的に伝える力、すなわち論理力です。試験では、与えられた課題や資料などをもとに、思考を通じて設問に対する自身の主張を生み出し、試験官に伝えます。その主張が、どういう前提から、どういう理由で導けるのか。それ以外の結論をどうして導けそうにないのか。

思考の結果をできる限り、一貫した、飛躍の少ない、理解しやすい形で文章化し、いかに試験官を納得させられるかがポイントとなります。

（3）面接試験の目的

　面接試験は、研究計画書や筆記試験では測れない、コミュニケーション能力や協調性などを確かめるのが目的です。具体的には、

- 研究計画書で述べたことを受験生本人に確かめる
- 試験官との対話を通じてコミュニケーション能力を評価する
- 社会人としてふさわしい外面を備えているかをチェックする

といった項目を中心に試験官が評価します。

❷ 入学試験で求められる力と筆記試験の位置づけ

　ビジネススクールが入学試験を通じて見極めたいのは、①入学後の科目履修やグループワーク等を通じて高い学習効果を得られる基礎能力が備わっているか、②受験生が明確な目的意識を持っているか、の2つです。

【図1.1】入学試験で求められる力

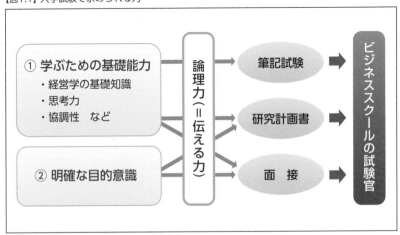

　本書で取り扱う筆記試験は、主に①の基礎能力を統一した尺度で測ることを主眼としています。これに対し、研究計画書や面接では①基礎能力に加えて、②明確な目的意識があるかを確かめることを主眼としています。筆記試験にせよ、研究計画書や面接にせよ、基礎能力や目的意識があることを的確に伝えるために、論理力が不可欠となります。

　従って、筆記試験の対策を通じて論理力を高めることが、研究計画書の執筆や面接対策の準備にもつながります。これから説明する筆記試験の中身を理解し演習を積み重ねることで、入学試験全体に対処できる論理力を身につけましょう。

Ⅳ 筆記試験の重要性

❶ 筆記試験を解く力とは

　筆記試験の目的は受験生が持つ論理力を統一した尺度で測ることです。論理力とは、思考の結果を一貫した、飛躍の少ない、理解しやすい形で表現する力です。本項では、この論理力の中身を掘り下げ、筆記試験の対策を進めるポイントを整理しましょう。

　筆記試験で求められているのは、平たく言えば問いに答えることです。当たり前ではないか、と思われるかもしれません。しかし、試験で求められている問いがどのような性質を持っているのかを正確に押さえることが試験対策の重要な一歩となります。例えば、弁護士や公認会計士、税理士など専門的な業務に携わるための資格試験では、各々の分野で求められる知識を正確に押さえているかが問われます。従って、これらの資格試験に合格するための対策として、受験生は知識の習得を進めることになります。

　では、ビジネススクールの筆記試験で求められる問いに答える力とは何か、それは論証する力と定義づけられます。ここで論証とは、求められた問いに対し、理由となる根拠をもとに主張を述べることを意味します。実際にビジネスの場面に置き換えて考えてみましょう。ビジネスで課題に直面した時、どのような行動を取ればよいか、100％正しい解決策は誰にもわかりません。しかし、ビジネスリーダーは最も有効だと考える解決策を選択し、行動します。この時、リーダーは選んだ選択肢が妥当であることを多くの人々に説明をし、納得させ、コンセンサスを得る必要があります。ビジネスはチームメンバーや取引先など複数の人々と協同して取り組むものだからです。この納得させる力が論証する力です。

❷ なぜ論証する力が求められるのか

　実は、「Ⅱ.1.ビジネススクールでの学びと研究」の中で説明したカリ

キュラムや研究方法から、ビジネススクールが論証する力の重要性を認識していることを読み取ることができます。

　ビジネススクールの講義で核となるディスカッションやグループワークでは、学生が論証する力を遺憾なく発揮する機会が設けられています。ディスカッションの前提となるケースでは、何を意思決定するかという大まかな設問だけが用意されています。学生は、事前にケースを読解し、設問に答えるのに対処すべき論点を定め、各々の論点に対する主張と根拠を整理し、設問に対する意見をまとめます。講義では、学生がまとめた意見をもとに進めます。しかし、学生たちがまとめた意見の内容は千差万別です。講義では、各々が自説が妥当だと教授や他の学生が納得できるよう、議論を進めることになります。学生や教授が設定した論点を共有し、参加者全員が納得するよう根拠づけて説明する力、すなわち論証する力が不可欠であることが、講義の流れから認識できるでしょう。

　さらに、ビジネススクールの修了要件となる論文を書く時にも、論証する力が必要となります。論文は主として、執筆者である学生が解決したい研究テーマと、テーマを解決させるのに必要な論点（リサーチ・クエスチョンといいます）、さらにリサーチ・クエスチョンに対する仮の答え（仮説）で構成されます。論文作成上、研究テーマを持たないまま、いきなりビジネスの現場で調査をすることはあり得ません。目標なく闇雲に調べたことをまとめたとして、それはただの観察日記です。ビジネスの現場でどこに関心があるのかを見極め、教授や他の学生との議論やアカデミックな技法を駆使して解決するに足る研究テーマやリサーチ・クエスチョンを定めることが、論文作成の第一歩となります。

　このリサーチ・クエスチョンに対する答えを求めるのに、なぜ仮説が必要なのか。それは、研究の効率性を高めるためです。考え得るすべての選択肢を提示できたとして、それらをすべて検証するのは時間の無駄ですし、下手をすると期限までに論文を提出することが難しくなります。ちなみに、このようなアプローチを絨毯爆弾と呼びます。これに対し、仮説は単に選択肢を列挙するだけではなく、なぜリサーチ・クエスチョンの答え

になり得るのか、根拠を備えることで選択肢を絞ります。その根拠が妥当であることを、データ収集や分析により証拠を集めて検証します。そう、研究を効率的に進めるには、仮説を組み立てること、すなわち論証を通じて選択肢の候補を整えることが必要となります。

　ここまで説明すれば、なぜビジネススクールが筆記試験を通じて論証する力を求めるのか、納得できたはずです。<u>筆記試験は、ビジネススクールで学ぶのに必要なスキルが備わっているかを試す予行演習なのです。</u>

❸ 問いに答える要件とは

　本章のまとめとして、問いに答える要件、すなわち論証するために必要なプロセスをまとめましょう。

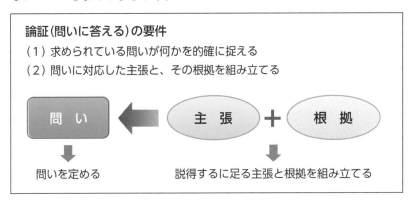

論証（問いに答える）の要件
（1）求められている問いが何かを的確に捉える
（2）問いに対応した主張と、その根拠を組み立てる

問 い ← 主 張 ＋ 根 拠

問いを定める　　　　説得するに足る主張と根拠を組み立てる

　筆記試験で求められる答案は、問いに答えなければ得点になりません。当たり前に思われたかもしれません。しかし、多くの方は実際に筆記試験を解いても思うように得点できないという悩みに直面しています。実は、そのほとんどが問いに答えることと言いたいことを書くことは違う、という事実に起因していることに気づいていないのです。

　筆者は予備校講師という職業柄、筆記試験で不合格になった方の相談をよく受けます。この種の相談を受けたとき、私は必ず、出題された問いの内容と、実際にどのような内容で答えたのかを確かめます。すると、問われていた内容そのものはあやふやで覚えていない、ただ自分の仕事上の経

験をとにかく書き並べた、と答える方が多いのに驚かされます。筆記試験
で出題した問いを的確に捉えることは、適切に物事を考えるスタートライ
ンに立つことを意味します。言い換えれば、問いが捉えられなかったとい
うことは、筆記試験を出題した教授とのコミュニケーションに失敗したこ
とになります。この状況でとりあえず説明がしやすい経験談を語り出すと
どうなるか、結末はおおよそ想像できるでしょう。採点する教授からすれ
ば、自分が求めていないことを書き連ねた答案に得点を与えようとする意
思はありません。ちなみに、経験談はプレゼンテーションの場で相手の共
感を引き寄せるのに用いるのが一般的です。他方、筆記試験は問いに答え
るための論証ができることを示すのが目的なので、共感を引き寄せる必要
はありません。従って、筆記試験で経験談が求められることはないと考え
て問題ありません。

　本章を通じて、筆記試験で求められている論証する力がビジネススクー
ルで重要なスキルである、ということを認識できたと思います。本書で論
証するスキルを高め、ビジネススクールへの入学を果たすことはもちろ
ん、入学後の講義や論文の執筆、さらには修了後の実務の場で貢献できる
実力を身につけましょう。

基礎編

はじめに

❶ 筆記試験の採点ポイント

基礎編では、筆記試験で得点するために必要なスキルを説明します。ここまで、筆記試験はビジネススクールで学ぶのに必要なスキル、すなわち論証する力が備わっているかを試す予行演習である、と位置づけました。この考えに基づくと、筆記試験を採点するポイントは、論証する力がどの程度備わっているかです。これは、概要編「Ⅳ.3.問いに答える要件とは」で示した論証の要件に対応してまとめることができます。

> **筆記試験の採点ポイント**
>
> **(1) 伝わりやすさ**
>   問いに対する答え（主張と根拠）の所在が的確につかめる
> **(2) 論証の妥当性**
>   読み手が、問いと主張、主張と根拠との関係に納得できる

(1) 伝わりやすさ

まず伝わりやすさとは、読み手となる採点者が答案を読んで、どこに答えが書かれているかを的確につかめることを意味します。もし、答案は問いに答えるために書くのだから、文章全体が答えになると考えていたとすれば、それは非常にまずい考えです。実際に筆者が添削する答案の中には、なんとなく言いたいことを書いただけで、答えにあたる主張や根拠がつかめないものが見受けられます。これらの答案は、採点者から見れば問いに答えていないという評価となり、得点も低くせざるを得ません。論証は理由となる根拠と共に主張を述べることです。読み手に論証ができていることを示すためには、どこに主張が書かれているか、どこに根拠が示されているかを、文章の中で明らかにさせる必要があります。

（2）論証の妥当性

　論証の妥当性とは、問いと主張との関係、主張と根拠との関係が読み手にとって納得できる内容を備えているということを表しています。

　問いはいわば出題者が受験生に向けて発した言葉です。相手の話をろくに聞かないで自分勝手な提案をするとどうなるか、想像に難くないでしょう。先ほど取り上げた、受験生が経験談を語り出すことは、まさにこの事例にほかなりません。相手の要求をきちんと理解することが筆記試験を解く第一歩となります。

　また主張と根拠が整合しているかは、答案の読み手が抱く「本当にそうなのか？」という疑問をいかに解消できるかと関わりがあります。ビジネススクールの筆記試験で採用されている小論文形式では、唯一絶対の解を求めていません。読み手に正しいと認めさせる根拠を支えに、できるだけ反論に耐えうる主張を導き出す。これが、読み手を論理的に説得する手立てになります。

2　本編の構成

　基礎編では筆記試験の採点ポイントに対応して、Part1「文章の構造を知る」とPart2「問いの解き方」の2つのパートに分けて説明します。

　Part1「文章の構造を知る」では、論証するための日本語について学びます。筆記試験を解く第一歩として、論証するための日本語を正しく理解しましょう。

　Part2「問いの解き方」では、問いに答えるプロセスを学びます。ここでは、問いに答える定石、すなわち問いを解くためのプロセスを扱います。定石を押さえて論理的に考え表現する力を養い、筆記試験本番でその力を生かすことを目指しましょう。

Ⅰ 単語を丁寧に扱う

❶ 定義の重要性

　単語の意味を辞書で調べると、「文法上で、意味・職能を有する最小の言語単位(小学館『精選版　日本国語大辞典』)」と書かれています。もっとも、本書では厳密に文法を学ぶことが主眼ではありません。従って、本書における単語とは、文を形成する個々のパーツと捉えれば大丈夫です。

　問いに答える上で、自分が答えとしてまとめた文章の内容が読み手となる他者に的確に伝わるにはどうすればよいか。文章の内容を分かち合うためには、文章に含まれる単語の意味を書き手と読み手との間でそろえておく必要があります。このように単語の意味を読み手と共有することを、定義といいます。

　単語を定義するとき、日常生活で使われるものとほとんど変わらないときは、あまり気にかける必要はありません。例えば、物を「買う」と表現するとき、わざわざ「買うとはお金を払って欲しい物を手に入れること」と定義づけなくても、読み手は意味を理解してくれます。

　定義を意識する必要があるのは、日常生活であまり使われない単語を用いるときや、日常生活とは異なる意味で単語を用いるときです。ビジネススクールの入学試験では、経営学やマーケティング、会計学などで用いられる専門用語や、新聞や雑誌で使用されている英語をそのまま転用した、いわゆるカタカナ語などが使用されます。これらの単語を用いるとき、書き手としてどのような内容を踏まえて書いたのかを定義づけて読み手の理解を促すことが、読み手と分かち合う重要なカギとなります。

　例を挙げて説明しましょう。ビジネススクールを志望する目的について、以下の書き出しで始まる文章を読んだとします。

Part1　文章の構造を知る　　　Part2　問いの解き方

I　単語を丁寧に扱う

II　文を作る

III　パラグラフを組み立てる

IV　答案全体の構成を整える

V　清書する

【例2.1】

　弊社ではグローバル化の波に押され業績が低迷している。このような状況を打開するために、私はビジネススクールで体系的に経営学を学び…。

　この文章にある「グローバル化」の意味をどのように捉えたでしょうか。わかりますよ、それは国際化という意味ですね、と考えたとすれば、それは「グローバル化」を翻訳したに過ぎません。ここでいう意味とは、取り上げた企業が具体的にどのような課題に直面したのかを表します。一口に「グローバル化」といっても、企業からすればさまざまな課題が想定できます。いくつか例を挙げましょう。

● この企業が扱う製品が海外で人気となり、輸出入が増えた。そのため、輸出先の商慣習が日本と大きく異なるため、取引でのトラブルが増えてしまった。
● この企業が扱う製品を日本国内で販売すべく、海外の有力企業が複数進出した。これにより国内市場で競合企業の国際化が進んだ。
● この企業が海外での事業を拡大するため、国籍を問わず人材を採用することになった。そのため、従業員のバックグラウンドが多様化し、部署内で意思統一を図ることが難しくなった。

　いかがでしょうか。海外市場か国内市場か、企業の外部か内部かを問わず、「グローバル化」に伴う課題が生じ得ます。今回の例文で書き手は読み手に適切に内容を伝えるためには、「グローバル化」という単語ひとつで済ませるのではなく、どのような課題に直面しているのかも含めて文章にまとめる必要があります。

　また、使用したい専門用語が経営学者により定義づけられたものであれば、その定義を忠実に使ってください。マイケル・ポーターのファイブフォース分析や、クレイトン・クリステンセンのイノベーターのジレンマ

などは、筆記試験でも頻出の概念です。経営学の理論を正しく押さえる
ポイントは、実践編で詳しく説明します。また、「MBAキーワード」では、
筆記試験で問われる基本的な専門用語をまとめましたので、こちらも併せ
て活用してください。

❷ 過度な名詞化は避ける

　筆者は予備校で添削指導を行うべく、受講生が提出した筆記問題の答案
や研究計画書のドラフトに目を通します。その際に気づかされるのが、名
詞ひとつだけで説明を終わらせる事例が増えていることです。しかし、読
み手の理解を促すには状況が伝わるだけの分量を使って説明する必要があ
ります。従って、結論や意見を過度に名詞化することは避けてください。
名詞化の主な例を挙げると以下のものがあります。先ほど取り上げた【例
2.1】の「グローバル化」も名詞化の典型例です。

- 「○○化」：多様化、グローバル化、専門化…
- 「○○的」：体系的、効果的、生産的…
- 「○○力」：営業力、技術力、現場力…

　過度に名詞化することを防ぐには、読み手が状況を理解するのに必要な
情報を文章に盛り込むことが必要になります。【例2.1】であれば、取り上
げた企業が具体的にどのような状況に陥っているか、「グローバル化」の中
身を説明することで解決できます。

　では、名詞化する意義は何でしょうか。クリエイティブ・ディレクター
の佐藤可士和氏は、名詞化のメリットとして「あいまいな概念・なんとな
く共有されている暗黙知にシンプルかつ強固なフォルムを与えることで発
信力と共有力を高めること[5]」を挙げています。筆記試験で論証するとい
う視点においても、名詞化により読み手の注目を集める効果があることは
否定しません。しかし、繰り返し述べたとおり、論証の目的は読み手と理
解を共有することにあります。従って、名詞化は論証の目的とはやや異な

Part1 文章の構造を知る Part2 問いの解き方

I 単語を丁寧に扱う

II 文を作る

III パラグラフを組み立てる

IV 答案全体の構成を整える

V 清書する

るといえます。文章をまとめるときは、名詞化の機能を押さえつつ、必要十分な量で説明するように心がけてください。

3 単語を読み取る

筆記試験では、答案を組み立てる前に問いの内容を押さえることが、問いに答える条件になると説明しました。出題者が作成した問題文にも、専門用語やカタカナ語が多く使われています。従って、適切に論証するためには、問題文の読解においても使われている単語の定義を押さえることが必要となります。ここでいう単語とは、問題文のキーワードを指します。キーワードとは、論証する際に鍵となる重要な語をいいます。

それでは、キーワードの定義を押さえるプロセスを整理しましょう。ここで、3つの手順を順序通りに行うことを意識してください。

キーワードの定義を押さえるプロセス

(1) 問題文中に明確に書かれているときは、それに従う(経営学者が定義した単語は、書かれていなくてもその定義に従うこと)。

(2) 文中に明示されていないときは、別の記述を組み合わせて推測できるか確かめる。

(3) 推測ができないときは、想定できる意味で場合分けする。

---

(1) まず、問題文のキーワードが特定できたとき、その意味するところが明らかであれば、そのまま受け入れて問題ありません。例えば、「グローバル化」がキーワードだったとして、問題文で「海外進出により複数の国外拠点を抱えた企業を想定する」と書かれていたとします。この場合、「グローバル化」とは企業が複数の国に拠点を抱えマネジメントする必要が生じたことだと定義づけられます。つまり、問題文を素直に読み取るのが第一歩となります。

ここで、経営学者が定義づけた専門用語は、たとえ問題文に定義が書かれていなくても、経営学者の定義に従ってください。言い換えると、専門用語が出題されたときにその定義がわかっていなければ、問題を解くこと

が難しくなります。もっとも、一般的なビジネスパーソンには知られていない理論や専門用語が出題されることもあります。その場合は、その問題に執着せず、ほかの問題に時間を割くことをお勧めします。受験生が押さえてほしい経営学のレベルについては、この後の実践編で説明します。

　（2）次に、問題文にキーワードの定義が書かれていないときは、ほかの説明から定義を推測できるかを確かめましょう。例えば、「英語力」が問題を解くキーワードだとして、この「英語力」が何を意味するのか、直ちに定義することができません。そこで問題文を振り返って「英語力」の意味を推論できないかを確かめます。もし文中に「ある日本企業が従業員の『英語力』をどのように向上させるか」という設定が読み取れたときは、ビジネスで使われる英語だと想定できます。さらに、「海外拠点に駐在する従業員の話」があれば、海外の取引先で英語を使ってコミュニケーションを取る場面が推測できます。このように、問題文にある情報を組み合わせて、「英語力」の中身を絞ることで、出題者が意図する定義を共有することができます。

　（3）では、問題文の情報が不足しているため定義を推測することができないときはどうするか。例えば、「日本企業において管理職の力不足の問題が生じている原因を考えよ」とだけ問われたとします。「管理職の力」がキーワードとなりますが、問題文では定義されていません。この問題を答えるときは無理に定義を狭めず、想定しうる「管理職の力」を列挙することになります。ここでは、マネジメント能力やリーダーシップ、経営能力、指導力などが想定できます。出題形式として決して多くはないものの、問題文の情報が乏しいときは最後の手段として場合分けに取り組んでください。基礎編Part1「Ⅲ.3.パラグラフ・ライティングのメリット」で、「管理職の力」を「マネジメント能力」と「リーダーシップ」に場合分けをした解答を例示していますので、参考にしてください。

❹ 誤字を防ぐ

　本章の最後に注意して欲しいのが、誤字です。誤字で最も多いのが、漢字の書き取りミスです。最近はワープロソフトの精度も向上し、予測変換が普及したことも相まって、社会人が積極的に漢字を学習する機会が減りつつあります。しかし、筆記試験では手書きで解答をまとめる必要があります。従って、正しい漢字で書き取る習慣を怠っていると、誤字を増やすリスクが高まります。

　誤字に対する採点上の取り扱いは、ビジネススクールであまり明示されていません。従って、誤字を理由に減点される可能性は否定できません。とりわけ、問題のキーワードに相当する語句でミスをすると、大幅な減点リスクを招くことになります。これまで添削した答案の中でも、「『雇』客」や「『顧』用」といったミスは、採点した筆者の背筋が凍りつきました。これらの言葉はキーワードとして何度も答案に書くことが多く、仮に誤字があるたびに減点するというルールが設定されていれば、大幅に減点されることにつながるからです。一応言っておくと、「顧客」「雇用」が正しい漢字になります。

　誤字を防ぐ対策としては、地道に辞書を引く習慣を身につけ、正しい漢字を押さえることに尽きます。また書籍や新聞、雑誌にも目を通して正しい漢字に慣れ親しむことも有効です。もし、試験中に正しい漢字が思い出せない、あるいは自信がないときは、別の言葉に置き換えられないか検討しましょう。最悪ひらがなで書くことも考えられるものの、あまりよい印象を与えませんので、なるべく避けた方がよいです。

5)「佐藤可士和展」(2021)展示パネル〝Who makes the brand?〟より

Ⅱ 文を作る

❶ 一文一義の原則でまとめる

　伝わりやすい文章を書くための第一歩は、その構成要素となる文自体をわかりやすく書くことです。この１文を伝わりやすいものにする原則として、一文一義という言葉が使われます。一文一義とは、１つの文章に１つの話題を書くことをいいます。１文に伝えるべき情報を多く入れてしまうと、文中のつながりが不明確になり、何が言いたい文章なのか、わからなくなります。下の例文を読んでください。

> **【例2.2】 伝える情報をすべて1文にまとめた例**
> 　大学生の英語力を改善する方法として、授業で外国人講師を招いて学生と会話する機会を増やすことを挙げる<u>が</u>、その実現には講師の人員数を確保するための予算が必要となる<u>ため</u>、その対策として企業から資金を募ることが有効だと考える<u>が</u>、英語が使える人材を確保するメリットがあると捉える企業が多いこと<u>から</u>この案は実現できるといえる。

　書かれている内容自体は難しくないのに、１つの文に情報を詰め込みすぎているため、一読しただけでは内容がつかみにくくなっています。【例2.3】のように、一文一義の原則に従って文を区切ると読みやすくなります。

> **【例2.3】 一文一義の原則に従った例**
> 　大学生の英語力を改善する方法として、授業で外国人講師を招いて学生と会話する機会を増やすことを挙げる。<u>しかし</u>、その実現には講師の人員数を確保するための予算が必要となる。<u>その対策として</u>、企業から資金を募ることが有効だと考える。<u>なぜなら</u>、英語が使える人材を確保することにメリットがあると捉える企業が多いと予想されるからである。<u>従って</u>、この改善策は実現できるといえる。

Part1　文章の構造を知る　　Part2　問いの解き方

I　単語を丁寧に扱う
II　文を作る
III　パラグラフを組み立てる
IV　答案全体の構成を整える
V　清書する

　伝わりやすい文を書くコツとして、1文あたり長くても70～80字を目安に収めることが挙げられます。企業名や書名など固有名詞は致し方ないものの、1つの文に主語を1つ、述語を1つに絞ることを心がけると、読みやすい文に仕上がります。

❷　接続表現を使いこなす

　一文一義で文を作ると、文と文との間がどのようにつながっているのかを示すことが重要となります。文と文とのつながりを明らかにする表現を、接続表現といいます。

　接続表現は、ビジネススクールの講義や論文執筆の場で議論を適切に進めるのに大きく役立ちます。相手に自らの主張や根拠を的確に伝える、あるいは相手の主張や根拠を手早く読み取ることが、議論を円滑に進める重要なカギとなります。接続表現は、主張や根拠などがどこにあるかを端的に伝えられるため、議論を進める不可欠なツールとして役立つのです。

　接続表現はその役割に応じて、大きく4つのグループに分けられます[6]。

　(1) 議論を進める

　(2) 議論を掘り下げる

　(3) 項目を並べる

　(4) 項目を比べる

　このうち、(1) は議論を進めるために主張や根拠の所在を明らかにする役割を果たします。次に、(2) は主張や根拠の内容を掘り下げることで、これらをより明確な形で伝え、説得力を高めることができます。

　これらに対して、(3) と (4) は複数の論点や根拠といった項目を組み合わせることを主眼とする接続表現です。(3) は論点を分けたり、根拠を並べたりするなどして、議論に広がりを持たせることができます。(4) は複数の項目を比べる、あるいは反論と対比させて自分の主張に注目させる役割を果たす接続表現です。

さらに、接続表現は論証だけでなく、事実間の関連性（事実関係）を示す役割も果たします。例えば、「雨が降った。<u>だから</u>、道が濡れている。」という文章であれば、「だから」は「雨が降った」という原因と「道が濡れている」という結果をつなぐ接続表現となります。ここからは、論証と事実関係を同時に扱えるよう、以下の2つの用語を定義して説明します。

前 提：論証する、または事実関係をつかむための手がかりとなる文
結 論：前提から導かれた主張や事実関係を示した文[7)]

それでは、これら4つの接続表現を順に見ていきましょう。

(1) 議論を進める接続表現

この接続表現は、前提を示す文とそこから導かれる結論を示す文とをつなげ、論証や事実関係を確定させ、議論を前に進める役割を果たします。前提から結論に順当に接続するという意味から、順接とも呼ばれます。

ここで、「進める」というのは、今ある論点を終わらせて次の論点に移すことだけでなく、相手の同意を促したり、相手からの質疑や反論を受けたりすることも含まれます。すなわち、これまでの説明から次の説明や手続きなどに移すことを、広く「進める」と表しています。議論を進めるには、論証の枠組み、すなわち主張と根拠を明確に示すことが求められます。従って、このグループにある接続表現を使いこなせることが、論理的な文章を書く目安になるといえます。

① 帰結・導出

「従って」「だから」「それゆえ」など、前にくる文に前提の役割を、後にくる文に結論の役割を与える接続表現です。

【例2.4】 帰結・導出

バスが運休となった。<u>そのため</u>、今日の遠足は中止になった。
　　　　　［前提］　　　　　　　　　　　　　　　　　　　［結論］

Part1 文章の構造を知る　　Part2 問いの解き方

I 単語を丁寧に扱う

II 文を作る

III パラグラフを組み立てる

IV 答案全体の構成を整える

V 清書する

この例では、「バスが運休となった」ことが前提となり、「今日の遠足は中止になった」という結論が導かれています。ほかにも、以下のような例が挙げられます。

● 私は入場券を買った。従って私はコンサートを鑑賞できる。

● 東京は人口が多い。だから、街は活気にあふれている。

② 根拠・理由

「なぜなら」「というのも」「その理由は」といった接続表現は、先ほどとは逆に、後にくる文に前提の役割を、前にくる文に結論の役割を与える接続表現です。

【例2.5】 根拠・理由

X君が先生に怒られている。なぜなら、宿題を忘れたからだ。
　　　[結 論]　　　　　　　　　　　　　[前 提]

「X君が先生に怒られている」ことを結論として、「宿題を忘れた」ことを根拠、または原因とする前提としています。

前提と結論の関係を導くことは、①帰結・導出と共通しています。他方、前提と結論の順序が逆になっていることが異なります。どちらの接続表現を使えばよいかは、どう伝えれば相手の理解が得やすいかに関わってきます。前から順序立てて説明するのであれば、①帰結・導出の接続表現でつなぎます。一方、先に結論を述べる方がわかりやすい構成になるときは、②根拠・理由の接続表現を用います。このうち先に結論を述べるメリットについては、この後「Ⅲ. パラグラフを組み立てる」の中、パラグラフ・ライティングの項で説明します。

なお、根拠・理由の接続表現は、接続助詞「ので」や「から」など、1つの文で関係を示すこともできます。この場合は、結論と前提の順序が逆になります。

● 今日は大雨が降っているので、プロ野球の試合は中止になった。
　　　[前 提]　　　　　　　　　　　　　　[結 論]

③ 仮定的な条件

　ここまでの説明では、前提がすでに成り立っているか、これから成り立つことに変わりがないものでした。しかし議論の場においては、前提が正しいかわからないときもあれば、後になって前提の成否が決まるときもあります。その場合、私たちはこれらが仮に成り立つものと条件をつけて結論を導くことになります。

> **【例2.6】 仮定的な条件**
>
> バスが運休するかもしれない。だとすれば、明日の遠足は中止になる。
> 　　　　　[前 提]　　　　　　　　　　　　　　　　[結 論]

　この例では「バスが運休する」ことを前提として、「明日の遠足は中止になる」という結論を導いています。ここで、「バスが運休する」という前提は、実際に成り立つかどうかは確定していない、あくまで仮定的な条件となります。

　【例2.4】と比較すると、【例2.4】では「バスが運休となった」という、すでに成り立っている事実を前提としています。【例2.6】では、バスが実際に運休するか否かは、明日にならないとわかりません。ここでは、ある事実が仮に成り立つものと条件づけて、結論を導くという構図になります。

　仮定的な条件を表す接続表現として、下記の例もあります。

● もし今夜大雨が降るならば、プロ野球の試合は中止になるだろう。
　　　[前 提]　　　　　　　　　　　　　　　　[結 論]

(2) 議論を掘り下げる

　論証や事実を説明するときに、単純に前提や結論の関係を示すだけで相手の理解を促すことができるとは限りません。前提や結論が何を意味するのかがわからないとき、それらの内容をさらに明瞭にすることで相手の理解を助ける必要があります。このように議論を掘り下げ相手の理解を深める接続表現として、言葉を言い換える接続表現（換言）と、例を挙げて説明する接続表現（例示）があります。

① 換言

換言の役割は、次の2つに整理することができます。

解　説：表現を置き換えて詳しく説明する
まとめ：それまで述べたことをまとめる

接続表現の例として、「すなわち」や「つまり」などがあります。

【例2.7】換言

解説として使われる例：
彼は私のいとこです。<u>すなわち</u>私の母の弟の息子になります。

まとめとして使われる例：
寺田さんも金庫が盗まれたことを知らなかった。井上さんも加藤さんも知らなかった。<u>つまり</u>、部屋にいた誰もこの事実を知らなかった。

　上の例では、前にくる文と後にくる文は同じ意味で、後にくる文が「いとこ」ということばを置き換えて詳しく説明しています。下の例では、「金庫が盗まれた」という事実を知らない人を列挙し、「つまり」で始まる文で部屋にいた人とまとめていることがわかります。

　これらの接続表現がそれまで述べたことの解説なのか、まとめなのかは、文脈で判断することになります。一般的に「すなわち」は解説とまとめの両面で使われるのに対し、「つまり」はまとめとして使われることが多い傾向があります。さらに「つまり」は、まとめの役割に加え、帰結・導出を導く役割を兼ねることがあります。よって、<u>接続表現「つまり」があれば筆者の結論が続いている可能性があることを念頭に置いて文章を読む</u>と、文章の理解が得やすくなります。

② 例示

　換言とは別に議論を掘り下げる方法として、例示が挙げられます。本書を含め、接続表現や論理関係をまとめた書籍では、換言と例示を区別して説明しています。それは、例示は前の文を補強する役割を果たすものであ

り、結論に対する前提そのものになりにくいからです。論証における例示（事例）の役割は、Part2「Ⅶ. 論証する Ⅲ ― 筆記試験における論証の注意点」で説明します。

> **【例2.8】 例 示**
>
> 日本では、大雨による水害が後を絶たない。たとえば、20XX年Ｘ月
> 　　　　　　　　　　　　　　　　　　［結論］
> にも、○○県Ａ市で豪雨による洪水被害が発生した。
> 　　　　　　　　　　　　　　　　　　　［例示］

「たとえば」は、例示の典型的な接続表現です。この「たとえば」を換言、特に解説を示すために用いている文章が見受けられます。しかし、先ほど説明したとおり、例示と前提とは論理関係が異なるため、「たとえば」は例示の目的に限って用いるようにしてください。

(3) 項目を並べる

ここまでの接続表現は、１つの論点に対して１組の論証（主張と根拠）、あるいは事実関係（原因関係）をつなぐ役割を果たしています。しかし議論を進めるときは、複数の論点を取り上げたり、相手の論証を批判したり、事実関係を並べたりするなど、扱うべき要素が増えていきます。これらの要素を整理するため、まずは項目を並べる接続表現を押さえましょう。

① 並列・列挙

並列・列挙を行う接続表現は、複数の事柄（前提や結論）が同時に成り立つときに用います。このような役割を果たす接続表現の例として、「第１に、第２に、第３に・・・」「まず、次に、最後に」などがあります。

ここで、複数のレベルで並列・列挙するときは、表現を使い分けるように心がけてください。例を挙げて説明しましょう。

Part1　文章の構造を知る　　　Part2　問いの解き方

I　単語を丁寧に扱う

II　文を作る

III　パラグラフを組み立てる

IV　答案全体の構成を整える

V　清書する

【例2.9】　並列・列挙

かぜ予防の対策として、<u>まず</u>、うがいや手洗いをお勧めします。注
　　　　　　　　　　　　　　　　　　　　[結論A]

意点として、<u>第1に</u>、会社や自宅に戻った都度行いましょう。<u>第2に</u>、
　　　　　　　　　　　　　　　　　　　　　　　　　　　[結論A-1]

うがいは時間をかけて、また手洗いは手首まで入念に行いましょう。
　　　　　　　　　　　　　　　　　　　　　　　[結論A-2]

<u>次に</u>、出かけるときはマスクをするように心がけてください。
　　　　　　　　　　　　　　　　　　　　[結論B]

　この例は、「まず」と「次に」、すなわち一重下線の接続表現で、「かぜ予防の対策」として「うがいや手洗い」と「マスクをする」ことを並べています。さらに、「第1に」と「第2に」、すなわち二重下線の接続表現で、「うがいや手洗い」を行う「注意点」を列挙しています。つまり、2つの主張を階層化して説明する形になります。ここで、「まず」と「次に」を、「第1に」と「第2に」と置き換えると、2つの主張が混じって読めてしまい、混乱を招く恐れがあります。従って、同じ役割を果たす接続表現を同時に使うときは、表現の使い分けを行いましょう。

② 付 加

　並列・列挙の接続表現が複数の事柄を並べる機能を持つのに対し、付加の接続表現はそれらを重ねる機能があります。2つの事柄を重ねることによって、前提や結論を強める効果を持ちます。付加の接続表現として、「かつ」「しかも」「さらに」が挙げられます。「そして」も付加の接続表現に入るものの、論理的な効果が弱いことから省略されることも多いです。

【例2.10】　付 加

今日は気温が低い。<u>しかも</u>、風が強い。
　　[前提A]　　　　　　　　[前提B]

　この例では、「気温が低い」ことに加えて「風が強い」という2つの前提が成り立っていることを示します。ここで、帰結・導出の接続表現と併せ

て使うことで、複数の前提を組み合わせて結論を強める役割を果たします。上の例だと、以下のように話がつながります。

● 今日は気温が低い。しかも、風が強い。だから、私は厚手のコートを
　　　［ 前提Ａ ］　　　　　　　　　［ 前提Ｂ ］　　　　　　　　　　　　　　　［ 結 論 ］
着て出かけた。

③ 選 択

　並列・列挙と付加は、いずれも複数の事柄が同時に成立するときに使います。それに対して、「あるいは」や「もしくは」といった選択肢を与える接続表現は、複数の事柄を挙げつつも実際に成立するのは１つであるときに用います。従って、選択肢を与える接続表現は、事柄を並べるという役割に加えて、論点などを分ける役割を果たします。

【例2.11】 選 択

整形外科に行くか、あるいは接骨院に行くかで悩んでいます。
　　　［ 選択肢Ａ ］　　　　　　　　　［ 選択肢Ｂ ］　　　　　　［ 結 論 ］

④ 補 足

　補足の接続表現は、その名のとおり、前にくる文に関わる事情や条件などを補うときに使います。前にくる文の理解を深める点で換言の接続表現と共通するのに対し、換言に比べると議論の中での重要度は下がるという点で異なります。補足の接続表現として、「なお」「ちなみに」「ただし」などがあります。このうち、「ただし」は条件や例外などを示すことで、前にくる文の意味を限定させる役割を果たします。

【例2.12】 補 足

この品物はネットでの注文が可能です。ただし、数に限りがあります。
　　　　　　　　　［ 結 論 ］　　　　　　　　　　　　　　　　　　　　　　　［ 補 足 ］

(4) 項目を比べる

　これまで説明した、項目を並べる接続表現は、2つ以上の事柄を一列にそろえ、議論の全体像をつかむ効果があります。それに対し、これから説明する項目を比べる接続表現では、2つ以上の事柄についてその違いや優劣を明らかにする役割を果たします。

① 対比

　対比は、2つの文を比べるためにつなぐ接続表現です。対比の接続表現を用いるときは、2つの文のどちらにも肩入れせず、純粋に比べる役割を持ちます。

【例2.13】対比

Aさんは迅速に決断を下す。<u>一方</u>、Bさんはじっくり考えて決める。
　　　［結論A］　　　　　　　　　　　　　［結論B］

　この例では、AさんとBさんの意思決定のやり方をつなげることで、両者の違いがわかりやすく説明されています。ここで注意してほしいのが、対比でAさんとBさんの優劣はつかない、ということです。対比の接続表現で明瞭にわかるのは、あくまで違いに留まることに注意してください。

　「一方」以外の接続表現の例も押さえましょう。

　● あのお店はメニューが多い。<u>これに対して</u>、このお店は値段が安い。
　　　　　［結論A］　　　　　　　　　　　　　　　　　　［結論B］

② 逆接

　最後に、逆接の接続表現について、まずは例を挙げましょう。

【例2.14】逆接

今日は日曜日で休みである。<u>しかし</u>、仕事が山積みで休めない。
　　　［結論B］　　　　　　　　　　　　　［結論A］

　この例で、「日曜日で休み」である事実と「仕事が山積みで休めない」と

いう事実とで、相反することが並んでいます。このように、相反する2つの文を結びつける接続表現を逆接といいます。

　逆接の接続表現で気をつけたいのが、書き手がどちらの文に肩入れしているのかという点です。多くの場合、「しかし」に続く文を結論としたい、もしくは事実を強調したいという意図が含まれています。上の例では、「仕事が山積みで休めない」という事実に力点が置かれるよう、「日曜日で休み」と相反する事実をつなげているのです。ここが、対比との違いになります。ただし、「しかし」は以下の例のように対比として用いることもあり、常に「しかし」以下が強調されるとは限らないので、注意してください。

● 兄はやせている。しかし、弟は太っている。
　　　［結論Ａ］　　　　　　　　　　　　［結論Ｂ］

(5) 避けたい接続表現：接続助詞の「が」

　接続表現の中には、文章で多用されるもののわかりにくいものがあります。なかでも最も悪名高いのが、接続助詞の「が」です。なお接続助詞とは、文と文をつないで1つの文にまとめる助詞を表す文法用語です。下の例にある格助詞「が」と異なりますので、注意してください。

● 語彙力を増やすことが、TOEICの成績を伸ばすのに不可欠である。

　結論を言うと、文章を書くときに接続助詞の「が」を使うのはなるべく避けてください。理由として、まず一文一義の原則に反し、文が長くなるからです。【例2.2】でも接続助詞の「が」が2つ、下線を引いたところで使われています。このように、無駄に文を長くする性質を持つのが、この「が」のやっかいなところです。

　さらに、接続表現としての役割が曖昧だという欠点もあります。【例2.2】と【例2.3】を比べると、文を区切るときに、ひとつ目の「が」を逆接の「しかし」に置き換えたのに対し、ふたつ目の「が」には根拠・理由の「なぜなら」を使っています。このように、読み手に解釈を促す接続表現は誤読を招くリスクを高めるため、適切な表現とは言えません。「が」で文と文

Part1　文章の構造を知る　　Part2　問いの解き方

I　単語を丁寧に扱う

II　文を作る

III　パラグラフを組み立てる

IV　答案全体の構成を整える

V　清書する

をつなぐことは意識的に避けて、別の表現で文をつなぎましょう。

　ここまで、文章の読み書きで使われる接続表現を役割ごとに取り上げました。もちろん、接続表現は本書で取り上げた表現以外にもあります。しかし、論証や事実関係をつかむのに適した接続表現は網羅しています。普段の読み書きを通じて、論証する力を養ってください。まとめとして、本章で取り上げた接続表現を表でまとめましたので、活用してください。

6）分類に当たり、篠澤・松浦・信太・文(2020)、野矢(2006)を参照した上で、筆者が本書の趣旨に基づき整理しています。

7）論理学では、この「文」を主語と述語から構成された真偽を判定できる文（平叙文）、すなわち命題と定義しています。

【表2.1】接続表現のまとめ

役 割	分 類	主な接続表現
1. 議論を進める 前提を示す文と、そこから導かれる結論を示す文とをつなげ、論証や事実関係を確定させる	**(1) 帰結・導出** 前にくる文に前提の役割を、後にくる文に結論の役割を与える	従って だから それゆえ
	(2) 根拠・理由 後にくる文に前提の役割を、前にくる文に結論の役割を与える	なぜなら というのも その理由は
	(3) 仮定的な条件 前提が仮に成り立つものと条件をつけて結論を導く	だとすれば もし…とすれば
2. 議論を掘り下げる 前提や結論の内容を明瞭にして理解を助ける	**(1) 換 言** ① 解 説 前にくる文の表現を置き換えて詳しく説明する ② まとめ それまでに説明した内容をまとめる	すなわち つまり
	(2) 例 示 例を挙げて前の文の説明を補強する	たとえば 一例として
3. 項目を並べる 複数の事柄（前提や結論）を挙げることにより、議論の全体像を明らかにする	**(1) 並列・列挙** 同時に成り立つ複数の事柄を並べる	第1に、第2に まず、次に、最後に
	(2) 付 加 2つの事柄を重ねて、前提や結論を強める	かつ しかも さらに
	(3) 選 択 同時には成り立たない複数の事柄を挙げる	または あるいは もしくは
	(4) 補 足 前にくる文に関わる事情や条件などを補う	なお ちなみに ただし
4. 項目を比べる 2つ以上の事柄についてその違いや優劣を明らかにする	**(1) 対 比** 2つの文をつなげて比べる	一方 これに対して
	(2) 逆 接 相反する2つの文をつなげる（後にくる文を主張、強調する意図を含む）	しかし ところが にもかかわらず

Part1　文章の構造を知る　　Part2　問いの解き方

I　単語を丁寧に扱う
II　文を作る
III　パラグラフを組み立てる
IV　答案全体の構成を整える
V　清書する

Ⅲ パラグラフを組み立てる

❶ パラグラフとは何か

　パラグラフとは、1つの主張や事実などの話題を述べるための文のまとまりで、論文を作り上げるための最小構成単位をいいます。ビジネススクールや実務で用いられるレポートや論文は、複数のパラグラフが組み合わさってできています。パラグラフの概念を理解することは、伝わりやすい文章を書く根幹といっても過言ではありません。

　ここで、日本語の文章を説明するときに使われる段落という概念と比較しましょう。実は、辞書（岩波書店『広辞苑　第6版』）で2つの用語を調べると、

> **パラグラフ【paragraph】**
> 文章上の節。段落。
>
> **だんらく【段落】**
> ① 長い文章中の大きな切れ目。段。
> ② 転じて、物事の区切り。（例文は省略）

とあり、2つはほぼ同じ意味として扱われています。ほかの辞書（小学館『精選版　日本国語大辞典』や三省堂『大辞林　第四版』など）も、これに類似した説明で、両者を明確には区別していません。

　しかし、レポートや論文を書く手法をまとめた著書では、パラグラフを段落とは全く別の概念として扱い、パラグラフで文章を書く重要性を強調しています[8]。これは、パラグラフと段落とでは書くルールの厳密さに差があるからです。段落は、いわば読み手に対する配慮であり、読みやすくするための区切りとして使われる傾向があります。そのため、本書で扱う論文以外のジャンル、例えば小説やエッセイなどでは、あえて改行しない、またはあえて改行を繰り返すといった手法も認められています。

これに対してパラグラフでは、論文の最小構成単位としての役割を果たすよう、どの文をどの順序で書くかが明確に定められています。このパラグラフのルールを守って文章を書くことを、パラグラフ・ライティングと呼びます。パラグラフ・ライティングは、論文を作り上げる基本的なルールとして定着しています。実際に欧米諸国の大学では、パラグラフ・ライティングやレトリックなど文章技術の講義が、専攻を問わず全学生の必修科目として設けられています。ビジネススクールはもちろん、実務上の常識として、次項から説明するパラグラフの概念を押さえてください。

❷ パラグラフの構成

　パラグラフは、以下の3種類の文で構成されています。ここで注意したいのが、この3種類の文がこの順序のまま構成されるということです(【図2.1】参照)。基本的にビジネススクールの入学試験で答案を書くときは、この順序で書く原則を守ってください。

パラグラフの構成

(1) トピック・センテンス
　　パラグラフで取り上げる話題(主張や根拠、事実など)を表す文

(2) サポーティング・センテンス
　　トピック・センテンスで述べられた話題を支持する内容を表す文

(3) コンクルーディング・センテンス
　　トピック・センテンスで述べられた話題を結論づける文

---

(1) トピック・センテンス

　トピック・センテンスは、そのパラグラフが何を言うかを鮮明にする文で、話題の中心を示します。トピック・センテンスは各パラグラフの中心となる文であることから、トピック・センテンスだけを読めばそのパラグラフのおおよその内容を知ることができます。トピック・センテンスはパラグラフの先頭に置くのが、パラグラフ・ライティングの原則です。例外

Part1　文章の構造を知る　　　Part2　問いの解き方

Ⅰ　単語を丁寧に扱う

Ⅱ　文を作る

Ⅲ　パラグラフを組み立てる

Ⅳ　答案全体の構成を整える

Ⅴ　清書する

もあるものの、慣れないうちは原則を守って書くことが大事です。また、トピック・センテンスは字のとおり１つの文ですから、「Ⅱ.１.一文一義の原則でまとめる」で説明したとおり、適度な分量でまとめましょう。

【図2.1】パラグラフの構成

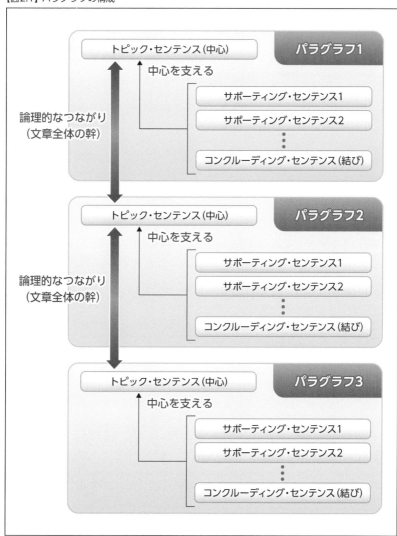

(2) サポーティング・センテンス

　トピック・センテンスの後にくるのが、サポーティング・センテンスと呼ばれる文です。トピック・センテンスが1つの文で構成されるのに対し、サポーティング・センテンスは1つの文とは限らず、むしろ複数の文で構成されることが多いです。

　サポーティング・センテンスの役割は以下のとおりです。すべてを兼ねる必要はないものの、少なくともいずれかの役割を担う必要があります。

サポーティング・センテンスの役割

① トピック・センテンスの内容が妥当であることを根拠づける
② トピック・センテンスに関する詳しい説明や具体例を示す
③ 前後のパラグラフとの関係を示す

　いずれも、トピック・センテンスで取り上げた話題に説得力を与えるべく、その話題を支持する役割を果たしています。もし、上に掲げた役割のいずれにもあてはまらない文があれば、その文は蛇足と言えます。

(3) コンクルーディング・センテンス

　コンクルーディング・センテンスは、トピック・センテンスと強いつながりを持たせ、パラグラフ全体の内容をまとめる役割を果たします。ただし、トピック・センテンスと同じ内容を説明するため、省かれることも多い文です。コンクルーディング・センテンスを加えるか否かは、前後のパラグラフとの関係や全体の字数、制限時間などを考慮して判断すれば問題ありません。

❸ パラグラフ・ライティングのメリット

　パラグラフの構成要素が3つあること、パラグラフ・ライティングにおいてはこの3つを順序どおり書くことが求められていることを説明しました。ここでは最後に、なぜレポートや論文でパラグラフ・ライティングが

求められているのかを確認しましょう。

　パラグラフ・ライティングのメリットは、読み手が文章の内容を適切に捉えやすいことです。基礎編の始めに、伝わりやすさを筆記試験の採点ポイントとして挙げました。伝わりやすさとは、問いに対する答え（主張と根拠）の所在が的確につかめることです。採点者は受験生の答案から、受験生の主張や根拠が何かを手早く押さえることで、評価の足がかりをつかもうとします。パラグラフ・ライティングは、採点者の理解を促すことができる最適な方法といえるのです。

　具体的な例文を使って、説明しましょう。

　下の【例2.15】は、日本企業において管理職の力不足の問題が生じている原因が問われたことに対する解答例です。

【例2.15】 管理職の力不足の問題が生じている原因

　日本企業において管理職の力不足の問題が生じている原因として、まず、企業内の人材のバックグラウンドが多様化したことに対応できていないことが挙げられる。これまで日本企業では、長期雇用のもと組織の伝統を受け入れた男性正社員を中心に構成されていた。しかし、女性の社会進出やグローバル化が進展し、性別や人種が多様化した。さらに、日本企業の業績が不安定になり長期雇用が維持できなくなったことで、パートタイマーや派遣社員など非正規社員も増加した。このように従業員のバックグラウンドが多様化したことで、柔軟なマネジメント能力が管理職に求められる。しかし、日本企業では人材の多様性に対応したマネジメント手法が確立されていないため、それが力不足として現れたと考えられる。

　次に、企業内でリーダーシップを発揮する経験が乏しいことが挙げられる。昨今の日本企業では、経営環境が不確実に変化するため、管理職も管轄する部門で積極的に変革を推し進めるリーダーシップを発揮する必要がある。しかし、日本企業では配属された部署で与えられた業務を遂行できる能力を身につけた者が管理職に就くことが多い。そのため、変革を推し進めるリーダーシップを経験しないまま昇進する可能性が高い。よって、従業員が管理職に就いてもリーダーシップを発揮できず、力不足となって現れたと考えられる。

この解答例は、2つのパラグラフで構成されています。

まず、それぞれのパラグラフのトピックは、太字で表した

(1) 企業内の人材のバックグラウンドが多様化したことに対応できていないこと

(2) 企業内でリーダーシップを発揮する経験が乏しいこと

となります。これら2つの文を押さえた時点で、この解答者が管理職の力不足の問題が生じている原因として2つの主張を取り上げたことが直ちに伝わります。

次に、第1パラグラフの構成を詳しく見ていきましょう。ここからは、【図2.2】と併せて読み進めてください。

はじめにトピック・センテンスを中心にしてサポーティング・センテンスがトピック・センテンスを何らかの役割で支持していることがわかります。さらに、「まず」と「次に」と並列・列挙の接続表現を用いることで、パラグラフ間のつながりも見えてきます。

このようにパラグラフ・ライティングが、問いに対する主張と根拠の所在が明確につかめる、伝わりやすい文章に仕上げるのに重要な役割を果たすことを確かめてください。

ちなみに、この問題ではキーワードとなる「管理職の力」の定義を解答例で示しています。第1パラグラフでは「柔軟なマネジメント能力」、第2パラグラフでは「管轄する部門で積極的に変革を推し進めるリーダーシップ」がそれにあたります。基礎編Part1「Ⅰ.3.単語を読み取る」で紹介したキーワードの定義を押さえるプロセスで、問題文中に明示されておらず、かつ推測が難しいときは、想定できる意味を場合分けすると説明しました。ここでは端的に「管理職の力不足」とだけ触れているので、出題者がどのような「管理職の力」をイメージしたのかを予測するのは困難です。従って、解答者が制限時間や字数に応じて、自ら日本企業で想定しうる「管理職の力」の定義を列挙したことになります。

Part1 文章の構造を知る　　Part2 問いの解き方

I 単語を丁寧に扱う

II 文を作る

III パラグラフを組み立てる

IV 答案全体の構成を整える

V 清書する

【図2.2】第1パラグラフの構成

トピックセンテンス

a 日本企業において管理職の力不足の問題が生じている原因として、まず、企業内の人材のバックグラウンドが多様化したことに対応できていないことが挙げられる。

問題文に対する主張

サポーティング・センテンス

b これまで日本企業では、長期雇用のもと組織の伝統を受け入れた男性正社員を中心に構成されていた。

aで取り上げた日本企業に関する説明

c しかし、女性の社会進出やグローバル化が進展し、性別や人種が多様化した。

bと逆の内容をつなぎ（逆接）、aの主張を支持している（根拠）

d さらに、日本企業の業績が不安定になり長期雇用が維持できなくなったことで、パートタイマーや派遣社員など非正規社員も増加した。

cと同様の内容を重ねて（付加）、根拠を強める

e このように従業員のバックグラウンドが多様化したことで、柔軟なマネジメント能力が管理職に求められる。

主張の一部（バックグラウンドの多様化）がcとdで支持できたとして、管理職に求められる「力」を定義している

コンクルーディング・センテンス

f しかし、日本企業では人材の多様性に対応したマネジメント手法が確立されていないため、それが力不足として現れたと考えられる。

eとは相容れない内容を「しかし」でつなぐことで、aの主張を支持している（再主張）

8）木下（1994）、篠澤他（2020）、戸田山（2012）など

Ⅳ 答案全体の構成を整える

❶ 答案全体の基本構成──序論・本論・結び

　ここまで、単語、文、接続表現、そしてパラグラフと、文章の構成要素をボトムアップ方式で説明しました。いよいよ、文章の構造を知る総仕上げとして、答案の全体像を見ていきましょう。

　ここで、複数のパラグラフを組み合わせて、議論の場での自分の考えを文章化したものを論文と呼びます。本書はビジネススクールで出題される筆記試験を対策することを主眼としています。従って、本章の直接の目的は筆記試験における答案の構成を学ぶことになります。ここで説明する答案の基本構成は、ビジネススクールの入学試験で求められる研究計画書はもちろん、入学後に書くレポートや卒業論文など、広く論文に当てはまる基本構成です。よって、ここまで説明した文章の構造は、筆記試験対策だけでなく、ビジネススクールで学ぶ場で大いに使えるスキルとなるので、ぜひ押さえてください。

(1) 序論・本論・結びとは

　筆記試験の答案は、次の3つで構成されます。これを、3段構成といいます。

> **答案の基本構成**
>
> 序 論：読み手が抵抗なく本論に入れることを主眼とした部分
> 本 論：書き手の考え（問いに対する主張や根拠など）を述べる部分
> 結 び[9]：本論で述べた考えをまとめ、答案を締めくくる部分

　出題者（採点者）の問いに答えることは、出題者と適切にコミュニケーションができることを意味します。一方的に答えを伝えるのではなく、問いを的確に捉えたことを示すことで、出題者を問いに対する答えにスムー

ズに誘導する。そして、最後に答え終えたことを示して出題者の評価を促す。この流れができることで、答案用紙を通じた受験生と出題者とのコミュニケーションが成り立つことになります。

【例2.15】の日本企業において管理職の力不足の問題が生じている原因が問われたことに対する解答例を、ここで取り上げた３段構成で組み替えると、下記のとおりになります。

【例2.16】 答案の基本構成に沿った解答例

《序 論》

　日本企業において「管理職の力不足の問題」が生じている原因を２点取り上げる。

《本 論》

　まず、企業内の人材のバックグラウンドが多様化したことに対応できていないことが挙げられる。これまで日本企業では、長期雇用のもと組織の伝統を受け入れた男性正社員を中心に構成されていた。しかし、女性の社会進出やグローバル化が進展し、性別や人種が多様化した。さらに、日本企業の業績が不安定になり長期雇用が維持できなくなったことで、パートタイマーや派遣社員など非正規社員も増加した。このように従業員のバックグラウンドが多様化したことで、柔軟なマネジメント能力が管理職に求められる。しかし、日本企業では人材の多様性に対応したマネジメント手法が確立されていないため、それが力不足として現れたと考えられる。

　次に、企業内でリーダーシップを発揮する経験が乏しいことが挙げられる。昨今の日本企業では、経営環境が不確実に変化するため、管理職も管轄する部門で積極的に変革を推し進めるリーダーシップを発揮する必要がある。しかし、日本企業では配属された部署で与えられた業務を遂行できる能力を身につけた者が管理職に就くことが多い。そのため、変革を推し進めるリーダーシップを経験しないまま昇進する可能性が高い。よって、従業員が管理職に就いてもリーダーシップを発揮できず、力不足となって現れたと考えられる。

《結 び》

　以上が、「管理職の力不足の問題」が生じている原因である。

57

【例2.16】では、序論で問いの内容を受け継いで説明し、その答えが2つあることを示しています。出題者は、序論を通じて解答者が問いを的確に押さえていることを理解するとともに、本論で問いに対する答え（主張）が2つあることを念頭に置いて読み進めることになります。

　本論は、解答者の主張が2つ、トピック・センテンスでまとめられ、各々がサポーティング・センテンスで根拠づけられています。ここは、前章で説明したパラグラフの構成に従うことで、主張と根拠の関係が出題者に的確に伝わる形になっています。

　最後の結びは、ここで答えの説明が終わったと締めくくることで、出題者に答案の評価を促します。筆記試験では時間制限があるため、提出された答案が完成したものなのか、あるいは中途で終わったものなのかも評価の対象となります。従って、答案として完成していることを読み手に訴えるために、結びを書く必要があるのです。

(2) 集中型と分散型

　小論文は主張と根拠をどの位置に置くかで、集中型と分散型の2つの型に分けられます。

【図2.3】集中型と分散型

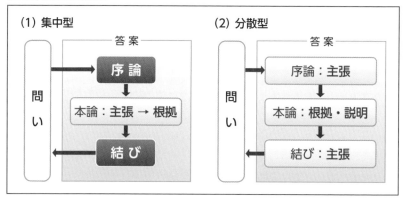

　論文として自分の考えを述べるとき、論文全体で取り上げる主張は1つです。これに対して、ビジネススクールの筆記試験では、求められている

Part1 文章の構造を知る　Part2 問いの解き方

I 単語を丁寧に扱う

II 文を作る

III パラグラフを組み立てる

IV 答案全体の構成を整える

V 清書する

問いに応じて２つ以上の主張を述べることがあります。【例2.16】の解答例も、１つの問いに対して２つの主張を挙げています。これは、ビジネススクールの筆記試験で取り上げる小論文形式には、解が１つに想定できない問いもあるからです。筆記試験では、適宜、集中型と分散型を使い分けましょう。

① 集中型

　集中型は、自分の考えの中心となる主張と根拠を本論にまとめ、序論と結びは問いとのつなぎに留める構成をいいます。【例2.16】の解答例は、集中型の典型例です。

　集中型に基づく答案の基本構成は、問いに対する主張が複数あるときに適しています。なぜ集中型が適しているのか、【例2.17】で序論に２つの主張、すなわち第２パラグラフと第３パラグラフのトピック・センテンスをまとめて分散型で書くとどうなるか試してみましょう。

【例2.17】 頭でっかちな構成

　日本企業において「管理職の力不足の問題」が生じている原因について、まず企業内の人材のバックグラウンドが多様化したことに対応できていないこと、次に企業内でリーダーシップを発揮する経験が乏しいことが挙げられる。

　１つ目の原因について、これまで日本企業では、長期雇用のもと組織の伝統を受け入れた男性正社員を中心に構成されていた。しかし、女性の社会進出やグローバル化が進展し、性別や人種が多様化した。さらに、日本企業の業績が不安定になり長期雇用が維持できなくなったことで、パートタイマーや派遣社員など非正規社員も増加した。このように従業員のバックグラウンドが多様化したことで、柔軟なマネジメント能力が管理職に求められる。しかし、日本企業では人材の多様性に対応したマネジメント手法が確立されていないため、それが力不足として現れたと考えられる。

　２つ目の原因について、昨今の日本企業では、…(以下略)。

この例が出題者にどのような影響を与えるでしょうか。まず、序論の文が一文一義の原則を守られておらず、長く読みにくい文になっています。さらにネックになるのが、2つ目の原因に対する根拠に読み進めたときです。解答例では「2つ目の原因について」と書き出したとき、出題者からすれば2つ目の原因は何だったかを、序論に戻って確かめる必要があります。つまり、読み返す手間が増すことになります。もちろん、パラグラフの冒頭で原因の内容を繰り返すことで読み返しは防げるものの、今度は制限字数を超えるリスクが高まります。

　従って、問いに対する主張が複数あるときは、序論は手際よくまとめ、早々に本論に話を委ねて、読みやすい文章に仕上げましょう。

② 分散型

　分散型は、序論と結びに主張をまとめ、本論に主張を支持する根拠や説明をまとめる構成をいいます。問いに対する主張が1つに限られるときは、分散型が適しています。例えば、問題文に意見が述べられていて、その賛否が問われたとします。このときは、賛成か反対かのいずれかが主張となるので、

　● 私は問題文の意見について、賛成（反対）する。

と序論にまとめることで、読み手に端的に伝えることができます。知識問題で経営理論の用語の定義を問われたときや、制限字数が大幅に限られているときは、主張が1つにまとまる分散型で答案を構成しましょう。

❷ 文体を整える

　文体とは、文章の体裁に応じた言葉づかいやスタイルをいいます。自分の考えを書く文章のスタイルには、小論文のほかに随筆やコラムがあります。随筆とは、書き手の見聞や経験、感想などを特定の形式によらずにまとめた散文で、文学の一形式にあたります[10]。古典では『枕草子』や『徒然草』、現代ではさくらももこ『もものかんづめ』や銀色夏生『つれづれ

ノート』などが、この随筆にあたります。コラムとは、新聞や雑誌などで時事問題や社会風俗を個人の見解で解説、評価する囲み記事をいいます。朝日新聞『天声人語』や読売新聞『編集手帳』などがよく知られています。

　小論文と随筆・コラムには文体にどのような違いがあるか、典型的な話の進め方を【表2.2】でまとめました。随筆やコラムのスタイルが小論文と大きく異なるのが、個人の価値観に対する扱いです。随筆やコラムは、個人の価値観に従って問題を提起、分析し、意見を打ち出します。なぜなら、個人の見識や価値観が随筆やコラムにおける持ち味になるからです。

　これに対して、小論文で求められるのは、他者が受け入れられる客観的な判断基準を用いて問いを分析し、根拠立てて主張を述べることです。読み手を説得することが目的となるため、主観的な個人の価値観を前面に打ち出すことは避けてください。

【表2.2】小論文と随筆・コラムとの違い

小論文	随筆・コラム
他者が納得できる判断基準 ↓ 主張の提示 ＋　　　論証 主張の根拠・説明	個人の価値観 ↓ 問題提起 ↓ あるべき方向を示す

❸ 伝わりやすい文章表現を使おう

　本章の締めくくりとして、答案で用いる文章表現について考えます。本書ではすでに、一文一義の原則などわかりやすく説得力を持った文を書く重要性を説いています。さらに論文らしさを感じさせる表現とは何かを押さえて、説得力ある文章に仕上げましょう。

(1) 常体で書く

　常体とは文末が「だ」「である」などで結ばれた文章をいい、敬体とは文末が「です」「ます」で結ばれた文章をいいます。筆記試験の答案はも

ちろん、研究計画書やレポート、卒業論文など、ビジネススクールで扱われる論文は、常体で書くのが普通です。

(2) 推量表現は説得力を失う

　推量表現とは、「・・・だろう」「・・・そうだ」「・・・と思う」といった書き手の憶測や伝聞、思いを述べた表現をいいます。<u>論文では、推量表現を用いることを避ける</u>傾向にあります。端的に言えば、説得力が失われるからという理由につきます。例えば、「・・・だろう」といった個人の想像や憶測で根拠づけられたとします。読み手からすれば厳密さを欠く印象を持つため、根拠として受け入れるのが難しくなります。論文で説得力のある根拠を持つと評価されるのは、誰がやっても同じ結果が得られるものです（これを、再現可能性といいます）。たしかに、再現可能性100％であると断言することは難しいかもしれません。しかし、完全とは言わずとも、その蓋然性が高いことが求められます。自らその可能性を打ち消す表現は控えてください。

(3) 程度が共有できない形容詞・副詞

　物事の性質や状態を表す形容詞や、動詞や形容詞などを修飾する副詞も、筆記試験の答案では使用を控えてください。推量表現と同様に、説得力を弱めてしまいます。

- <u>優秀</u>な人材を集めることが、この課題の解決策となる。
- この案が他の案より、<u>圧倒的</u>にすぐれている。

　形容詞や副詞が説得力を弱めてしまうのは、読み手は書き手がどのような水準で書いたのかを推察することができないためです。「優秀」なのか否かをどのような基準で判断すべきなのか、「圧倒的」とはどの程度のものを指すのか。答案以外に意思疎通する手段がない以上、読み手と書き手が認識を共有することはできません。従って、<u>形容詞や副詞を答案で使うのは控える</u>のが賢明といえます。

Part1 文章の構造を知る　Part2 問いの解き方

Ⅰ 単語を丁寧に扱う

Ⅱ 文を作る

Ⅲ パラグラフを組み立てる

Ⅳ 答案全体の構成を整える

Ⅴ 清書する

(4) 呼びかけには誰も答えない

「…ではないだろうか」などの文末表現があります。これは、前項で説明した随筆やコラムの文体と混同して、自分の主張を強く訴えることを狙って使いがちです。論文の文体として適していないため、控えてください。筆者が答案の添削でこのような表現に出会ったときは、「呼びかけても、誰も答えません」とコメントしています。

なお、自ら論点を設定するときに疑問形で表すことも、筆記試験の答案では使われません。論点を設定するときは、

● …どのような対策が必要か、という論点が挙げられる。

など、平叙文で締める工夫をしましょう。

(5) 体言止めには誤読のリスク

述語がない、いわゆる体言止めも答案では避けたい文末表現のひとつです。これは話の流れが途切れて読みにくくなるのに加えて、読み手に言葉を補って読む負担を与えるからです。読み手に解釈を促すと、誤読するリスクが高まります。従って、文の最後は述語を含めると意識づけて文を作ってください。

(6) ナンバリングは適材適所

ここでいうナンバリングは、答案の中に番号を付すことをいいます。【例2.17】にあった序論を用いて説明すると、

● 日本企業において「管理職の力不足の問題」が生じている原因について、①企業内の人材のバックグラウンドが多様化したことに対応できていないこと、②企業内でリーダーシップを発揮する経験が乏しいことが挙げられる。

といった具合に書くことを意味します。ナンバリングを付して書くこと自体は、論文で禁止されているわけではありません。しかし、筆記試験の答

案では、ナンバリングを使用しないことをお勧めします。これは、【例2.17】で説明した、読み手に読み返しを促す負担を与えるのと同じ理由です。読み手に読み返しを強いると、読み手は読み返しの手間をなるべく省くよう、序論の内容を頭に詰め込んだまま文章を読もうとします。すると、肝心の中身が入ってこないため、理解が遅れることにつながります。

　読みやすい文章は、内容がスムーズに読み取れる特徴を持っています。もちろん、ナンバリングを用いることで理解が得やすいこともあります。それは、図表などと併せて説明するときに、図表との対応関係を明示するときです。実際に、出題者の指示でナンバリングが求められるときは、その指示に沿ってナンバリングを付すことになります。逆に言えば、<u>出題者の指示がないときは、ナンバリングに頼らない</u>、返り読みの手間が少ない文章を組み立ててください。

(7) 形式名詞と助詞・助動詞はひらがなで

　形式名詞とは、それ自体には実質的な意味が薄く、他の修飾語を受けて名詞句を作る名詞をいいます。例を挙げると、

- ・・・という<u>こと</u>
- ・・・な<u>もの</u>
- ・・・する<u>とき</u>、

といった、下線部を引いた箇所をいいます。

　形式名詞を用いるときは、ひらがなで書くのが一般的です。「・・・という<u>事</u>」「・・・な<u>物</u>」「・・・する<u>時</u>」と漢字で書くと、堅苦しさが増して読みにくくなる傾向があります。読みやすい文章を目指す観点では、ひらがなで書くことが望まれます。実際、新聞や雑誌など広く読まれる文章では、ひらがなで書くよう統一されています。

　形式名詞と同じく、「・・・<u>出来る</u>（→<u>できる</u>）」や「・・・として<u>置く</u>（→<u>おく</u>）」などの助動詞や、「・・・<u>等</u>（→<u>など</u>）」や「・・・の<u>為</u>（→<u>ため</u>）に」などといった助詞も、ひらがなで書くことを原則としておくとよいでしょう[11]。

(8) 指示代名詞

　最後に、指示代名詞を取り上げます。指示代名詞とは、事物や場所、方角などを指し示すのに用いる語をいいます。具体的には、「これ」「そちら」「あっち」「どんな」などがあります。

　指示代名詞はすでに示された名詞を繰り返し使う場合に、説明を簡略にするために用いられます。しかし、指示代名詞を多用したり、あるいは本来指示代名詞が表すものがあいまいになったりすると、読みにくい文章になります。指示代名詞を使う場合は、指示代名詞が指すものが明確にわかるかを確かめましょう。もし指し示すものがどうしてもあいまいになるときは、指示代名詞を使わずに同じ名詞を繰り返すか、指示代名詞に名詞を補足してください。

---

9) ここで結論という語を用いなかったのは、基礎編Part1「II.2.接続表現を使いこなす」で、別の意味で定義したからです。

10) 随筆はエッセイと訳されます。ここで、**研究計画書としてのエッセイ**と明確に分けるよう注意してください。ビジネススクールで求められるエッセイはあくまで、論文の一形式にあたります。

11) 一部の企業では、社内文書で形式名詞などを漢字で書くよう求めるケースがあります。ここでは、筆記試験における書き方として押さえてください。

Ⅴ 清書する

❶ 下書用紙を活用する

　最小構成単位である単語から全体の構成まで、文章の構造について一通り説明しました。自分の考えを論理的に説明する文章が、非常に厳密なルールのもとで成り立っていることを理解できたはずです。一方で、筆記試験の問題を解くのに、頭で考えたことをそのまま答案として書けるか不安に思えた方も多いでしょう。

　そこで役に立つのが下書用紙です。下書用紙は、筆記試験を課すビジネススクールのほとんどで問題用紙や解答用紙と共に配布されます。受験生は、解答用紙に自分の考えをいきなり書くのではなく、課題文や図表・グラフなどから得られた情報を整理したり、問いに対する論証を整えたりするなどして、下書用紙を答案作成の足がかりとして活用します。筆記試験の演習では、下書用紙を上手に使う練習も併せて行いましょう。

　下書用紙を使うルールは、ビジネススクールから指示がない限り自由に使えます。自分の考えが整理しやすい方法を見つけておくと、考えの整理をスムーズに進めることができます。下書用紙をどのように活用するかの例として【例2.16】の文章を構成するために整理した論理の構成図【図2.4】を取り上げます。この例をもとに下書用紙を活用するコツを挙げると、主に以下の3点に整理できます。

> **下書用紙を上手に活用するコツ**
>
> (1) 主題や問題、および解答上の指示をもれなく書く
> (2) 主張と根拠の関係が一目でわかるように図示する
> (3) 記号や略号を使い、書く手間を省く

Part1 文章の構造を知る　　Part2 問いの解き方

I 単語を丁寧に扱う

II 文を作る

III パラグラフを組み立てる

IV 答案全体の構成を整える

V 清書する

【図2.4】下書用紙の活用例

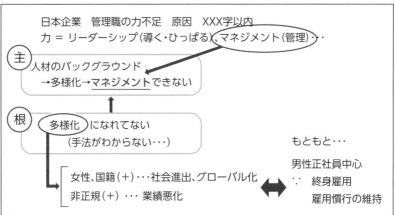

（1）で問いや指示をまとめるのは、答案を最終的に点検するときに、問題用紙との往復を避けて時間を短縮するためです。また、下書用紙に転記することで、丁寧に問題文を読む習慣も身につけられます。（2）は文章の論理構成が正しく作られているかを確かめる目的を果たしやすくするためです。これを答案用紙に文章化するときは、接続表現や助詞などを補いながら進めると、文章を2度書きする手間も省けます。（3）も時間短縮する工夫といえます。例えば、「∴」は「なぜならば」という意味で主に数学で使われる記号です。一方、「（＋）」は解答者が「多様化した」「増えた」という意味で、自発的につけた記号です。別に「（＋）」の意味を書き込む必要はなく、解答者が読み返すときにその意味が思い出せればよいのです。

このように、下書用紙は答案を清書する足がかりとして、情報の整理や論理構成の組み立てに活用することで、制限時間内で論理的に整合した答案を作ることができます。

❷ 制限字数の取り扱い

筆記試験や研究計画書で条件づけられる制限字数について、例年多くの質問が寄せられます。制限字数の取扱いは、ビジネススクールが出す指示を確認することが前提となります。ここでは、一般的に見受けられる事項

や対応方法をまとめますので、目安として活用してください。

(1) 字数の数え方

　筆記試験で配布される解答用紙の様式が原稿用紙と同じ場合は、マス目で数えることになります。仮に800字で解答するよう指示されたときは、800マスの枠でまとめます。改行により空白が生じるときは、その空白も字数に含まれます。そのため、実際に解答で費やす字数は指定より少なくなることが想定されます。

(2) 求められる分量

　制限字数が指定されたときにどの程度の字数を確保するかは、指定の方法と制限時間を勘案して目安を決めます。原則として、「○字以内」と指定されている場合はその字数の80〜90%が目標のひとつとなります。「以内」と指示されていますから、1マスでも超過してはいけません。一方、「○字程度」と指定されている場合はその字数の80〜120%が目安です。いずれの指示でも、解答用紙の構成から目安がつかめる場合はそれに従います。

　ここで、筆記試験で制限時間が不足し指定字数を下回ったとしても、論理構成が整っていれば得点がもらえることに注意してください。逆に、指定字数を満たしても設問との整合がつかみにくい答案は評価が下がります。従って、字数より問いとの整合性、および論理構成に力を入れて文章を作成してください。

③ 原稿用紙の使い方

　筆記試験で配布される解答用紙の様式が原稿用紙と同じ場合は、原稿用紙のルールに従って書くのが一般的です。受験生、特に社会人の方は、パソコンなどで文章を書くことが多く、手で書くときのルールを忘れがちです。早いうちに基本的な原稿用紙の使い方を押さえましょう。【図2.5】は【例2.16】の文章を原稿用紙の使い方に沿って書いた例です。この図と併せて、次の注意点を確かめてください。

【図2.5】原稿用紙の使い方に沿った解答例

　日本企業において「管理職の力不足の問題」が生じている原因を2点取り上げる。
　まず、企業内でリーダーシップを発揮する経験が乏しいことが挙げられる。昨今の日本企業では、経営環境が不確実に変化するため、管理職も管轄する部門で積極的に変革を推し進めるリーダーシップを発揮する必要がある。しかし、日本企業では配属された部署で与えられた業務を遂行できる能力を身につけた者が管理職に就くことが多い。そのため、変革を推し進めるリーダーシップを経験しないまま昇進する可能性が高い。よって、従業員が管理職に就いてもリーダーシップを発揮できず、力不足となって現れたと考えられる。

(1) 書き出し（図中①）

　筆記試験で配布される解答用紙は、表題（設問番号）・受験番号・氏名などを記入すべき欄が印刷されていることが多いです。その場合は、所定の場所に各必要事項を書き、本文は1行目から書き始めてください。

　本文の書き出しは1マスあけて書き出します。パラグラフを変えるために改行したときも、はじめの1マスをあけて書き出してください。

(2) 数字・アルファベット(図中②)

　横書きで書く場合、数字は算用数字を用います。算用数字は1マス2字、1桁または奇数桁の末尾の数字は1マス1字とします。

　例： 20 21 年 （四角囲み文字で1マスを表す、以下同じ）

　アルファベットは大文字を1マス1字、小文字を1マス2字で書きます。

　例： i P ho ne

(3) 拗音・促音(図中③)

　拗音(小さい「ゃ」「ゅ」「ょ」)、促音(小さい「っ」)をはじめ、ひらがな、カタカナは常に1マス1字使用します。拗音・促音が行頭にくる場合も、1マス使用し、そのまま行頭に記入してください。

(4) 句読点(図中④)

　句点(「。」)、読点(「、」)は原則1字として1マス使用します。ただし、句読点が行頭にくるときは、手前の行の1番後ろのマスに文字と一緒に書き入れます。疑問符(「？」)や感嘆符(「！」)は筆記試験では使いません。

(5) カギ括弧(図中⑤)

　カギ括弧(「　」)は、筆記試験では短い文言を課題文などから直接引用するときに限り、各々1マスを使用します。語句を強調する目的では使用しません。閉じ括弧が行頭にくるときは、句読点と同じ扱いになります。

(6) 修正方法

　修正は事前に配布される受験上の注意事項[12]を読み、指示に従い対応します。多くの場合、消しゴムや修正液・テープなどで消し、修正後の語句をマス目に入れます。二重線による取り消しや吹き出しによる加筆は行いません。

[12] 受験上の注意事項は、出願した各校から受験票と共に配布されます（募集要項に記載されていることもあります）。注意事項には、会場内での行為や持ち込める筆記用具の種類などがすべてまとめられているので、必ず目を通してください。

Part1 文章の構造を知る　Part2 問いの解き方

Ⅰ 単語を丁寧に扱う

Ⅱ 文を作る

Ⅲ パラグラフを組み立てる

Ⅳ 答案全体の構成を整える

Ⅴ 清書する

 文章を読む重要性

　ここまで、論証するための日本語について説明しました。これらの内容を筆記試験で使えるためには、問題演習を通じて文章を書く必要があることは言うまでもありません。そして筆記試験の対策で書くことと並行して重要となるのが、論証として優れた文章を読むことです。

　そもそも、学ぶという言葉はかつて学ぶとも読まれ、真似ると同じ語源と言われています。読み手に伝わりやすく、かつ説得力を持つ文章には、筆者が論証の運びや言葉の使い方を工夫した跡が随所にちりばめられています。それらを文字どおり真似ることが、論証のための日本語を身につける練習としてうってつけと言えるのです。

　筆者自身、仕事を進める中で国際政治やサイエンスなど専門と異なる分野の文章を読むことが求められます。その際、わかりやすく説得力のある文章に出会うと、何度も精読してなぜ読みやすいのかを考えます。これらの文章には、

(1) なるべく主題や主張に当たる事項に限り専門用語を使う
(2) 使われた専門用語に係る定義を明記している
(3) 明確な根拠と裏づけとなるデータ（証拠）が備わっている

といった特徴を持っています。もしわかりやすく説得力のある文章に出会ったときは、なぜわかりやすいのかを分析することで書く力の向上にもつながります。勉強仲間がいる方は、互いの答案を交換して分析するのも一手です。

　ただし、問題演習で提示された解答例を丸暗記することは止めてください。丸暗記はいわば思考の放棄であり、これから説明する問いを解くステップに反するからです。そもそも、ビジネススクールの過去問が同じ形式で出題されることはほぼないので、試験対策として丸暗記をする意義が乏しいとも言えます。

Ⅰ 問いを解くステップとは

　ここから、Part2「問いの解き方」に入ります。

　概要編「Ⅳ.3. 問いに答える要件とは」で説明したとおり、問いに答えるためには、出題者が求めている問いが何かを的確に捉えること、問いに対応した主張とその根拠を組み立てることが必要となります。

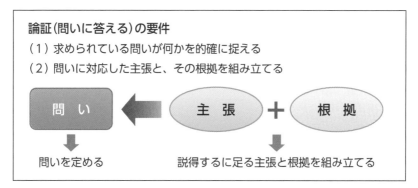

論証（問いに答える）の要件
（1）求められている問いが何かを的確に捉える
（2）問いに対応した主張と、その根拠を組み立てる

問い ← 主張 ＋ 根拠

問いを定める　　　　説得するに足る主張と根拠を組み立てる

　Part2では、これらの要件を満たした答案を作成するステップ（手順）を説明します。本章でステップの内容を押さえ、後に続く練習編と実践編で演習を繰り返し行い、本番で使いこなせるよう身につけてください。

❶ 問いを解くステップ

　それでは、問いを解くステップを見ていきましょう。ステップの全体像を【図3.1】にまとめています。各々のステップに関する説明は後ほどするとして、ここでは全体に係るポイントを説明します。

　まず、問いを解くステップは**順番どおり**行います。順番を前後させると、問いと主張とのズレやムダな作業が生じやすくなります。課題文が伴う問題が出題されたとき、試験が開始するやいなや課題文を読み始めるのが、この典型例です。問いを解くために課題文を読むのですから、必ず問いを押さえてから課題文の読解に取りかかりましょう。

Part1 文章の構造を知る　　Part2 問いの解き方

I 問いを解くステップとは

II 問いを押さえる

III 情報を引き出すI

IV 情報を引き出すII

V 論証するI

VI 論証するII

VII 論証するIII

【図3.1】問いを解くステップ

```
Step 1   問いを押さえる

         問題文から主題と問題、解答作成のルールを押さえる
         ・主題：問いを考える上で中心となる事柄
         ・問題：主題に沿って解決すべき疑問や論点

Step 2   情報を引き出す

         出題者が提示した課題文や図表・グラフから問いを解く
         ために必要な情報を集める

         必要な情報がなければ、推論などの方法で引き出す

Step 3   答えを論証する

         問いに答えるための主張と主張を支える根拠をそろえる

         論証の構成を下書用紙にまとめ、清書する前に問いに
         答える要件を満たしているかを確かめる

Step 4   答案を清書する

         答案用紙のルールに従い、解答を清書する

         清書した後は誤字や脱字の有無や解答作成のルールを
         満たしているかを確かめる
```

　次に、Step2とStep3が<u>往復している</u>ことに注目してください。この2つ
のステップを合わせて思考[13]と呼びます。集めた情報から主張と根拠が直
ちに導かれるとは限りません。自ら導いた主張が適切に根拠づけられる
か、集めた情報に新たな情報を加えることもあります。また、複数の問題
が出題されるとき、前の問題が後の問題を考えるヒントとしての役割を果
たすことがあります。この場合は前の問題で論証を終えてから、その論証

の結果を後の問題を解く情報の一部として使うことになります。従って、答え（主張と根拠）が固まるまで思考を往復させることになります。

　最後に、Step3とStep4は<u>一方通行</u>で示しています。これは、考えたまま書くのではなく、下書用紙に書くべき事項をまとめてから書くためです。受験生から、想定より字数が増えた、あるいは問いと整合しないことに気づいたときにどう対処すればよいか、といった相談を受けます。これはStep3で答えの構想がまとめ切れていないのが原因です。もちろん、書き進めるうちに気づくこともあります。しかし、後の気づきが多いほど、答案の修正に時間をとることにつながります。制限時間を守って答案を作るためには、清書する前に答案の構想をまとめることが重要となります。

❷ Step 1　問いを押さえる

　問いを押さえるステップでは、問いを考える上で中心となる主題と、主題に沿って解決すべき疑問や論点にあたる問題を特定します。繰り返し説明したとおり、出題者の求めに応じていない答案は内容に関わりなく得点がつきません。筆記問題を解く第一歩として的確に問いを押さえるポイントを理解してください。また、制限字数や表現方法など解答作成のルールが書かれているときは、忘れずに押さえてください。

　詳しくは、「Ⅱ. 問いを押さえる」で説明します。

❸ Step 2　情報を引き出す

　問いを押さえた後は、問いを解くために必要な情報を集めます。まず、情報を入手する手順を理解する必要があります。正しい手順を踏むことで、必要十分な情報を効果的に集めることができます。次に、どの情報を引き出すかを考えます。集めるべき情報は問題の内容によりさまざまです。ここでは、筆記試験で最も多く出題される因果関係に焦点を当てます。何が原因でこのような事態に至ったのか。提示された解決策がどのような結果を引き起こすのか。物事の原因と結果を示す因果関係を扱う注意点を整理します。

Part1　文章の構造を知る　　Part2　問いの解き方

Ⅰ　問いを解くステップとは

Ⅱ　問いを押さえる

Ⅲ　情報を引き出すⅠ

Ⅳ　情報を引き出すⅡ

Ⅴ　論証するⅠ

Ⅵ　論証するⅡ

Ⅶ　論証するⅢ

　詳しくは、「Ⅲ.情報を引き出すⅠ― 情報を引き出す手順」と「Ⅳ.情報を引き出すⅡ― 因果関係を捉える」で説明します。

❹ Step 3 答えを論証する

　論証は理由となる根拠と共に主張を述べることであり、筆記問題を解く根幹となるプロセスです。論証は演繹とよばれる手続に則って進めていきます。演繹は論理学で厳格にルールが定められていることから、強力な説得力を持った主張を導き出すことができます。本書では、演繹の内容やルールを押さえていきます。他方、筆記試験や実務では、演繹のルールが多少緩めた形で使われます。この多少とはどの程度を意味するのか、どこに気をつければよいのかも説明していきます。

　詳しくは、「Ⅴ.論証するⅠ― 推論とは」と「Ⅵ.論証するⅡ― 論証における演繹の使い方」「Ⅶ.論証するⅢ― 筆記試験における論証の注意点」で説明します。

❺ Step 4 答案を清書する

　答案の構想が固まったら、その構想に沿って解答用紙に清書します。答案の構想は、【図2.4】で示したとおり、下書用紙に簡略な図などでまとめます。清書する前に、問題文と下書用紙を照らし合わせ、問いに答える要件が備わっているかを予め確かめてから解答用紙に清書します。図をもとに文章化するため、主語や述語、接続表現（基礎編Part1「Ⅱ.2.接続表現を使いこなす」を参照）を適宜補うことになります。

　清書が終われば、誤字（基礎編Part1「Ⅰ.4.誤字を防ぐ」を参照）がないか、原稿用紙の使い方（基礎編Part1「Ⅴ.3.原稿用紙の使い方」を参照）が適切かなど、形式面を中心に確かめてください。

　このStep4は、基礎編Part1「文章の構造を知る」で説明したことがそのまま活用できます。答案を作成する練習を行うときに活用してください。

---

13) 市販の書籍では、「論理的思考(ロジカル・シンキング)」や「クリティカル・シンキング」などの名称を用いて、思考法の解説を行っています。

Ⅱ 問いを押さえる

　仕事にせよプライベートにせよ、人は何かに取り組むときにはその全体像をつかもうとします。例えば、仕事で会議に参加するときは、事前に配布される式次第を読んで会議の流れをつかみます。また、家族や友達らとテーマパークに遊びにいくときは、その施設の案内図を見ながら楽しみたいアトラクションを選びます。筆記試験も基本は同じです。問いに答えるためには、予め問いの全体像をつかむ必要があるのです。

❶ 問いの構成 ── 主題と問題

　まずは、問いがどのように構成されているかをつかみましょう。一般的に、問いは以下の2つの要素で構成されます。

> 主 題：問いを考える上で中心となる事柄
> 問 題：主題で提示された目的を満たすために解決すべき疑問や論点

　主題はテーマともいい、その問いを考えるときに中心的なものとして扱う事柄を指します。主題はその問いが何を求めているのかという目的や、問いに対する答えを考えるときに守るべき枠組みを示す役割を果たします。主題は、筆記試験で提示される問題文に直接示されていないことがほとんどです。従って、文章で中心的な役割を果たしているキーワードから読み取る必要があります。

　一方、問題は主題が提示した目的を達成するために解決すべき疑問や論点をいいます。ここまで説明した問いと答えの整合性を言い換えると、問題と主張の整合性ということになります。従って、問題は問題文中に明確に示され、書かれていることをそのまま抜き出すことになります。

Ⅰ　問いを解くステップとは

Ⅱ　問いを押さえる

Ⅲ　情報を引き出すⅠ

Ⅳ　情報を引き出すⅡ

Ⅴ　論証するⅠ

Ⅵ　論証するⅡ

Ⅶ　論証するⅢ

❷　なぜ主題をつかむ必要があるのか

　問いに答えるという言葉から、問題を押さえることができれば答えられるのでは、という疑問を持たれたかもしれません。しかし、問いに的確に答えるには、主題を押さえることが重要となります。ここで、改めて主題を押さえる理由を整理しましょう。

主題を押さえる理由

（1）出題者が出した問いを通じて何を求めているのか、問いに答える目的を知る

（2）問いに対する主張や根拠を整合するために、話が脱線することを防ぐ枠組みをつかむ

　筆記試験に限らず、仕事や日常会話の場でも主題を押さえることが重要です。例えば、ある企業で営業部に所属しているメンバーが売上予算の達成度について検討する会議を開いたとしましょう。この場合の主題には、

- 営業部門ごとに予算目標を策定する

- 設定した予算と実績を比較し、予算の達成度を検討する

- 予算が達成していない部門があれば、その対策を練る

などが候補に挙がります。仮に「予算の達成度を検討すること」を主題に会議が始まり、ある部門の実績が設定された予算を下回ったことが指摘されたとします。ここで、指摘された部門のリーダーが、

　「この予算設定がおかしい。だいたいこの予算を設定した企画部の○○は普段から人の話を聞かない。だから、非現実的な予算が出てくるのだ」

と発言したら、議論はどうなるでしょうか。予算の達成度を検討するはずが、企画部員の人格を攻撃したことで話が頓挫することになります。予算

の達成度を検討する目的に資するため、主題の枠組みに沿った情報や意見を提示する。主題をつかむことは、議論を適切な方向に進める道標（みちしるべ）をつかむことを意味するのです。

③ 実際に主題を押さえてみよう

ではここで【例3.1】を解いてください。制限時間は10分です。

> **【例3.1】 等式を成立させる①**
>
> (1) 空欄に当てはまる数字を答えよ。
>
> $2 + 3 = \boxed{}$
>
> (2) 空欄に当てはまる数字の組み合わせを答えよ。
>
> $\boxed{} + \boxed{} = 5$

問題文を読んですぐに「(1)の正解は5だ！」と焦らないでくださいね。本章で説明しているのは、問い、特に主題を押さえることでした。問題の難易度にかかわらず、まずは主題を押さえましょう。

【例3.1】の主題は、等式、2つの式または数を等号（＝）で結びつけたもの、が成立するための数を求めることです。この主題に沿って、実際に(1)と(2)で与えられた式が等式になるよう、数、またはその組み合わせを求める。これが、【例3.1】の問いの構造となるのです。

(1)は詳しい解説は不要でしょう。シンプルな足し算の問題ですから、正解は5となります。これに対して、(2)は答えになる数の組み合わせはいくつも挙がります。(1)で提示された「2＋3」はもちろん、「4＋1」と別の数字で置き換えることもできます。さらに、「5＋0」とゼロを組み合わせたり、「8＋（－3）」と負の数を入れたり、「1.5＋3.5」など小数や分数を含めても問題ありません。なぜなら、(2)では「数字」と書かれているだけで、整数や分数など要件が提示されていないからです。しかし、「2＋4」は6となるため、等式が成立せず不正解となります。

これらをまとめると、【図3.2】となります。等式を満たす数の組み合わ

Part1 文章の構造を知る　　　Part2 問いの解き方

I 問いを解くステップとは

II 問いを押さえる

III 情報を引き出すI

IV 情報を引き出すII

V 論証するI

VI 論証するII

VII 論証するIII

せという主題に沿って、実際に与えられた等式を問題として解く。その等式を満たす要件を範囲として、その中に収まれば正解となり、外れれば不正解となる。主題は、この境目を示す役割を果たしているのです。

【図3.2】正解の範囲①

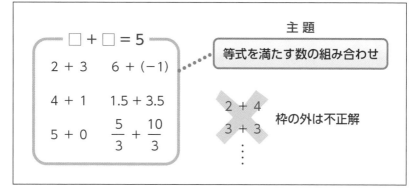

では、(2)の設問文を以下のように変えてみましょう。

【例3.2】　等式を成立させる②

　大人と子供、合わせて5人になる人数の組み合わせを答えよ。ただし、大人だけ子供だけの組み合わせも可とする。

$$□+□=5$$

　【例3.2】で与えられた等式そのものは、【例3.1】(2)と同じです。変わったのは主題です。【例3.2】の主題は、等式が成立するための人数を求めることです。数から人数に変わるとどうなるでしょうか。何人いるかを数えるとき、その数はゼロ、または正の整数であることが要件となります。従って、【例3.1】(2)では正解の範囲に含まれていた負の数や分数、小数を含む組み合わせは、【例3.2】では正解の範囲から外れ、不正解となります。図で表すと、【図3.3】で表されます。

【図3.3】正解の範囲②

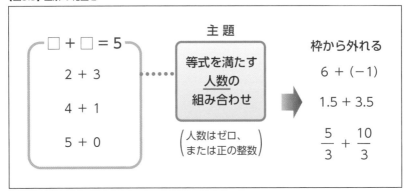

これで、主題を押さえる必要性が理解できたと思います。主題を的確に押さえることは、問題に対する正解の範囲、すなわち目的を知ることにつながるのです。

ここで、主題を押さえるという話に関連して、筆記試験で採用される小論文形式の問いに正解はあるか、という論点にも触れたいと思います。この論点は受験生だけでなく、出題者や予備校講師の間でもしばしば議論になるので、ここで整理しましょう。

結論から言うと、小論文にも正解はあります。小論文に正解はないと述べている人の多くは、正解の意味を【例3.1】(1)のように唯一絶対のものとして捉えているように見受けられます。しかし、小論文における正解は【例3.1】(2)や【例3.2】で示したとおり、主題を満たす範囲で問題に整合するものです。従って、小論文における正解は主題が示す範囲で複数存在する、と考えるのが正しい見方です。

小論文形式における正解の範囲には、もうひとつ注意点があります。それは、例題のような数式で表す問いは正解か否かの線引きが明確なのに対し、言葉で表す小論文形式の問いは正解か否かの明確な線引きが難しいということです。これは、数式に比べ、言葉にはあいまいさが残るからです。基礎編Part1「Ⅰ. 単語を丁寧に扱う」では、使用する言葉(単語)の定義を意識することを説明しました。しかし、言葉を定義したとしても数式ほど

定まることはなく、場面やニュアンスにより多少の広がりは残ります。そのため小論文では、問題に対する主張が正解の範囲にあることを、解答者が論証を通じて根拠づけることが求められるのです。本書で問いと答えとの関係を妥当性や整合性という言葉で説明したのは、小論文形式における正解が持つ特徴に起因しています。小論文形式の問いでは一問一答形式の問いとは異なり、正解に範囲があるものと捉えてください。

❹ 問題の形式

　ここからは、問題の説明に移りましょう。問題とは、主題で提示された目的を満たすために解決すべき疑問や論点をいいます。【例3.2】でいえば、等式を満たす人数の組み合わせを特定する主題を満たすため、大人と子供を合わせて5人となる「□」の組み合わせを答えることが問題となります。

　筆記試験で求められる問題にはさまざまな形式があります。本書では、その中でも出題頻度が多い問題の形式を取り上げます。問題を理解する一応の目安として活用してください[14]。

(1) What：実態の把握

　Whatは、問いで取り上げられた意見の内容や事実関係などを解き明かすための問題形式をいいます。例えば、

- ○○とは何か。…知識問題における経営理論の定義
- ○○は、何を意味しているか。…提示された意見や事実の説明

といった形式が挙げられます。Whatは出題者が提示した情報が正しく理解できているか、問いを解くための知識が備わっているかなどを確かめる意図で出題されます。Whatは、いわば問い全体の前哨戦にあたる問題形式といえます。

(2) Why：因果関係の分析

　Whyは、問いで取り上げられた意見の根拠や、事実の背景にある因果

関係を解き明かすための問題形式です。例えば、

● なぜ筆者は○○と主張しているのか。…意見（主張）の根拠
● なぜ○○が起こったと考えられるか。…発生した事実の因果関係

といった形式が挙げられます。

(3) How：解決策の提案

　Howは、問いで与えられた状況（課題）を解決するための方策を提案する問題形式をいいます。例えば、

● ○○という課題に対する解決策を述べよ。

といった形式が挙げられます。このHowの問題形式は、これまで述べたWhatやWhyとは異なる性質があります。それは、Howの問題が求められたときは、**たとえ明確に出題されてなくてもWhatとWhyの問題に対する答えを準備する必要がある**ということです。これは、Howで求められる解決策がなぜ妥当なのかを根拠づけるときに、どこに課題があるか（What）となぜその課題が生じるのか（Why）を押さえる必要があるからです。提示した解決策が適切であると説明するためには、課題を生じさせる原因を除去できるという確たる根拠が必要です。課題の所在やその原因を捉えることは、根拠を固める出発点としての機能を果たすのです。

【図3.4】3つの問題の関係

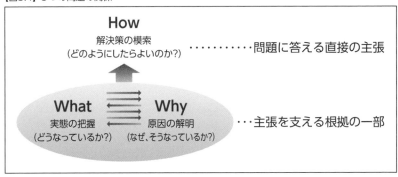

（出典）佐藤（2021）より筆者加筆

5 意見問題とは

　筆記試験で出題されやすい問題形式の中には、扱いがやっかいなものもあります。それが、解答者の意見を求める問題、すなわち意見問題です。ひとつ例を挙げると、

● ○○について、あなたの考え(意見)を述べよ。

という形式の問題です。意見問題は、筆記試験で比較的多く出題される形式です。この形式をやっかいな問題だと述べたのは、何を求めているのかを明確につかむのが難しいからです。意見問題が出たときは、出題者が求めているものを慎重に見極めることが必要となります。くれぐれも、意見だから何を書いてもよい、と曲解しないでください。

6 意見問題の捉え方

　では、意見問題が出題されたときの対応法をまとめます。意見問題に答えるために出題者が提示したい論点を押さえる方法は、以下の３つです。この方法は必ず上から順に進めてください。

　意見問題に対する論点の押さえ方
　(1) 問題の所在を示す別の言葉を抜き出す
　(2) 前後の問題から判断する
　(3) 主題を踏まえ、提示された意見や事実などから判断する

(1) 問題の所在を示す別の言葉を抜き出す

　問題文に「意見」と書かれているとしても、別の言葉で問題を説明しているのであれば、その文言に従って問題を押さえてください。

　【例3.3】 別の言葉で問題の所在がわかる
　① ○○が生じている原因について、各自の意見を述べてください。
　② A社の戦略についてどのような評価をするか。自身の意見を述べよ。

2つの例文を見ると、たしかに「意見」を求めているように読めます。しかし、①には○○という事実が生じている「原因」を特定する、②にはA社の戦略を「評価」することがそれぞれ求められています。つまり、問題の所在が「意見」とは別の言葉で表されているのです。このように問題を押さえることができる言葉が示されているならば、その言葉を問題として特定することになります。

　ちなみに、出題者がなぜ「意見」という言葉を添えたのかは、明らかではありません。解釈できるとすれば、主題の範囲を外さない程度に自分で考えてほしい、というメッセージが含まれていると考えられます。「意見」という言葉に惑わされないのも一手と言えます。

(2) 前後の問題から判断する

　別の言葉で出題者の求めが特定できなくても、問題が複数あるときは、前後の問題文から判断できるかを確かめます。筆記試験では、大きな問いの括り（大問）の中に複数の設問（小問）が配置されて出題されることがあります。この場合、前の小問に対する答えが後の小問を解くヒントになる傾向があります。意見問題が小問の一部に含まれているときは、前後の小問から出題者の求めているものが特定できないかを考えます。

> 【例3.4】　前後の問題から判断する
>
> 　問1　A社はなぜこの不祥事を起こしたか、その理由を考察せよ。
> 　問2　問1を踏まえ、A社はどうすべきであったかを論じなさい。

　この例では、問2でA社が採るべき方策を求められているものの、何の課題に対する方策なのかが特定できません。この点、意見問題の特色を帯びた問題といえます。ここでは、問1が問2を解くヒントにならないかを検討します。問1では、A社が不祥事を起こした理由が求められています。課題文や図表・グラフが提示されていたとして、それらから得られた情報をもとに理由を考えます。この過程でA社を取り巻く環境や直面した課題

Part1　文章の構造を知る　　Part2　問いの解き方

I　問いを解くステップとは
II　問いを押さえる
III　情報を引き出すI
IV　情報を引き出すII
V　論証するI
VI　論証するII
VII　論証するIII

などが浮上します。その課題を解決するためにＡ社が不祥事に至ったとすれば、本来は不祥事に依らずに課題を解決すべきという考えが成り立ちます。では、その解決策は何か。ここまで整理すると、問２で「どうすべきであったか」を考える見通しが立ちます。すなわち、問１で整理した内容を踏まえ、Ａ社が不祥事と異なる形で課題を解決する方法が問２で求められていると判断できます。

　前の小問に対する答えが後の小問を解くヒントになるのは、意見問題に限らず筆記試験全般に当てはまる考えなので、ぜひ活用してください。

(3) 主題を踏まえ、提示された意見や事実などから判断する

　(1)でも(2)でも出題者の求めているものがわからないときは、最後の手段として主題から判断することになります。文字どおり最後の手段です。主題は、問いを解く目的であり、話の脱線を防ぐ枠組みです。主題の要件を満たすために求められる意見は何かを考えていきます。

【例3.5】 主題を踏まえ、提示された意見や事実などから判断する

問１　以下の新聞記事を読み、地球温暖化について意見を述べよ。

　この方法を用いるときのポイントは、出題者が提示した課題文や図表・グラフを併せて考えることです。意見問題は、課題文や図表・グラフと併せて出題される傾向があります。主題と共に、課題文などの情報を整理すると、出題者が求めていることを特定しやすくなります。言い換えると、この手順では問題の特定は後回しになります。問いを解くステップでは、主題と問題を押さえてから情報を引き出す手順に移ると説明しました。しかし、出題者の求めが直ちに知り得ない意見問題は、例外的に情報をある程度引き出してから問題の内容を押さえます。

　主題を中心に課題文や図表・グラフなどの情報を整理すると、意見問題で求められる意見は、概ね次の３つに分類できます[15]。

① 評 価

　提示された意見や事実について、一定の基準を設けて良否や適否を判断することをいいます。意見問題が出題されたとき、出題者は誰かの意見や過去に起こった事実を、意見を求める対象として提示するのが一般的です。この場合、提示された意見や事実を吟味することになります。評価は、意見や事実を吟味するプロセスの一部に含まれます。従って、評価の結果を意見としてまとめるのは、限られた時間で論証する必要がある筆記試験の性質を考えれば、最も準備しやすい作業といえます。

　仮に、過去に実行した方策に対する評価を行うとします。まず、方策を実行したことで得た結果から、方策の目的が達成できたかを評価できます。また、結果の良否が定まれば、その結果が生じた原因を特定することも評価に含めることができます。

　他方、これから実行する方策を評価するときは、その方策が課題の解決につながるのか（妥当性）が焦点となります。となると、過去の事実などから方策を実施した企業、ないしは個人が抱えている課題とそれが起こった原因を特定する必要があります。この場合、「4. 問題の形式」で示したWhat・Why・Howの問題に沿って、方策の実施者が対応できているかを評価することになります。

② 賛 否

　出題者が提示した意見に対して、賛成または反対の意思を表明することをいいます。過去に実行された方策や起こった事実は、すでに確定しているため賛否を表明する余地はありません。これから実行を試みる方策、または現在ある課題に対する評価などが、賛否を表明する対象となります。

　意見は根拠を踏まえて主張することですから、なぜ賛成するのか、または反対するのか、その根拠をそろえる必要があります。この根拠づけを行うために、出題者が提示した方策や意見に対する評価を行うことになります。つまり、賛否は評価と一体で意見を表明する行為だといえます。

Ⅰ　問いを解くステップとは

Ⅱ　問いを押さえる

Ⅲ　情報を引き出すⅠ

Ⅳ　情報を引き出すⅡ

Ⅴ　論証するⅠ

Ⅵ　論証するⅡ

Ⅶ　論証するⅢ

③ 規 範

　「どうすべきか」という対案を示すことをいいます。対案は解決策にほかなりませんから、求められている意見を規範と捉えるときは、この意見問題はHowの問題形式にあたると解釈できます。Howの問題形式に対処するためには、たとえ明確に出題されてなくてもWhatとWhyの問題に対する答えを準備する必要があると説明しました。規範を提示するときも同じく、どこに課題があるか、なぜその課題が生じるのかを押さえる必要があります。

　意見問題に対して規範を提示するのは、主として以下の状況が当てはまるときに当てはまります。

- 出題者が提示した情報から、解決策を提示するに足る課題が特定できるものの、その方策が示されていない
- 出題者が提示した方策に反対するとき、または修正を要すると評価するとき、対案を示すことで説得力を高めたい

　規範をまとめるときは、制限時間を意識しながら意見をまとめることを心がけてください。特に2つ目のケースでは、提示された方策に対する評価や賛否を論証し終えてから、規範を提示する必要があります。時間を要する作業になるので、くれぐれも慎重に取り組みましょう。

14）この分類は、佐藤（2021）をもとに整理しています。
15）この分類は、野矢（2018）をもとに整理しています。

Ⅲ 情報を引き出すⅠ —— 情報を引き出す手順

　筆記試験で答えるべき問い、すなわち主題と問題を押さえたら、次は問いに答えるのに必要な情報を集めます。筆記試験における情報は、問いに答えるために必要な、課題文や図表・グラフなどから集められた事実や意見、概念などをまとめたもの、と定義できます[16]。人間はゼロからは何も生み出せません。問いに答えるためには、問いを解く手がかりとなる情報を集め、組み合わせることが必要です。

　本章では、問いに答えるために必要な情報を引き出す手順を説明していきます。

❶ 情報を引き出す手順

　情報を引き出す手順は、以下の３つで構成されています。この手順も、先に説明した意見問題に対する論点の押さえ方と同様に、必ず**上から順に進めてください**。

> **情報を引き出す手順**
>
> (1) 課題文や図表・グラフに直接記載された情報を**そのまま**引き出す。
> (2) 課題文や図表・グラフに記載された情報から**推論**する。
> (3) 推論ができない情報は、**拡散的思考**で情報を収集する。

　この手順を読んで、似たような話があった気がすると感じたとすれば、本書の理解が進んでいると考えて問題ありません。この情報を引き出す手順は、基礎編Part1「Ⅰ.単語を丁寧に扱う」で説明したキーワードの定義を押さえるプロセス(P.33)と同じ流れになっています。

　筆記試験では、出題者が提供した情報が**常に**優先されます。出題者が問

いと併せて課題文や図表・グラフを提供するのは、そこにある情報を使って問いを解くことを解答者に求めているからにほかなりません。

　さらに、問いを解くために出題者が提供していない情報が必要になったとしても、出題者が提供した情報を基礎として新たな情報が得られないかを考えます。手元にある既知の情報を基礎として未知の情報を引き出すことを推論といいます。推論では、一定のルールに従い根拠を持って情報を引き出します。詳しくは後で説明しますが、推論も基本は出題者が提供した情報が基礎になることを押さえてください。

　出題者が提供した情報で推論してもなお、問いに答えきれないときにはじめて、自らの知識を使うことになります。ここでは、拡散的思考という手法を用います。こちらも、後ほど詳しく取り上げます。これらの手順でわかるとおり、課題文や図表・グラフなどで情報が提示されているにもかかわらず、闇雲に知識を使おうとしないでください。問いに答えることは筆記試験を出題した教授とコミュニケーションをとることです。出題者が提示した情報を軽視して自らの知識に固執することは、出題者とのコミュニケーションを断つことを意味します。ビジネススクールで学ぶ作法を知る上でも、情報を引き出す手順を守ってください。

2 出題者が提供した情報を押さえる

　それでは、情報を引き出す手順の各論に入りましょう。

　まずは課題文や図表・グラフに直接記載された情報をそのまま引き出すことです。先ほど説明したとおり、出題者が問いと併せて課題文や図表・グラフを提供するのは、そこにある情報を使って問いを解くことを解答者に求めているからです。従って、問いを示した設問文から主題と問題を踏まえつつ、課題文や図表・グラフを読み解き、問いを解く手がかりとなる情報を押さえることになります。

(1) 情報はそのまま引き出す

　ここで注意すべき点をいくつか挙げます。

まず、手順の説明で強調した「そのまま」という言葉を意識して情報を引き出してください。「そのまま」とは、課題文や図表・グラフに書かれている言葉や数字を書き換えずに抜き出す、という意味です。筆者が受験生の答案を添削するとき、内容は似ているものの課題文や図表・グラフで取り上げられた言葉と異なる言葉を使用しているケースが多く見受けられます。解答者からすれば、課題文や図表・グラフと同じことを書いたと思われるかもしれません。しかし、言葉を置き換えることで意味内容が変わり得ることが、解答した文章の前後関係などでしばしば生じます。従って、添削する読み手が解答者の意図と異なる解釈をするリスクが生じます。特に問いを解くに当たり中心的な役割を果たすキーワードを置き換えるのは禁物です。キーワードはそのまま用いることで配点が与えられることも少なくありません。従って、たとえ意味内容が同じでもキーワードを外してしまうと、本来得られたはずの点数がつかないことになります。課題文や図表・グラフで用いられた言葉や数字はそのまま抜き出すことを意識してください。なお、解答に当たって文と文との接続を多少変えることは、解答上問題ありません。

(2) 事実と解釈は区別して押さえる

　次に、課題文や図表・グラフにある事実と解釈は区別して押さえることに注意してください。ここで、事実と解釈の違いを見ていきましょう。

> 事　実：過去に実際にあった自然事象や事件、実績数値やデータなど
> 解　釈：原因や結果など、事実やそれらの関係性から読み取れること

　事実には、過去に起こった災害などの自然事象や事件、事故などの出来事を記述したものや、企業の売上や利益など財務上の数値、サーベイ（実地調査）の結果としてまとめられたデータなどが含まれます。一方解釈は、提示された事実がなぜ生じたのかといった原因や、そこから予測される結果など、事実間の関係性から読み取られた情報を意味します。

　筆記試験では、事実と解釈の区別が強く求められます。課題文の筆者や

Part1　文章の構造を知る　　Part2　問いの解き方

I 問いを解くステップとは

II 問いを押さえる

III 情報を引き出すI

IV 情報を引き出すII

V 論証するI

VI 論証するII

VII 論証するIII

図表・グラフの作成者が事実に対する解釈を述べているときは、必ず事実と分けて記述します。これらを混同すると、事実と解釈の区別がつかないとの反論を招き、主張としての説得力が失われます。また、解答者自身が事実から導いた解釈をあたかも事実であるかのように解答すると、出題者が提供した情報にはないことを間違って示したと解釈され、減点につながります。くれぐれも事実と解釈は区別して押さえてください。

(3) 出題者が提供した事実の取扱い

　ここで、出題者が提供した事実の取扱いについて、少し細かいルールを説明します。それは、筆記問題で提示された事実は原則正しいものとして扱う、ということです。

　ここまで事実という言葉を用いて説明したものは、厳密に言えば事実そのものではなく、事実を記述したものになります。記述とは、課題文の筆者や図表・グラフの作成者が事実を踏まえて文章化、ないしは数値化したものです。人の行為が伴う以上、文章や数値などの記述には、勘違いや恣意的な変更などの誤謬が伴うリスクは避けられません。そのため実務では、入手した情報が正しいか否かを検証する必要があります。しかし、筆記試験は時間的にも物理的にも制約があります。そこで筆記試験では、出題者が提供した事実はそのまま正しいものとして扱ってよい、というのが原則的な扱いとなります。

　なお、設問に事実の正誤を判断するよう指示がある場合や、課題文や図表・グラフにあるほかの事実と明らかに矛盾がある場合は、事実として正しいか否かを検証する必要があります。

❸ 手元の情報から推論する

　課題文や図表・グラフで抜き出した情報で問題に答えられるときは、その情報を生かせば対応できます。他方、抜き出した情報だけで答えられないときは、新たに情報を集める必要があります。では、どのようにして情報を集めればよいでしょうか。

先ほど、出題者が情報を提供することは、その情報を使って問題を解くことを示唆していると説明しました。そのため新たに情報を集めるとしても、盲目的に集めるのではなく、課題文や図表・グラフを通じて得た情報から新たな情報を引き出すことが求められます。ここで用いられる方法こそが推論です。推論とは、既知の情報を基礎として未知の情報を引き出すことです。提示された事実から原因を考えたり、結果を予測したりする。あるいは、課題文や図表・グラフにある情報を根拠として、主張を導き出す。このように推論は、論理的な関係を保ちながら新たな情報を引き出すことができるのです。

　推論にはいくつかの方法があり、それぞれ一定のルールがあります。推論を適切に行うには、そのルールを押さえることが重要になります。詳しくは基礎編Part2「Ⅴ．論証するⅠ— 推論とは」で説明します。

❹ 拡散と収束で情報を集める

　ここまでの手順では、課題文や図表・グラフを通じて、出題者から問いを解く手がかりとなる情報が提示されていることを前提に説明しました。しかし、ビジネススクールの筆記試験では情報がほとんど提示されずに解くことを求める問題も多くあります。出題者から情報が提供されないときは、解答者が自ら情報を集める必要があります。筆記試験では手元に資料を準備していないことから、手持ちの知識を引き出すことになります。

　では、問いを解くために必要な知識をいかに引き出せばよいか。ここで活用したいのが、拡散的思考と収束的思考という2つの思考法です。これらは、アメリカの心理学者ジョイ・ギルフォードが提唱した概念です。

　拡散的思考とは、情報をもとにさまざまな方向に考えを巡らせ、まだ存在しない新しいアイデアを生み出す思考法をいいます。拡散的思考を実務で活用した例として、複数人でアイデアを出し合いながら、新しいアイデアを生み出すことを目的とした会議手法、すなわちブレインストーミングがあります。

　他方収束的思考は、すでにある情報をもとに1つの結論に絞り込む思考

Part1 文章の構造を知る　　Part2 問いの解き方

I 問いを解くステップとは

II 問いを押さえる

III 情報を引き出すI

IV 情報を引き出すII

V 論証するI

VI 論証するII

VII 論証するIII

法をいいます。ここまで本書で説明した論証や推論は、この収束的思考に含まれます。

【図3.5】拡散的思考と収束的思考

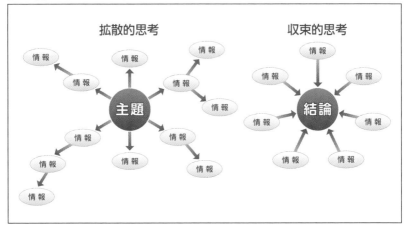

　筆記試験で問いに答える情報が足りず、また推論の余地も乏しいときは、拡散的思考を活用して情報をかき集めます。かき集めるというのは、いささか乱暴ではないかと思われるかもしれません。しかし、手元にある知識が直ちに正解につながるとは限りません。正解か否かに関係なく問いを解く手がかりになり得る情報をいったん手元に出してみよう、というのが拡散的思考を用いる趣旨となります。

　拡散的思考を行うときのコツをいくつか説明します。

　まずは、**すぐに結論を出さない**ことです。結論、すなわち正解を求める思考法は、収束的思考にあたります。拡散と収束という言葉のとおり、頭の中の流れでいうと２つの思考法は真逆になります。すれ違いができない道で対向車が来たら互いに進めなくなるのと同じく、拡散的思考と収束的思考を同時に行うことはできません。受験生から、筆記試験の正解が思い浮かばない、という相談をよく受けます。それは正解を求めることで、かえってアイデアを生み出せなくなるという状況に陥っているのです。急がば回れ、情報がないときは情報を引き出すことに専念してください。

【図3.6】思考プロセス

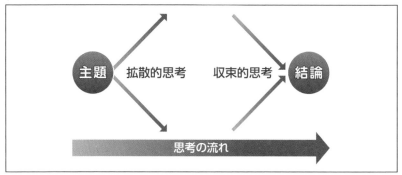

　次に、**アイデアの質にこだわりすぎない**ことです。これも、正解を求め
ようとする姿勢に関わっています。拡散的思考の目的は手がかりになり得
る情報を網羅的に出すことにあります。あくまで候補ですから、正解と関
わらない情報もありますし、ほかの情報と組み合わせて役に立つこともあ
ります。役に立つか否かは引き出した情報の内容を確かめなければなりま
せん。しかしこれは、収束的思考で行うべきことです。拡散と収束は同時
にはできませんから、出てきたアイデアはその場で評価せず書き出すこと
を心がけましょう。

　最後は、**主題から多少外れても気にしないこと**です。前章で、問いに対
する正解の範囲をつかむために、主題を押さえる重要性を説明しました。
となると、このコツは主題を押さえることと矛盾するのでは、と思われた
かもしれません。しかし、主題を意識しながら拡散的思考に取りかかると、
やはり収束的思考が働くため、効果的にアイデアを出すことが難しくなり
ます。それに、問いを押さえるときに主題が無意識に頭に入っているので、
そこまで大きく外れたアイデアは出てこないのが通常です。アイデアがそ
ろった後で、収束的思考で主題から外れる情報を取り除けば問題ありませ
んので、拡散的思考ではアイデア出しに専念してください。

　拡散的思考で情報を集めた後は、問いを解くために必要な情報を選別す
る、情報を組み合わせて新たな情報を推論するなど、収束的思考を行いま
す。拡散的思考は情報を網羅的に引き出したものなので、すべてが問いに

Part1　文章の構造を知る　　Part2　問いの解き方

I　問いを解くステップとは

II　問いを押さえる

III　情報を引き出すI

IV　情報を引き出すII

V　論証するI

VI　論証するII

VII　論証するIII

答える要件を備えているとは限りません。収束的思考を通じて、問いに答えるために必要な情報を引き出しましょう。

❺ 手順によらずに解く問題

　筆記試験で出題される問題のタイプには、情報を引き出す手順によらずに解くものがあります。最後に、例外的に扱われる問題を取り上げます。

> **情報を引き出す手順の例外**
>
> 　知識問題のうち、主題として取り上げられた理論や概念の定義・趣旨が問われたときは、**問われたことを正確に書き出す**。

　知識問題とは、経営学に関する理論や概念が知識として身についているかを問う問題を指します。知識問題で経営学に関する理論や概念の定義・趣旨が問われたときは、提唱した経営学者らが定義した内容を正確に書き出します。定義が問われる問題とは、端的に表すと「○○とは何か」と問われれば、「○○とは▲▲である」といった、一問一答式の問題を意味します。前章で正解の範囲について説明したとおり、ビジネススクールの入学試験で取り上げられる小論文形式では、正解の範囲が広いのが原則です。しかし、定義を問う一問一答式の問題は、「2 + 3 =□」のように正解が限定されます。理論や概念の定義は、経営学者本人が決めたものですから、それ以外に正解がないからです。また知識問題では、主題として取り上げた理論や概念が成り立つ根拠、すなわち趣旨も定義と合わせて出題されます。これも、経営学者が定義と併せて説明している内容に沿って解答する必要があります。

　知識問題が出題されるビジネススクールを受験するときは、経営学者が提唱する理論や概念に関する定義や趣旨を、出題頻度に沿って、暗記、理解しておく必要があります。詳しくは、実践編「タイプ1　知識問題」で説明します。知識問題の対策に役立ててください。

16）辞書では、「判断を下したり行動を起こしたりするために必要な、種々の媒体を介しての知識（広辞苑・第6版）」などと説明されています。

Ⅳ 情報を引き出すⅡ
── 因果関係を捉える

　ビジネススクールの筆記試験で特に重要となるのが、2つの事実をつなぐ因果関係を捉えることです。因果関係は、課題文の筆者が主張する意見を検証する、あるいは提示された課題に対する解決策を考えるときにも関わります。もちろん、因果関係そのものが問われることもあります。

　本章では、問いを解くカギとなる因果関係について、その成立要件と捉えるときの注意点を中心に説明します。

❶ 事実間の関係性 ── 相関と因果

　複数の事実があるとき、それらの事実にどのような関係が成り立つか。まず、2つの事実の関係性を独立と相関に分けることができます。相関とは、2つの事実が何らかの影響を及ぼしたり及ぼされたりする関係をいいます。逆に独立とは、2つの事実が全く影響を及ぼし合うことがない関係、すなわち一方の事実が変化しても、もう一方の事実が変化する必然性のない関係をいいます。

　一般にいわれる相関には、所得と食費や、身長と体重、気温と冬物衣料の売上など、さまざまなものがあります。一方、独立も意識されないだけで、多くの事実が独立であるといえます。先ほど挙げた例でいうと、ある人の所得は、その人の身長とも体重とも、さらには気温とも独立です。

　次に相関は、さらに2つの関係に分類することができます。ひとつが、一方の事実が他方の事実を引き起こす原因と結果の関係が成り立つ因果関係であり、もうひとつが、単純に相関があるだけで原因と結果の関係にはない単純相関です。先ほど挙げた相関の例では、所得と食費、気温と冬物衣料の売上は、前者が原因、後者が結果という因果関係が成り立っています。それに対し、身長と体重は単純相関となります。

Part1 文章の構造を知る　　Part2 問いの解き方

I 問いを解くステップとは

II 問いを押さえる

III 情報を引き出すI

IV 情報を引き出すII

V 論証するI

VI 論証するII

VII 論証するIII

　2つの事実が相関しているか、あるいは独立なのか。相関であれば、一方が原因、他方が結果と規定できるか。これが、因果関係を捉える基本的な考え方になります。

【図3.7】事実の関係性

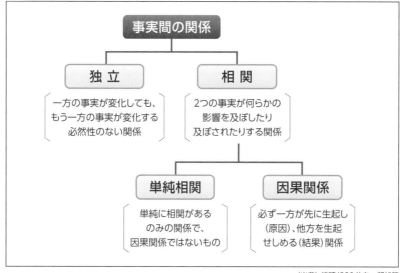

（出典）波頭（2004）を一部加筆

❷ 因果関係が成り立つ要件

（1）因果関係が成り立つ3つの要件とは

　因果関係を捉えることは、問いに答える上で重要であることは先に説明しました。しかし、因果関係を的確に捉えるのは決して簡単ではありません。その理由として、以下の2つが挙げられます。

　ひとつは、私たちは因果関係を直接確かめられないことです。2つの事実が確かめられたとして、その2つがどのようにつながっているかは見えません。従って、因果関係を捉えるには、直接見えることを根拠として、因果関係があることを推論する必要があります。

　もうひとつは、多くの場合因果関係が複雑な構造をしていることです。まず、結果となる事実に対し、複数の事実が原因として並立している場合

があります。例えば、「ある人が食費を減らした」として、「その人が減給で所得を減らした」のに加え、「増えすぎた体重を減らすように努力した」とすれば、その両方が原因と見なすことができます。さらに、原因となる事実の背後にまた原因が存在するというように、因果関係が数珠つなぎにつながることもあります。この例だと、「ある人が増えすぎた体重を減らす」のは「心筋梗塞のリスクを下げたい」からであり、「心筋梗塞のリスクを意識したのは健康診断で医師から警告を受けた」から、といったつながりが考えられます。

　因果関係は縦と横に複雑に、かつ見えない状況でつながっています。そのため、因果関係が成立していることを的確に捉えるためには、因果関係が成り立つ要件を満たしているかを丁寧に確かめていく必要があるのです。それでは、因果関係が成り立つ３つの要件を見ていきましょう。

因果関係が成り立つ３つの要件

（1）相関がある
　　２つの事実が相関している（一方が変われば他方も変わる）こと

（2）時間的前後関係
　　一方の事実が必ず先に起こり、他方の事実が後から起こること

（3）擬似相関ではない
　　２つの事実にある相関関係が、それぞれに関連する別の要因（第３因子）からもたらされたものでないこと

　はじめに「相関がある」とは、２つの事実の関係性が相関か独立かを判断することです。因果関係は相関の一種ですから、２つの事実が影響を及ぼしたり及ぼされたりする関係にあることを認識しなければなりません。

　次の「時間的前後関係」も、意味内容自体は理解できると思います。例えば、雨が降ると水たまりができるという因果関係では、「雨が降る」ことと「水たまりができる」ことには時間差があり、雨が先、水たまりが後という必然性があります。ただし、実務では前後関係の判断が難しいことも

Ⅰ　問いを解くステップとは

Ⅱ　問いを押さえる

Ⅲ　情報を引き出すⅠ

Ⅳ　情報を引き出すⅡ

Ⅴ　論証するⅠ

Ⅵ　論証するⅡ

Ⅶ　論証するⅢ

あります。それは、２つの事実が相互に原因と結果の役割を果たしているときに起こります。例えば、「ある部署の売上業績が他を上回っていた」として、「その所属するメンバーのモチベーションが高い」ことが見受けられたとします。この場合、意欲的なメンバーが売上に貢献したと考えれば、モチベーションが高いことが先、売上が他部署を上回ることが後という関係が成り立ちます。これに対し、他を上回る結果に意欲が湧くことが想定されるため、売上が他部署を上回ることが先、モチベーションが高いことが後という関係も成り立ちます。このように２つの事象が原因と結果の役割を兼ねるときは、時間的前後関係の判断が難しくなることに注意してください。

(2) 擬似相関

　擬似相関とは、ある事実が異なる２つの事実の原因になるとき、異なる２つの事実の間に見かけの相関が生まれることをいいます。ここで擬似相関を生じさせる事実を、第３因子(交絡変数)と呼びます。２つの事実に相関が見られたとして、その原因が第３因子によるものであれば、この相関は見かけの相関に過ぎません（見かけの相関も単純相関に含まれます）。ここで気をつけたいのが、第３因子の存在が見えていないと、２つの事実の間に因果関係があると誤って認識することです。

　１つ例を挙げましょう。A県内でコンビニエンスストアを営む企業が各店舗の商品別売上を調査したところ、ある月からおでんの売り上げが伸びてきたことがわかりました。それとほぼ同じ時期に、A県内でインフルエンザが原因で発熱した人が増加していたとします。はたして、両者に因果関係が認められるでしょうか。

　一般に、おでんの売上は気温の低下に関わると言われています。すなわち、夏から秋、冬へと進むにつれて気温が下がってくると、温かい食べ物への関心が高まります。すると、ふと立ち寄ったコンビニエンスストアのレジ横のおでん鍋に目が移り、食事か酒のつまみにおでんを買うお客が増えていきます。すなわち、気温の低下がおでんに対する購買意欲を促し、

おでんの売上につながるという因果関係が成り立ちます。また、気温の低下はインフルエンザの流行にも関連することが知られています。インフルエンザウイルスは気温が低く、湿度も低い方が生存するのに適していることが、実験結果からわかっています。気温の低下がインフルエンザの生存率を高め、それがインフルエンザの感染につながりやすくなる。これがインフルエンザ感染者の増加と気温との因果関係になります。

　このとき、第3因子である気温の低下を見落としてしまうと、【図3.8】のようにインフルエンザの感染者数とおでんの売上との間に生じた見かけの相関、すなわち擬似相関を因果関係と誤認してしまうことになります。もちろん、この例のように単純な関係であれば、冷静な判断で誤りと気づくことができるかもしれません。しかし、本項の始めで説明したとおり、因果関係は縦と横に複雑に、かつ見えない状況でつながっています。多数の事実を扱うときは、第3因子による擬似相関を見落とすリスクが高まります。筆記問題でも、事実間の関係性を慎重に検討しましょう。

【図3.8】擬似相関

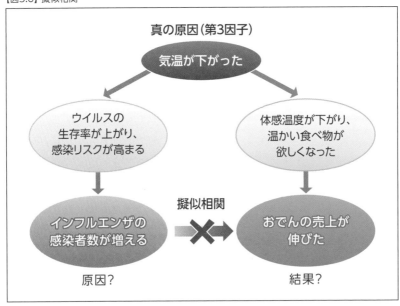

I　問いを解くステップとは

II　問いを押さえる

III　情報を引き出すI

IV　情報を引き出すII

V　論証するI

VI　論証するII

VII　論証するIII

❸ 因果の距離

　因果関係を捉える要件と併せて留意してほしいのが、因果の距離です。これは、2つの事実が因果関係にあるとして、そのつながりが直接的なものであるか、ということです。先ほど、因果関係は複数の事実が数珠つなぎとなって形成されることがあると説明しました。このとき、直接的なつながりがある事実を省いて因果関係をつないでしまうと、問いに答えるための根拠づけが不十分になるだけでなく、的外れな解決策を出すことにもなります。因果関係を的確に捉えるためには、求められれば細かく説明できるよう、直接的なつながりを意識することが重要になります。

【図3.9】因果の距離

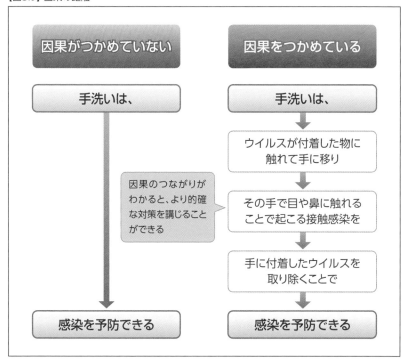

　【図3.9】は、手洗いがインフルエンザの感染予防につながるという因果関係をつなげたものです。一般的には、図の左側のように、手を洗うこと

と感染を予防できることを直接つなげて説明されます。しかし、2つの事実の間には、隠れた事実が含まれています。そもそも、インフルエンザウイルスに感染する原因には、主に飛沫感染と接触感染があります。このうち接触感染とは、手についたウイルスを目や鼻、口などに無意識にもっていくことにより、粘膜からウイルスが侵入して感染することをいいます。インフルエンザウイルスは、感染者が使用した電話やドアノブ、食器、交通機関のつり革などに付着します。乾燥した環境では、ウイルスはそれらに付着したまま長時間生存することができます。そこに別の人が触れることでウイルスが手に付着し目や鼻、口に移って感染するのです。従って、手洗いは、ウイルスが付着したかもしれない手からの接触感染を防ぐ手だてとなることから、感染予防につながるといえるのです。

このように、因果関係を適切につかめれば説得力のある説明もできるし、適切な解決策にもつなげることができます。【図3.9】の例だと、インフルエンザの感染を直接予防するのは、接触感染を押さえることだと意識することができます。この意識づけにより、過度に外のものに触らない、普段いる場所の清掃をこまめに行う、などの対策を併せて実施することで、接触感染のリスクを下げることが可能となります。

逆に、因果の距離がつかめないまま安易に因果関係を捉えると、的外れな対策を講じることにつながります。実務でも、下記のような理由づけで失敗するケースが見受けられます。

● 在庫はキャッシュフロー（資金の流れ）を悪くするから、在庫は減らすべきである
● 日本では高齢化が進んでいるから、高齢者向けのビジネスを展開すれば儲かるはずである
● 海外は人口が伸びているから、海外に進出すれば事業も成長できるはずである

これらの厄介なところは、全く無関係とまでは言えないため完全に否定することができないことです。はじめに挙げた例のように在庫が増えるこ

Part1　文章の構造を知る　　Part2　問いの解き方

Ⅰ　問いを解くステップとは
Ⅱ　問いを押さえる
Ⅲ　情報を引き出すⅠ
Ⅳ　情報を引き出すⅡ
Ⅴ　論証するⅠ
Ⅵ　論証するⅡ
Ⅶ　論証するⅢ

とがキャッシュフローを滞らせる原因になることは、多々あります。しかし一方で、在庫は販売・生産活動を円滑に進める要素にもなります。どちらに注目して在庫の管理を進めるかは、企業の状況を慎重に見極める必要があります。筆記問題でも的確な答案を示すことができるよう、直接的なつながりを持った因果関係を捉えることに努めてください。

　最後に、因果関係を的確に捉える方法を紹介します。それは、トヨタ生産方式を支えてきた手法の１つで、なぜなぜ分析という考え方です。これは、トヨタ自動車工業の副社長だった大野耐一氏が体系化した手法のひとつで、個々の課題の実態を確実に把握しながら慎重に原因を探索するべく、「なぜ」という問いを繰り返すことを意味します。２つの事実の間に因果関係がある可能性が高いと捉えたとき、その間にまた別の事実が隠れていないかを検証し、直接的な原因を見極めていきます。なぜなぜ分析に取り組む時に気をつけてほしいのが、なぜなぜ分析で事実の間に隠れているものは、あくまで事実だということです。言い換えると、根拠なく勝手な思い込みで因果関係をつなげてはならないということです。冒頭で定義したとおり、因果関係はあくまで、２つの事実をつなぐ関係性であることをくれぐれも忘れないでください。

Ⅴ 論証するⅠ
── 推論とは

　ここからは、問いに答えるための主張と根拠を備える方法、すなわち論証について説明します。まず、論証するために欠かせない技法である推論の説明を行います。推論は先に説明したとおり、情報を引き出す役割も果たします。本章で紹介する技法や使い道を正しく理解し、問いに答えるスキルを高めましょう。

❶ 推論の意義と使い道

　基礎編Part2「Ⅲ.1.情報を引き出す手順」では、手元にある既知の情報を基礎として未知の情報を引き出すことを推論と定義しました。ここでもう少し厳密に定義し直すと、下記のとおりになります。

推論とは
　1つ、または2つ以上の既知の情報を手がかり（前提）として、新しい1つの判断（結論）を導き出すこと

　1つのとき　　　　　　　　　　2つ以上のとき

前提 ──ゆえに──▶ 結論　　　　前提／前提 ──ゆえに──▶ 結論

　上の図のように、前提となる情報は1つでも複数でも問題ありません。それに対し、導き出す新たな情報、すなわち結論は1つとなります。ちなみに、前提と結論を結ぶ「ゆえに」という言葉は論理関係を的確に示すために定式化されています。本章のように論理関係を明確に示すときは、日常的な言葉に含まれるニュアンスを省いた表現を用いていきます。

　それでは、実際にどのような推論を行っていくか、次の表で確認していきましょう。

【表3.1】推論の使い道

用　途	前　提　➡	結　論
事実を特定する	証拠となる事実（例） ・鳥の姿をしている ・全身が黒い ・「カア」と鳴く	新たな事実（例） あれはカラスだ
因果関係を捉える	証拠となる事実（例） ・玄関前に水たまりがある ・昨晩、外で「ザアザア」と音がしていた ・誰かが水をまいた形跡がない	因果関係（例） 昨晩雨が降ったから、玄関前に水たまりができた
意見を形成する （主張する）	理由となる根拠（例） ・今日は雨が降っている ・雨で山道がぬかるんでいる可能性がある ・濡れた山道は事故を招きやすい	形成された主張（例） 今日のハイキングは中止すべきだ

　判別できなかった事実を特定する、事実をつなぐ因果関係を捉える、根拠立てて主張するための意見を形成する。これらがビジネススクールの筆記試験で推論を用いる主なパターンとなります。このうち、前の2つは情報を引き出す手順でよく用いられます。一方意見を形成するのは、論証するときに使われることが多いです。もっとも、事実の特定や因果関係自体が問われることもあるため、明確に分ける必要はないとも言えます。

　ところで、前提と結論という言葉は、基礎編Part1「Ⅱ.2.接続表現を使いこなす」で定義した内容と同じです。接続表現のうち議論を進める接続表現として取り上げたものは、推論で手がかりとした前提と、そこから導き出した結論をつなぐための役割を果たしていたのです。

② 論理学における推論技法

　ここからは推論の型、すなわち技法を学んでいきましょう。論証するにせよ、情報を引き出すにせよ、説得力を持った結論を導くには、一定の型に従って思考することが求められます。まずは、論理学（正しい思考の筋

道を研究する学問）で取り上げられている推論技法から説明します。論理学における推論技法には、次の３つがあります。

> **論理学における推論技法**
>
> ● **演 繹**
>   前提が正しければ、結論は必ず正しいと認めなければならない推論
> ● **帰 納**
>   個々の事例から共通する一般的な法則を導き出す推論
> ● **仮説形成（アブダクション）**
>   観察された事実からその論拠を推測して仮定する推論

　このうち、演繹は論証でもっとも重要な推論技法であるため、次章で詳しく取り上げます。ここでは、帰納と仮説形成（アブダクション）を取り上げます。

（1）帰 納

　帰納とは、個々の事例から共通する傾向を取り出し、それを一般的な法則として導き出す推論技法をいいます。全体をくまなく調べることが難しいとき、調べられる事実を集め、そこから全体的な状況をつかもうとする考え方です。

【図3.10】帰納法

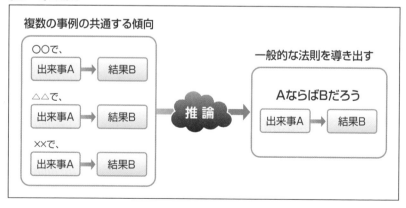

Part1　文章の構造を知る　　Part2　問いの解き方

Ⅰ 問いを解くステップとは

Ⅱ 問いを押さえる

Ⅲ 情報を引き出すⅠ

Ⅳ 情報を引き出すⅡ

Ⅴ 論証するⅠ

Ⅵ 論証するⅡ

Ⅶ 論証するⅢ

　しかし、前提から導かれた推論が必ずしも正しいとは限りません。例外的な事例が見つかれば、推論が覆されてしまうからです。事例として、ブラックスワンが挙げられます。かつて、ヨーロッパの鳥類学者は、すべてのスワン（白鳥）は白色と信じていました。ところが、オーストラリアで黒いスワンが発見されたのです。これにより、「すべてのスワンは白色である」という鳥類学者の常識が大きく覆されたのです。

　とはいえ、これが個々の事例から全体を推論するという、帰納の有用性を失うことにはなりません。事例を積み重ねたり、演繹を組み合わせたりすることで、結論の妥当性を高めることができます。

(2) 仮説形成（アブダクション）

　仮説形成（アブダクション）とは、観察された事実からその論拠を推測して仮定する推論技法をいいます。例えば、あなたが妹と同居していたとします。ある日家に帰ると、食べようと思っていたお菓子が見当たりません。そのとき、妹がお菓子を食べたのではという推測を立てた場合、この推測から導き出された推論を仮説形成と定義づけたのです。

> 【例3.6】仮説形成
> 事　実：食べたかったお菓子がない
> 仮　説：妹が食べたから、お菓子がなくなった
> 結　論：妹がお菓子を食べた

　ここで注目してほしいのが、結論の前提の一部に仮説が含まれていることです。仮説である以上、正しいか否かを検証する必要があります。この例では、妹に直接確かめることになります（素直に答えるかどうかはさておき）。もちろん、仮説はこれ以外にも想定できます。ひょっとしたら、前日に訪ねた友人が食べたかもしれないし、あなた自身が食べたことを忘れていたかもしれません。仮説が仮であるかぎり、必然的に正しいものとは言えないのです。

【図3.11】アブダクション

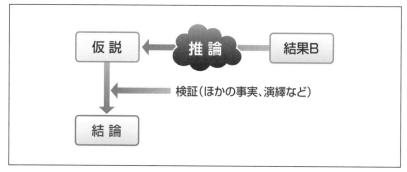

　仮説形成も帰納と同様、新たな情報を引き出す推論として効果を発揮します。一方導き出した仮説が正しいか否かは、ほかの事実や演繹と組み合わせながら検証することになります。

❸ 実務における主な推論技法

　日常のビジネスでは、論理学における推論技法のほかにも推論が行われています。ここでは実務で使われる推論技法のうち、ビジネススクールの筆記試験で役立つものを取り上げます。

（1）定義による当てはめ

　定義による当てはめとは、学問上で用いられる理論や概念などの定義を前提となる事実に当てはめて結論を主張する技法をいいます。学問上取り上げられる理論や概念は、学会の中で数々の議論を経て培われたものです。従って、客観的に正しいと受け入れやすいものとして扱うことができます。その理論や概念が述べている定義を事実などに当てはめて、定義を根拠の一部に組み込んで主張を形成していきます。

Part1　文章の構造を知る　　Part2　問いの解き方

I 問いを解くステップとは

II 問いを押さえる

III 情報を引き出すI

IV 情報を引き出すII

V 論証するI

VI 論証するII

VII 論証するIII

【例3.7】 定義による当てはめ

定　　義： スイッチングコストとは、顧客が現在利用している製品・サービスから他企業の製品・サービスに切り換える際に負担する経済的・心理的なコストをいう

当てはめ： A社が提供するポイントプログラムは、顧客が貯めたポイントを放棄する経済的なコストや、もったいないと思う心理的なコストを意識づけることで、競合他社への乗り換えを防ぐことができる

結　　論： A社のポイントプログラムは顧客のつなぎ止めに有効である

　この例のスイッチングコストという概念は経営戦略論でよく用いられています。スイッチングコストの定義をA社の事例に当てはめることで、A社が提供するポイントプログラムが、顧客のつなぎ止めに効果を発揮していることを主張しているのです。

(2) アナロジー

　アナロジー（類推）とは、2つの事実が類似していることを根拠として、結論を導き出す推論技法をいいます。

【例3.8】 アナロジー

根 拠： 今年破綻した大手金融機関の規模は、2008年に破綻したリーマン・ブラザーズの規模に類似している

事 実： 2008年は世界中で株価が暴落した

結 論： 今年も世界中で株価が暴落する可能性が高い

　この例では、今年破綻した大手金融機関の規模が2008年に破綻したリーマン・ブラザーズに匹敵することを根拠として、リーマン・ブラザーズ破綻後に発生したことと同様の結果を招くことを予測し結論づけています。アナロジーは、例のように可能性を導き出す、すなわち新たな情報を引き出すのに効果的な技法といえます。

　最後にまとめとして、筆記試験で使う場面に応じて推論技法を整理します。もちろん相互にも使えるので、目安として考えてください。

> **筆記試験における使い分け**
>
> **(1) 主に論証で使う推論技法：演繹、定義による当てはめ**
>
> **(2) 主に情報を引き出すときに使う推論：仮説形成、アナロジー**

　論証、すなわち問いに対する答えを固めるのに使いやすい推論技法は、演繹と定義による当てはめです。演繹は次章で詳しく説明しますが、導いた結論が正しいと言えるための推論技法です。従って、根拠を固めるのに最も適した技法となります。定義による当てはめは、理論や概念自体が学問上正しいものとして受け入れられていることから、論証に適した技法といえます。ただし、問いの主題と整合している理論や概念を用いているかを必ず確かめてください。主題と異なる理論や概念を用いると、問いと整合しない結論を導くことになります。また答案をまとめるときは、用いた理論や概念の定義を明記してください。

　次に情報を引き出すときに適しているのが、仮説形成とアナロジーです。いずれも導き出した結論が必然的に正しいとは言えません。しかし使い方さえ間違えなければ、問いに対する主張を導き出す有効な手段となります。ポイントは、あくまで可能性があるという性質に注目することです。まず、仮説形成やアナロジーで導き出した情報が正しいと言えるか、検証することを忘れないでください。明確な反論があるときは、できる限りその反論を打ち消す根拠を備えましょう。また、答案に書くときも断言することは控え、可能性として言及するよう表現を工夫してください。

　なお、帰納は一般化できるだけの事例が提示されることが少ないため、筆記試験ではあまり使われません。帰納は、ビジネススクールに入学した後の研究活動で用いることになります。

Part1 文章の構造を知る　　Part2 問いの解き方

I 問いを解くステップとは

II 問いを押さえる

III 情報を引き出すI

IV 情報を引き出すII

V 論証するI

VI 論証するII

VII 論証するIII

VI 論証するII
── 論証における演繹の使い方

　本章では、論証する手順で最も重要となる演繹を取り上げます。演繹は、前提が正しければ結論は必ず正しいと認めなければならない推論技法です。前提の正しさをそのまま結論につなぐことができるため、説得力のある主張を展開することができます。そのため、演繹はほかの推論技法と比べ、守るべきルールが多くあります。演繹を適切に活用できるよう、ルールを正しく理解しましょう。

❶ 演繹の基本構成

演繹の基本構成を、以下の例で整理しましょう。

【例3.9】演繹の基本構成

（1）前　提：正面にある信号は青信号だ
　　　結　論：ゆえに、私たちは前に進むことができる

（2）前提1：ウマはほ乳類である
　　　前提2：サラブレッドはウマである
　　　結　論：ゆえに、サラブレッドはほ乳類である

　前章で説明したとおり、推論では前提が1つでも複数でもかまわないのに対し、結論は常に1つです。演繹も推論技法のひとつなので、前提の個数に制限はありません。演繹のうち、(2)のように前提を2つ重ねて結論を導く演繹を三段論法と呼びます。ただし、演繹が常に三段論法の形式をとるわけではないことに注意してください。

❷ 演繹が成り立つ要件

　演繹の基本構成そのものは、決して難しいものではありません。重要なのは、演繹として成り立つ要件を満たしていることです。演繹が成り立つには、以下の2つの要件を満たすことが必要です。

> **演繹が成り立つ要件**
>
> （1）前提が正しいと言えるか（前提の成立要件）
> （2）演繹の基本形式が妥当か（演繹の形式要件）

（1）前提の成立要件

　演繹の定義にある「前提が正しければ」という言葉のとおり、演繹は前提が正しくなければ成り立ちません。

> **【例3.10】前提の不成立**
>
> 前提1：ウマはほ乳類である
> 前提2：ホルスタインはウマである
> 結　論：ゆえに、ホルスタインはほ乳類である

　この例では、結論は正しいものの演繹としては間違っています。なぜならホルスタインは乳牛の一種であり、ウマではないからです。演繹は前提の正しさを結論に引き継ぐことで説得力を持たせます。結論だけに目を奪われないよう、前提の真偽を確かめてください。

（2）演繹の形式要件

　演繹の形式要件とは、前提が正しいと認めることから結論が必然的に導き出せるという関係になっていることを意味します。これも例を使って説明しましょう。

Part1　文章の構造を知る　　Part2　問いの解き方

I　問いを解くステップとは

II　問いを押さえる

III　情報を引き出すI

IV　情報を引き出すII

V　論証するI

VI　論証するII

VII　論証するIII

【例3.11】 形式の不成立(1)

前提1：ウマはほ乳類である
前提2：ホルスタインはウマではない
結　論：ゆえに、ホルスタインはほ乳類ではない

この例では、前提は正しいものの結論が間違っています。

その理由を先ほど挙げた【例3.9(2)】と比べながら、【図3.12】で整理します。【例3.9 (2)】は、サラブレッドがウマの集合に含まれ、ウマの集合がほ乳類の集合に含まれています。つまり、サラブレッドとウマの集合、ウマの集合とほ乳類の集合とが、段階的にまとまっています。これに対して、ホルスタインはほ乳類の集合に含まれているものの、ウマの集合には含まれていません。ゆえに、ホルスタインがウマの集合から外れたことで、段階的な重なりができていません。このように、前提と結論とを段階的に重ねることが、演繹を成立させる要件のひとつとなるのです。

もしホルスタインがほ乳類であることを演繹で論証するならば、ウシという集合をつくり、ホルスタインからウシの集合、ウシの集合からほ乳類の集合という段階的な構成をとることになります。

【図3.12】形式の不成立(2)

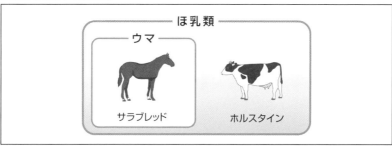

❸ 主な論理語

演繹の要件をさらに理解するのに役立つのが論理語と呼ばれる言葉です。論理構成をつかむとき、日常的な用語だと文脈に応じて意味やニュア

ンスが変わることがあります。そこで、できるだけ言葉の多義性を取り除くために、論理語が用いられます。といっても、演繹を理解するため、さらに筆記試験を解くために理解したい論理語はそこまで多くありません。これから取り上げる言葉に集中して理解しましょう。

　ここから論理語をわかりやすく整理するため、命題という言葉を使います。命題とは、正しいか間違っているかが言える文をいい、論証では前提や結論の役割を担います。また、任意の命題をP、Qといったアルファベットで表記して、論理構成を簡略化して見やすく示していきます。

(1) 否定

　否定は「ない」という言葉を用いて、ある命題が間違っていることを主張するときに使います。【例3.11】にある2つ目の前提「ホルスタインはウマではない」という命題は、「ホルスタインはウマである」という命題が間違っていることを主張しています。

　ここで気をつけてほしいのが、反対という概念と区別することです。ここでいう反対とは、対義語のことを指します。否定と反対の違いを知るために例を挙げて説明しましょう。たとえば「Aさんはリンゴが好きだ」という命題Pの否定を考えます。「好きだ」の反対は「嫌いだ」です。従って、「Aさんはリンゴが嫌いだ」という命題を作ることができます。

　仮に「Aさんはリンゴが嫌いだ」という命題を、「Aさんはリンゴが好きだ」の否定と捉えたとしましょう。実際にAさんに確かめたところ、Aさんは「リンゴが好きでも嫌いでもない」と回答しました。この場合、「Aさんはリンゴが好きだ」という命題も、「Aさんはリンゴが嫌いだ」という命題も間違いということになります。すなわち、2つの命題に穴が生じてしまうのです。

　否定を用いてある命題が間違っていることを主張するためには、否定の命題が正しいという形に整える必要があります。従って、もとの命題の否定は「Aさんはリンゴが好きではない」となります。これで先ほどのAさんの回答から、この否定命題は正しいという結論になります。

Part1 文章の構造を知る Part2 問いの解き方

Ⅰ 問いを解くステップとは

Ⅱ 問いを押さえる

Ⅲ 情報を引き出すⅠ

Ⅳ 情報を引き出すⅡ

Ⅴ 論証するⅠ

Ⅵ 論証するⅡ

Ⅶ 論証するⅢ

【図3.13】否定と反対

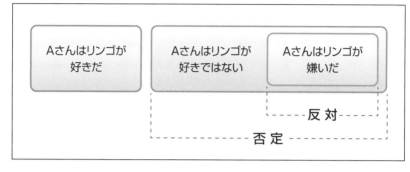

(2) 連言と選言

　2つの命題が共に正しいことを主張することを1つの命題で示すとき、「かつ」という言葉を使って表します。これを連言といいます。2つの命題をPとQで表すと、その連言は「PかつQ」となります。

　2つの命題のうち少なくともどちらか1つが正しいことを1つの命題で示すとき、「または」という言葉を使って表します。これを選言といいます。連言と同じように、2つの命題をPとQで表すと、その選言は「PまたはQ」となります。

　ここで、選言で用いる「または」の意味に注意する必要があります。これは、選言の定義で「少なくとも」という表現があるとおり、選言はPとQの両方が同時に正しいことも認められるということです。日常で使われる「または」という意味は、PかQのいずれか1つが正しければ、もうひとつは間違っていると解釈されます。選言における「または」は日常語の意味とは違うことに注目してください。PとQの少なくとも1つ、すなわち両方が成り立ってもよいときを両立的選言といい、一方が正しいならばもう一方が間違っていると見なされるときを排他的選言といいます。

　たとえば、「Bさんは遊園地に行くか、またはアウトレットモールにいく」と言われたとします。この場合、Bさんは遊園地で遊んだ後にアウトレットモールで買い物をすると考えれば、「Bさんは遊園地に行く」ことも「Bさんはアウトレットモールに行く」ことも正しいと言えるため、両立

的選言と考えられます。一方、時間や予算の都合からどちらか1つに絞る必要があれば、排他的選言となります。

(3) 条件法

2つの命題PとQを「PならばQ」とつないだとき、「Pが正しいときは、Qは常に正しい」と主張することを条件法といいます。

【例3.12】 条件法に基づく演繹

前提1：ある人が800円を払える**ならば**、このお菓子が買える。
前提2：太郎君は800円を払える。
結　論：ゆえに太郎君はこのお菓子が買える。

この例で、「ある人が800円を持っている」ことが成り立つならば「このお菓子が買える」ことが成り立つという条件法が述べられています。そこに、太郎君が800円を持っているという新たな前提が加わりました。これら2つの前提から、「このお菓子が買える」という結論が必ず成り立つことになります。従って、この例は演繹として妥当となります。

❹ 条件法に基づく推論

条件法は2つの命題を「ならば」でつないだとき、「ならば」の前にある命題が正しいときは、後ろにある命題は常に正しいとする主張でした。条件法は、前提を正しいと認めることで結論が必ず正しいと認める演繹の定義と相性がよいことから、双方を組み合わせた推論がよく行われます。【例3.12】はその典型例といえます。ここでは、条件法に基づく推論についてもう少し掘り下げていきます。

(1) 条件法における逆・裏・対偶

「PならばQ」という命題Aについて、次のように定義される命題を、それぞれ逆、裏、対偶とよびます。

Part1 文章の構造を知る　　Part2 問いの解き方

I 問いを解くステップとは

II 問いを押さえる

III 情報を引き出すI

IV 情報を引き出すII

V 論証するI

VI 論証するII

VII 論証するIII

命題Aの逆・裏・対偶

命　題　　A：PならばQ
命 題 A の逆：QならばP
命 題 A の裏：PでないならばQでない
命題Aの対偶：QでないならばPでない

　条件法における逆、裏、対偶を考えるときに重要となるのが、ある命題が正しいとするときに、その逆、裏、対偶は正しいと考えてよいか、ということです。これは推論を進めるときに強く意識してほしい論点なので、ぜひ押さえてください。簡単な例で説明しましょう。

【例3.13】 逆・裏・対偶を考える

　例3.9（2）で用いた例を条件法に置き換えます。この場合、以下の4つが正しいか否かを考えてください。

命題1. この動物がサラブレッドならば、これはウマである。
命題2. この動物がウマならば、これはサラブレッドである。
命題3. この動物がサラブレッドでないならば、これはウマではない。
命題4. この動物がウマでなければ、これはサラブレッドではない。

　まず、この例で示された4つの命題を分析します。命題1のうち「この動物（これ）がサラブレッドである」という命題をP、「この動物（これ）がウマである」という命題をQとします。この場合、命題1は「PならばQ」という条件法に基づく命題となります。同じように、命題2以下を整理すると、

命題2：「QならばP」（命題1の逆）
命題3：「PでないならばQでない」（命題1の裏）
命題4：「QでないならばPでない」（命題1の対偶）

となります。命題1は【図3.12】にあるとおり、サラブレッドはウマの一種ですから正しいと言えます。では、ほかの3つはどうでしょうか。命題

1が正しいときに必ず正しいと言えるのは命題4、すなわち命題1の対偶です。これも【図3.12】にあるとおり、もし目の前の動物がウマでなければ、サラブレッドでないことは明らかです。

それでは、命題2と命題3はいかがでしょう。まず命題2は、ウマであればすべてサラブレッドであると主張しています。しかし、アラブ馬や木曽馬、ポニーなどサラブレッド以外にもウマに含まれる品種がありますから、命題2は間違っています。これがわかると、命題3も間違っていることがわかります。サラブレッド以外にも、ウマに含まれる品種があるからです。以上から、命題の逆・裏・対偶には次の法則が成り立ちます。

命題の逆・裏・対偶

ある命題が正しいとき、その命題の対偶は**常に正しい**

その命題の逆と裏は、**必ずしも**正しいとは**限らない**

この法則で、2点気をつけてほしいことがあります。まず、条件法の逆や裏を使って演繹を行うことはできません。常に正しいという演繹の定義に反するからです。例えば、「人はインフルエンザに感染すれば発熱する」という命題が正しいとします。しかし、目の前に発熱した人がいたとして、直ちにインフルエンザに感染していると考えるのは誤りです。これはこの命題の逆、すなわち「人は発熱しているならばインフルエンザに感染している」を正しいものと捉えたことによる誤謬です[17]。

次に、法則で書いた「必ずしも」という表現に気をつけてください。言い換えると、逆や裏が常に間違っているわけではないのです。例えば【例3.12】の前提1、「ある人が800円を払えるならば、このお菓子が買える」という命題の逆は「ある人がこのお菓子が買えるならば、(その人は)800円が払える」となります。もし当たりくじを引くなど、お金を払う以外にお菓子を手に入れる方法がないのが明らかであれば、この前提命題の逆も正しいことになります。つまり、ある命題の逆や裏はそれだけで正しいとは言い切れないのであって、直ちに間違っているとまでは言えないのです。

Part1　文章の構造を知る　　Part2　問いの解き方

I　問いを解くステップとは

II　問いを押さえる

III　情報を引き出すI

IV　情報を引き出すII

V　論証するI

VI　論証するII

VII　論証するIII

(2) 対偶を用いた論証

　条件法における命題の対偶は常に正しいと説明しました。とはいえ、表現のややこしさから、対偶を用いる意義に疑問を持つ方もいるかもしれません。実は対偶を用いた論証は実務でも使われています。ある命題を直ちに論証することが難しいとき、その対偶に置き換えて論証することにより、間接的に論証することができるのです。

　推理小説や刑事ドラマでは、事件の犯人を捜すときに容疑者のアリバイを確かめることがあります。アリバイとは、犯行現場にいないことを証明することです。例を挙げましょう。

> 【例3.14】対偶による演繹
>
> 前提1：T氏が犯人ならば、T氏は犯行時刻に現場にいた
> 　〈対偶命題〉
> 　　T氏が犯行時刻に現場にいないならば、T氏は犯人ではない
>
> 前提2：T氏は犯行時刻に現場にいなかった（ほかの場所にいた）
> 結　論：T氏は犯人ではない

　この例で、演繹では前提を正しいと認めるならば、結論も正しいと認めることになります。前提1が正しいとすると、その対偶命題、すなわち「T氏が犯行時刻に現場にいないならば、T氏は犯人ではない」ことも正しいと認められます。そこで聞き込みを行ったところ、T氏が犯行時刻に現場にいなかったことが正しいと認められました。そこで、前提1の対偶命題と前提2とが正しいと認めることで、結論が正しいことが導かれたことになるのです。ちなみに、推理小説や刑事ドラマの多くは、その主人公が正しいとされた前提が実は誤っていること（前提の不成立）を証明し、演繹による論証を崩して事件を解決へと導くのが定番の流れになります。

5 演繹の展開

(1) 場合分け

　問いで設定された状況を一度に扱うのが難しいとき、いくつかの特定の場合に分けて考察する考え方を場合分けと呼びます。問いを解く情報を集めたとしても、問いを解く状況が特定できないことがあります。このとき、想定し得る場合に分けて論証することになります。

┌─ 【例3.15】 場合分け ─────────────

　前提1：明日は仕事をするか、または休むかのいずれかである
　前提2：明日仕事をするならば、一日中事務所にいる
　前提3：明日休むならば、妻と買い物に出かける
　結　論：ゆえに、明日はいずれにしても外出している

└────────────────────────

　この例では、まず前提1で明日の予定に関する場合を列挙しています。ここで気をつけたいのが、想定される場合を<u>網羅的</u>に取り上げることです。もれが出てしまうと前提1が間違いとなり、演繹が成立しないからです。この例で前提1を正しいとするということは、この人が仕事か休み以外に想定される場合がないことを意味します。

　次に、演繹として成立するためには、結論が1つにまとまっていることが必要となります。この例では、仕事にせよ休みにせよ結論は1つに収まっています。この場合は明日の予定にかかわらず結論が変わらないため、演繹として成立しています。

　では、この例を変形して仕事なら事務所にいる（前提2のまま）のに対し、休みなら自宅にいる（前提3が変わる）ときはどうなるでしょう。このときは、明日の予定が固まらない限りはあくまで仮説、すなわち仮の結論にとどまり、演繹として成立していないことになります。明日の予定が固まれば、正しいと確定した前提だけで演繹が成立することになります。

Part1　文章の構造を知る　　Part2　問いの解き方

Ⅰ　問いを解くステップとは

Ⅱ　問いを押さえる

Ⅲ　情報を引き出すⅠ

Ⅳ　情報を引き出すⅡ

Ⅴ　論証するⅠ

Ⅵ　論証するⅡ

Ⅶ　論証するⅢ

(2) 消去法

　消去法も演繹による論証のひとつです。前提で示された選択肢のうち、間違っていたり、成り立たなくなったりしたものを消し、最後に残ったものを正しいとする手法です。

【例3.16】消去法

前提1：明日は仕事をするか、または休むかのいずれかである
前提2：明日は仕事をする必要がなくなった
結　論：ゆえに、明日は休む

　これも場合分けと同様に、前提となる選択肢が**網羅的に**挙がっていることに注意してください。網羅されていなければ、この前提が間違っていることになるため、演繹として成立しません。
　もうひとつ、消去法が演繹として成立するのは結論が1つに収まるとき、すなわちほかの選択肢がすべて否定されたときとなります。

17）「PならばQ」という条件法でPを前件、Qを後件と呼ぶとき、条件法の逆に関する推論から誤った結論を導くことを後件肯定の誤謬、条件法の裏に関する推論から誤った結論を導くことを前件否定の誤謬と呼びます。文献によりこれらの名称で紹介されることがあります。

Ⅶ 論証する Ⅲ
── 筆記試験における論証の注意点

　論証する手順を説明する締めくくりとして、筆記試験における注意点を押さえましょう。まず、論証、特に演繹を筆記試験で生かすためのポイントとして、「正しさ」の中身と隠れた前提について考えていきます。次に、論証を行うときにつまずきやすいポイントを押さえていきます。人は物事を考えるとき、先入観や誤解などにより誤った判断をすることが多々あります。筆記試験で同じような間違いをしないよう、それぞれのポイントに意識を置きながら考える習慣を身につけましょう。

❶ 筆記試験における「正しさ」とは

　前章で詳しく扱った演繹について、前提が正しければ結論は必ず正しいと認めなければならない推論技法だと説明しました。しかし、ここまで演繹の原則的なルールを説明するに当たり、「正しさ」の具体的な中身には触れませんでした。実際に演繹を活用するためには、

　何を目安に「正しい」と判断すればよいか

という論点を解決しておく必要があります。

　演繹の原則を研究する論理学における「正しさ」とは、客観的に誤りがないことを意味しています。誤解を恐れずに言えば、誰も例外なく間違いがないと言える状況が「正しい」ということになります。

　論理学における「正しさ」は、理論を扱う上では適切な定義ではあります。しかし、実務で使うには極めて困難なものと言わざるを得ません。ある命題について、誰が考えても反論する余地がないというところまで証明するのはほぼ不可能だからです。そのため、実務ではこの「正しい」と言える水準を少し緩めて定義します。本書はビジネススクールの筆記試験に

I 問いを解くステップとは

II 問いを押さえる

III 情報を引き出すI

IV 情報を引き出すII

V 論証するI

VI 論証するII

VII 論証するIII

関する書籍なので、筆記試験で「正しい」として扱う目安を以下のとおりまとめます。

筆記試験における「正しさ」

　筆記試験では、出題者が正しいと明確に示したもの、あるいは出題者から強い反論が出ることを防ぐことができるものを「正しい」とする

　筆記試験における「正しい」の水準を平たく表せば、出題者が納得できるものになります。といっても、出題者が問いで「正しい」とする水準をはっきりと示すことは少なく、「正しい」か否かの判断は非常に困難です。そこで、さまざまな情報を手がかりに「正しい」とする水準を判断することになるのです。

　実は、この「正しい」とする判断の目安は、基礎編Part2「III. 情報を引き出すI― 情報を引き出す手順」で説明した手順の順序と整合しています。この手順は出題者が「正しい」と受け入れやすい情報から集めるという趣旨で整理したものだからです。ここからは、以下の4つのタイプに分けて出題者が考える「正しさ」を具体化していきましょう。

(1) 出題者が提供した情報
(2) 出題者が提供した情報から推論して得た情報
(3) 経営学などで使われる理論や概念
(4) 解答者の主観的な感想や体験談

(1) 出題者が提供した情報

　出題者が課題文や図表・グラフを通じて提供した情報は、出題者が問いを解くために用意したものです。従って、特段の指示がない限り出題者が「正しい」と認めた情報にほかなりません。情報を引き出す手順で、出題者が提供した情報を<u>そのまま</u>使うことを求めたのも、言葉を換えてしまうと出題者が「正しい」と認めた情報か否かを判断することができなくなる

からです。

　繰り返しとなりますが、出題者が提供した情報は言葉を換えずにそのま<u>ま</u>活用してください。

(2) 出題者が提供した情報から推論して得た情報

　出題者が提供した情報に推論技法を経て引き出した情報は、適用した推論技法によって「正しさ」が変わります。

　出題者が提供した情報の「正しさ」がそのまま引き継がれているのが、演繹により導き出した情報です。これは演繹の定義、すなわち前提が正しければ結論は必ず正しいと認めなければならないという性質からも明らかです。演繹から導き出した情報は出題者が提供した情報と同等に扱うことができます。

　一方、仮説形成やアナロジーで導き出した情報は、演繹に比べると「正しさ」の精度は落ちます。それぞれの推論技法で説明したとおり、仮説形成やアナロジーはあくまで使える情報を増やすための推論技法であり、その情報から反論が生じることが避けられないからです。このため、仮説形成やアナロジーで導き出した情報を答案に使うときは次の2点に留意してください。まず、<u>起こりうる反論に備える</u>ことです。反論が少なくなれば、それだけ「正しい」と受け入れやすくなります。演繹を通じてほかの情報を根拠として組み入れると、反論の余地を減らすことができます。もうひとつは、<u>あくまで可能性のひとつであると明確に示す</u>ことです。出題者からの反論を招きやすい要因として、仮説形成やアナロジーで得た情報に誤りはないと読める形で答案をまとめることが挙げられます。言うなれば、解答者自身で墓穴を掘っているのです。「正しい」と言い切れないのであれば、素直に述べるに尽きます。

　最後に、推論には含まれないものの、拡散的思考から得た情報にも触れておきます。拡散的思考は、情報をもとにさまざまな方向に考えを巡らせ、まだ存在しない新しいアイデアを生み出す思考法だと説明しました。この性質から、拡散的思考から得た情報を何ら根拠なく使用してはいけませ

Ⅰ　問いを解くステップとは

Ⅱ　問いを押さえる

Ⅲ　情報を引き出すⅠ

Ⅳ　情報を引き出すⅡ

Ⅴ　論証するⅠ

Ⅵ　論証するⅡ

Ⅶ　論証するⅢ

ん。出題者から見て「正しい」と判断できる根拠が備わっていないからです。これらは、収束的思考、すなわち演繹などの推論技法を使って根拠を含めて説明できるようになってから活用してください。

(3) 経営学などで使われる理論や概念

　経営学などで使われる理論や概念は、学問上正しいものとして受け入れられていることから、「正しい」と受け入れやすい情報といえます。

　理論や概念を用いるときの注意点として、まず出題された問いを解くために理論や概念を用いる必要があるかを確かめてください。情報を引き出す手順で説明したとおり、理論や概念を用いるのは基本的に知識問題です。それ以外の出題形式、たとえば課題文型問題や図表・グラフ型問題では、出題者が提供した情報があるため、直ちに理論や概念を用いる必要はありません。むしろ、これらを用いなくても解けるように設計されているのが一般的です。情報を引き出す手順に従えば、理論や概念を用いる必要があるのはあくまで例外的な扱いである、ということを意識してください。なお、出題形式については実践編で取り上げます。

　次に、定義を明らかにすることです。理論や概念を用いた推論技法は定義による当てはめが一般的です。定義を明らかにすることが、推論が適切に行われていることを示す要件となります。ここで、理論や概念の定義は出題者（経営学者）がわかっているから示す必要ないのでは、と疑問を持たれたかもしれません。たしかに、経営学者であれば筆記試験で取り扱われる理論や概念に精通しています。しかし、彼らは問いを解くために用いた理論や概念を解答者が正しく理解しているかということに関心があるのです。つまり、答案で論証として定義を示すのは、解答者自らが理論や概念を理解して用いていることを示すことにほかなりません。理論や概念を用いるときは、必ず定義を示してください。

(4) 解答者の主観的な感想や体験談

　答案を添削すると、解答者自身の主観的な感想や体験談を論証に用いた

答案をいくつか見かけます。先に結論を述べると、自らの感想や体験談は、出題者が指示しない限り**論証で用いてはいけません**。

用いてはいけないと強い調子で書いたのは、これらが論証する場において極めて不向きな情報であるからです。これは、ビジネススクールの入学試験、すなわち筆記試験や研究計画書、面接に限らず、講義や論文作成の場や、ビジネスの実務にも当てはまります。一般に、ディスカッションで用いる情報には、その情報の正誤を判断できるという性質を備えていることが求められます。基礎編Part2「Ⅵ.3.主な論理語」で説明した命題の定義を「正しいか間違っているかが言える文」としたのは、正誤が判断できる性質を満たすためです。一方、個人の感想や体験談はその人が持つ価値観や主観に基づいて成り立つものです。価値観や主観を読み手が受け入れるか否かはさておき、それらに対し間違っていると言い切ることはできません。従って、感想や体験談は議論の場に向かない情報といえるのです。

概要編「Ⅳ.筆記試験の重要性」で、体験談を用いた答案を批判したのはこの理由に基づいて述べたものです。問いに答える、論証するための文章は、感想文とは全く違います。感想や体験談の使用はくれぐれも控えてください。

❷ 隠れた前提

日常で演繹などの推論を行うとき、推論のもとになる前提の説明を省略することがあります。これは前提なしで推論したのではなく、関係する人たちがすでにわかっていることであれば、説明を省略しても話を進めることができるからです。このように、推論の説明で前提を省略したときに、その省略された前提を隠れた前提といいます。

Part1　文章の構造を知る　　Part2　問いの解き方

I　問いを解くステップとは
II　問いを押さえる
III　情報を引き出すI
IV　情報を引き出すII
V　論証するI
VI　論証するII
VII　論証するIII

【例3.17】 隠れた前提を考える

Aさん「明日の会議はX社で13時に始まるよね。一緒に行こう」

〈隠れた前提〉

開始時間の10分前までに○○駅にいるならば、開始時刻までにX社に着く。

Bさん「そうだね、12時50分に○○駅で集合しよう」

Aさん「わかった、そうしよう」

　この例で、AさんはBさんから提案された集合時間に納得し合意しています。しかし、X社と○○駅の位置関係を知らない人からすれば、なぜ12時50分に集まればX社の会議に間に合うのかがわかりません。AさんがBさんの提案を受け入れたのは、「開始時刻の10分前までに○○駅にいるならば、開始時刻までにX社に着く」という前提が正しいことを知っていたからです。AさんとBさんがこの前提を互いに共有しているのであれば、わざわざ説明しなくても話を進めることができるわけです。

　筆記試験で気をつけたいのが、この隠れた前提をそのまま放置してよいのかということです。言い換えると、出題者がもし隠れた前提を知り得ない可能性があれば、前提を示して説明する必要があるということです。説明の要否を判断することは一概に決めることは難しく、問いや出題者が提供した情報を手がかりとするほかありません。問題文に「日本企業の管理職」という言葉が使われていたとします。さすがに日本国内のビジネススクールですから、わざわざ管理職の中身を説明せずとも「管理職」と説明してわかるはずです。では、「技術力」はいかがでしょう。ものづくりに関わる言葉かもしれないし、企業内部におけるITシステムの運用に関わる言葉かもしれない。この言葉だけで判断するのは容易ではありません。従って、解答者は「技術力」という言葉をどう捉えたのかを明確に答案に示す必要があります。これを機械的に「技術力」と書いてしまうと、解答者の定義が隠れた前提となってしまい、添削が難しくなります。出題者が容易には判断できない可能性があるときは、簡潔にでも答案に示すことを心がけてください。

❸ 論証を阻む要因を押さえる

(1) バイアス

　ここからは適切な論証を阻む要因となるものを挙げていきます。

　一つ目はバイアスです。バイアスとは、先入観や偏見など、思考の偏り を促す要因を広く指します。実際の思考の場において、人はこれまで説明 した演繹のように、厳密に考えることを繰り返しているわけではありませ ん。先ほど説明した隠れた前提のように、少しでも近道を探して思考する プロセスを簡単にしようと試みます。このように単純化された簡略的な考 え方をヒューリスティックといいます[18]。

　例えば、行きつけのレストランであまり考えずにメニューを選ぶことが できるのは、過去の経験に基づいて選ぶことでプロセスを省くことができ るからです。また、初めての旅先で食事をする場所を選ぶときも、経験者 から話を聞くことにより、正確で、かつ簡略的に選ぶことができます。

　しかし、ヒューリスティックによっていつも信頼できる結論を導くこと ができるとは限りません。これは、人の判断にはバイアスが入り込んでし まうからです。意思決定する人が持つ性格や先入観、偏見などにより、多 かれ少なかれバイアスが生じてしまうのです。

　バイアスにはさまざまな形態があります。ここでは、代表例としてステ レオタイプを取り上げましょう。ステレオタイプとは、性別や国籍、職業 など特定の集団に対して、個人の違いを無視して特徴づけることをいいま す。【例3.18】は、「日本では他の国に比べて仕事で幸せだと感じる従業員 が少ない理由」が問われた過去問に対する答案の一部です（過去に添削し た答案をもとに、筆者が作成しています）。

Part1　文章の構造を知る　　Part2　問いの解き方

Ⅰ　問いを解くステップとは
Ⅱ　問いを押さえる
Ⅲ　情報を引き出すⅠ
Ⅳ　情報を引き出すⅡ
Ⅴ　論証するⅠ
Ⅵ　論証するⅡ
Ⅶ　論証するⅢ

> **【例3.18】ステレオタイプ**
>
> 　日本で他の国に比べて仕事で幸せだと感じる従業員が少ないのは、日本人の真面目さが起因していると考える。真面目な人は、高い目標を与えられたとき、その達成に力を入れすぎてしまいモチベーションを失いがちである。日本人は真面目な人が多いから、このような状況から仕事で幸せだと感じなくなると考えられる。

　この例で問題となるのは、下線部を引いた箇所です。日本人は○○である、という根拠はステレオタイプに基づく考えとなります。これは実際に周囲を見れば、さまざまな性格を持つ人がいるため、この表現が適切でないのは明らかです（そもそも「真面目」という言葉の意味があいまいだという指摘もあります）。このように国籍や性別などを一括りにして説明するのは、下手をすると悪い印象を与える答案になりかねません。

　筆記試験の答案を書くときには、このバイアスを取り除いて論証を進めることが必要です。誤解を恐れずに言えば、情報の選択で個人の感想や体験談を用いるのは、「自分が考えていることは、ほかの人も同じように考えているだろう」というバイアスが働いたとも考えられます。バイアスを防ぐためには、論証が適切に行われていることを弛まずに確かめることにつきます。試験という場だからこそ、慎重に論証する習慣を身につけることが大切です。

(2) 大言壮語

　大言壮語とは、「おおげさに言うこと。できそうにもないことや威勢のいいことを言うこと（三省堂『新明解四字熟語辞典　第二版』）」を指します。筆記試験の答案でいえば、実現できそうにない大げさな主張をすることを大言壮語と表現しています。先ほどのバイアスが間違った根拠づけを行う要因だとすると、大言壮語は正解にこだわり過ぎることで生じる誤りと位置づけられます。

　ビジネススクールの筆記試験は、知識問題を除き、正解の範囲が広く設

定されている小論文形式が採用されていることは、前にも説明しました。そのため、問いに対する答えを述べるには、自分の主張が正解の範囲に含まれることを根拠と組み合わせて説明すること、すなわち論証することが必要になります。ところが、答案の添削を進めると、どうしても正解の範囲を狭く解釈する人が後を絶ちません。ピンポイントに正解の枠に当てはめようとするがあまり、少しでも見栄えがよい主張に仕上げようと考えすぎた結果、大言壮語な主張が出来上がるのです。

次の例は、若者の英語力（ここでは、英語を使ったコミュニケーションができる力と捉えてください）を高める**抜本的な**案を問う問題に対する解答の一部です。こちらも、筆者が過去の答案をもとに作成しています。

【例3.19】 大言壮語

　若者の英語力を改善するための抜本的な案として、まず小学校、または中学校で海外への教育機関に留学することを必修化する案が挙げられる。これにより、英語を使って生活することが可能となり、受験英語に捉われない英語力を身につけることが期待できる。

留学自体が英語力の強化につながるかはさておき、小学校や中学校、すなわち義務教育の場で留学を必修化することは果たして可能でしょうか。そもそも義務教育とは、普通教育、すなわち全国民に共通する一般的・基礎的な、職業的・専門的でない教育を受ける場とされています[19]。国語や算数をはじめ、一般社会人として生活する上で必要な基礎的な知識や技能を習得する教育が求められています。つまり、英語だけに集中して取り組むことはありません。

では、なぜこのような大言壮語な答案になるのか。それは、【例3.19】の前に書いた問題文の要旨にある「<u>抜本的な</u>」という言葉にあります。この問題はビジネススクールが実際に出題したもので、筆者が担当する予備校の講義でも毎年取り上げています。実は例年、提出されたいくつかの答案でこの留学の必修化が挙げられています。その多くが「抜本的」という表現につられたと述べていて、なかには「抜本的と書いているのに、なぜ大

Part1 文章の構造を知る Part2 問いの解き方

Ⅰ 問いを解くステップとは

Ⅱ 問いを押さえる

Ⅲ 情報を引き出すⅠ

Ⅳ 情報を引き出すⅡ

Ⅴ 論証するⅠ

Ⅵ 論証するⅡ

Ⅶ 論証するⅢ

がかりな案ではダメなのか」と反論する方もいます。

　大言壮語な答案を防ぐには、問題文の誘いに乗らずに根拠とのバランスを考慮した主張を考えることです。そもそも筆記試験ですから、論証として適切な構成が整えられていれば、大げさな案に仕上げずとも得点はつきます。正解にこだわりすぎない姿勢を保つようにしましょう。

(3) 事 例

① 事例を用いた論証(PREP法)

　事例とは文字通り、過去に生じた個々の事実をいいます。事例は、説得力のある論証を組み立てるのに役立てられます。それがPREP法とよばれる論証法です。これは、主張(要点：point)、根拠(reason)、事例(example)、主張(point)の順に論証を組み立てる手法をいいます。

> 【例3.20】 PREP法
>
> 　弊社の業務改善に当たり、各機能の業務を同時並行させて進めることを提案する。商品サイクルが年々早くなることは、新製品を早期に市場投入する必要があることを意味する。実際に、F社ではコンカレント・エンジニアリングと呼ばれる手法、すなわち製品の設計からテスト、生産準備、マーケティングを同時並行的に進めることを推進し、市場投入への時間を短縮することが可能となった。よって、弊社でも各機能を同時並行に進めるよう業務を改善することを提案する。

② 事例は直接の根拠にならない

　PREP法にあるとおり、事例は根拠を具体化することで説得力を高める効果があります。しかし、事例は主張に対する直接的な根拠にはなりません。なぜなら、すべての事例は1回限りという特質を伴うからです。これは、事例の時点と現在とでは状況がすべて一致していないため、同じことをしても同じ結果が得られるとは限らないのです。【例3.20】でF社がコ

ンカレント・エンジニアリングの導入に成功したとしても、提案者の勤務先で成功するかは全くの別問題になります。

　ところが筆記試験の答案はもちろん、実務でも事例を直接の根拠とするケースが後を絶ちません。上の例に当てはめると、「F社がうまくいっているから、うちでもやりましょう」という、競合他社を後追いするための論拠として事例を持ち出すのです。

　繰り返しますが、事例は主張に対する直接の根拠にはなりません。答案を書くときに事例を用いる場合は、必ず問いに当てはまる根拠に注目し、取り上げたい事例が根拠を具体化する役割を担っているかを確かめるよう心がけてください[20]。

---

18) 組織行動論など、心理学をベースとする専門書の中には、バイアスとヒューリスティックを区別せずに説明するものがあります。

19) 文部科学省ホームページにある教育基本法などの解説に基づいています。
（https://www.mext.go.jp/b_menu/kihon/about/mext_00003.html）

20) 十分な事例がそろう前にすべての事例に当てはまると考えることを、早すぎる一般化といいます。これは、帰納（P.106参照）による推論がうまくいかなかったときの原因のひとつとされています。

学びを阻むものは何か

　　千葉雅也氏は著書『勉強の哲学―来たるべきバカのために』(文藝春秋)で、勉強とは自己破壊であると定義しています。ここで言う勉強は深い勉強、すなわち周囲に合わせて動く生き方(ノリのいい生き方)から自由になることを意味します。勉強は、周囲の流れの中で立ち止まることでノリが悪くなることから、むしろ損をする一面があると述べています。

　　ビジネススクールでの学びは、この深い勉強に当てはまると言えます。基礎編で取り上げた問いを解くステップを身につけることも、ビジネススクールで学ぶ力が備える意味で深い勉強の一部に含まれます。従って、これまで出会ったことがない手法を取り入れることに抵抗があるとすれば、それはノリが悪くなることにつながるからとも考えられるのです。

　　このとき、新しい手法を身につけること、すなわち学びを阻むものがプライドであり、その根源となるのが承認欲求になります。承認欲求は他者に認められたい、褒められたいという欲求をいいます。承認欲求は実力を高める原動力になるメリットがある一方、自信が保てないとプライドが先行して自己中心的な行動を促すデメリットがあります。もしMBAを取得する動機が承認欲求に基づくもの、すなわちこれまでの自分を認めてほしいことであれば注意が必要です。なぜなら、ビジネススクールでの学びは深い勉強そのものですから、これまでの自分とは相容れないノリの悪い考え方と向き合うことになるからです。

　　プライドを抑えつつ学びを実現するには、学びで得た考え方をひとまず受け入れることにつきます。これまでの自分をいきなり捨てるのではなく、多様な考え方に触れながら自分に適したものを選ぶのです。これまで説明した問いを解くステップも、まずは練習編や実践編での演習で試してください。少しでも問いが解けるようになったと実感できれば、自然にノリが悪くなる自分を受け入れられるようになります。

Ⅰ 問いを解くステップとは

Ⅱ 問いを押さえる

Ⅲ 情報を引き出すⅠ

Ⅳ 情報を引き出すⅡ

Ⅴ 論証するⅠ

Ⅵ 論証するⅡ

Ⅶ 論証するⅢ

練習編

筆記問題を解く準備

❶ 練習編と実践編の位置づけ

　それでは、基礎編で説明した問いを解くステップを活用して、実際に筆記問題を解いていきましょう。問いを解くステップは、基礎編Part2「Ⅰ.問いを解くステップとは」でまとめているので、都度復習してください。

　練習編では、問いを解くステップを定着させることを目的として、問いの求めに応じた答案をまとめる練習を行います。筆記試験に対応できる基礎力をここで養いましょう。

　実践編では、ビジネススクールの筆記試験で出題される形式に応じた解答法を身につけることを目的としています。学部入試と同様、ビジネススクールの筆記試験にも学校ごとに傾向があります。志望校に応じた対策を行うことで、より確実に合格へとつなげてください。

❷ 制限時間は目安とする

　練習問題、および実践編に収録した問題にある制限時間は、各ビジネススクールが設定した時間に準拠しています。入学試験では制限時間が設けられていることから、時間を有効に活用する練習も必要となります。しかし、実力がまだ十分でないのに制限時間を意識しすぎると、かえって効率が悪くなります。

　従って、問いに解き慣れないうちは制限時間を気にしないでください。特に練習編は、問いを解くステップを実践することに集中して答案作りに励みましょう。実践編でも制限時間に解ききれなかった問題があれば、時間を延長して最後まで解き終えてから、解説や解答例を参照しながら復習してください。

　制限時間を意識した問題演習は、ビジネススクールへの出願手続を終えた直前期から手をつけても間に合います。答案を作る型を身につけると、

緩急をつけた解き方で時間を有効に活用できます。実を言うと、ビジネススクールが出題する筆記問題には、制限時間では解ききれない分量が出題されたり、いわゆる難問・奇問といったものが出されたりします。これらの問題を真正面に解こうとすると、時間の浪費につながります。問いを解くステップを活用して時間内に解ける問題を見抜くことも重要です。

　入学試験で満点を取る必要はありません。**合格に必要な点数を取ればよ**いのです。解くべき問題を解くスタンスを身につけてください。

❸ 制限字数に従う

　制限字数は、基礎編Part1「Ⅴ.2.制限字数の取り扱い」で注意点をまとめています。練習編や実践編で字数指定のある問題を解くときは、本書でまとめた注意点に従い、答案にまとめてください。

　ビジネススクールで字数指定のある問題が出題されるときは、多くの場合原稿用紙の形式、すなわちマス目のある形式の答案用紙が用意されています。従って、本書で問題を解くときも、原稿用紙、または字数を数えやすい形式の用紙を準備することをお勧めします。用紙については、次項で改めて説明します。

　一方、字数指定のない問題を解くときは、解き慣れないうちは気にせずに解答をまとめることに専念してください。本書に収録している解答例は、制限時間に応じた字数で作成しています。直前期に制限時間を意識した演習に取り組むときの目安として活用してください。

❹ 用具をそろえる

(1) 筆記用具

　普段の問題演習で使用する筆記用具は、鉛筆やシャープペンシル、ボールペン、万年筆など、使い勝手のよいものを選んでください。最近はパソコンによる作業が増え、手書きで文章を作る経験が不足している方が増えています。早いうちに、手書きに慣れるよう練習を重ねてください。

　ビジネススクールの入学試験で使用する筆記用具は、各校が公表する

募集要項、または出願後に配布される受験票に記載されています。例とし
て、慶應義塾大学(KBS)の募集要項にある注意事項を取り上げます。

筆記試験について(抜粋)

(前 略)

(5) 答案は、黒または青のインクのペン、またはボールペンで記入
してください。消せるボールペンは、熱に反応し解答が消える
事がありますので使用は認めません。

(6) 下敷きは使用できません。

(7) 言語辞書の持ち込みは許可します。電子辞書ならびにパソコン
は持ち込めません。

(8) 小型電卓の持ち込みは認めます。ただし、計算以外の機能を持
つもの、音の出るもの、電池以外に電源を必要とするものなど
は許可しません。

(9) 修正液や修正テープは使用して構いません。

(後 略)

(出典)慶應義塾大学大学院経営管理研究科 2022年度入学試験要項

　なお、筆記試験に関する指示は、受験する学校や年度により異なること
があります。特段の指示がなければ、原則として任意と考えて差し支えあ
りません。もし不明な点があれば学校に問い合わせてください。

(2) 答案用紙

　普段の問題演習で答案を作成するときは、市販の原稿用紙、またはノー
トを使用しましょう。

　ビジネススクールの筆記試験で配布される答案用紙は、主に横書きで
す。市販の原稿用紙を購入するときは、横書きのものを使ってください。

　原稿用紙を使うメリットは、筆記試験に即した練習がしやすいことで
す。筆記試験では、マス目単位で字数を数えるということは、先に説明し
たとおりです。原稿用紙に使い慣れると概算で字数が数えられるようにな

り、試験本番で字数のカウントに時間をかけずにすみます。また、基礎編Part1「Ⅴ.3.原稿用紙の使い方」でまとめたルールに従い答案を作成する練習にも活用できます。答案用紙の記入に係るミスはビジネススクールで明言されていないものの、形式面で減点扱いになる可能性は否定できません。早いうちに慣れてしまいましょう。

　答案をノートで書くこともできます。基本的には市販されているノートであれば、どれを使用しても問題ありません。できれば、字数が数えやすい罫線の様式を使うと、原稿用紙に似た形で演習ができます。最近では、罫線ごとにドットが付されたものがあります。罫線ごとに付されたドットを活用することによりマス目に似た形で文章を書くことができるので、普段の演習で使用するのにお勧めです。

　答案用紙と併せて準備してほしいのが、下書用紙です。基礎編Part1「Ⅴ.1.下書用紙を活用する」で説明したとおり、ビジネススクールの入学試験では、答案用紙と共に下書用紙が配られます。下書用紙は情報の整理や答案の構成作りに使用します。普段から下書用紙を使った文章作りの練習を行うことで、本番で下書用紙を有効に活用できます。

　下書用紙は自由に書ける紙であれば、白紙に限らず、チラシやコピーの裏紙などを活用すればよく、特に制限はありません。ノートで答案を書くときに、例えば左側を下書用、右側を清書用といった形で使っても大丈夫です。大事なことは、いきなり答案を書くのではなく構成を練ってから書く習慣を身につけることです。各人が頭の整理がしやすい方法で、下書用紙を活用してください。

練習問題 1

オリジナル問題

問題

【問題】
　課題文を読み、以下の設問に答えなさい（抜粋にあたり、小見出しの一部を省略するとともに、文章の一部を改変している）。
　問1. 課題文の内容を200字程度で要約しなさい。
　問2. （グラフ1）と（グラフ2）を見て、事実として言えることを箇条書きで説明しなさい。
　問3. 下線部「『大往生社会』に近づくカギ」となる筆者の提言について、あなたはどのように評価しますか。「目指すべきモデル」とする根拠を踏まえ、300字程度で述べなさい。

（制限時間：60分）

【課題文】
大往生　医療費抑える
―モデルは神奈川、愛知、和歌山　全国で格差最大40万円―

　高齢化の進展で膨張が続く医療費。高齢者の幸福を追求しながらどう医療費を抑えていくかが大きな課題になっている。社会保障のデータを読み解くと、脳卒中を減らしながら大往生となる老衰を増やす対策が重要となることが見えてきた。神奈川、愛知など地域ぐるみの取り組みが一つのモデルとなる。
　国民医療費は2018年度は43兆4千億円で、10年で8兆円余り増えた。後期高齢者医療制度の対象となる原則75歳以上の医療費は4割を占め、年代別で1人当たり医療費は92万6千円と最も高い。保険料以外に公費を投入し、国や都道府県の財政を圧迫する。
　政府は現役世代の負担軽減のため75歳以上の医療費の窓口負担を1割から2割に増やす法案を今国会に提出したが医療費の適正化も不可欠だ。
　日本経済新聞は47都道府県、全市区町村について75歳以上の1人当たり医療費（年齢調整済み）、死因別の死亡数、健康や医療・介護に関わる約400項目のデータを分析した。医療費が最も低い岩手県は74万6千円、最も高い高知県は113万7千円で約40万円の開きがある。格差から課題

が見えてくる。

　病床数が多いと医療費が高くなる。必要度の低い入院や長期入院が増えるからだ。さらに75歳以上が1万人以上の407市区町を分析すると、死因で老衰と脳卒中も多いと医療費が少ない傾向がある。

　長野県は平均寿命が長く医療費が少ない。だが老衰とともに脳卒中も多い。最も医療費が低い岩手のほか、静岡や三重の各県も同じ傾向だ。突然死は医療費が少ないが、望ましい死とは言いにくい。

　老衰死は高齢者で死亡の原因となる病気がなく、寿命を全うする例となる。都道府県別の散布図で横軸に脳卒中で亡くなる人の多さ、縦軸に老衰で亡くなる人の多さを取ると、左上が「脳卒中が少なく老衰が多い」目指すべき地域と言える。男女とも神奈川、愛知、和歌山が左上に入り、75歳以上の1人当たり医療費は全国平均より低い。

　「じっと家にいないことが健康長寿の秘訣」。老衰が全国平均より男女とも1.4倍程度多い神奈川県茅ケ崎市に住む90代の男性は笑う。同市は75歳以上の医療費が全国平均より約13万円低い。

　かかりつけ医がいる高齢者は9割で、在宅医療を支える診療所が多い。日常生活の延長で自宅などでみとる体制が根付いている。同じ湘南地域の藤沢市も老衰は多く医療費も10万円超低い。湘南地域は高齢社会のモデルになる。

　愛知は県内市町村の8割で老衰が全国平均より多い。豊田市では中学校区ごとに保健師を配置。健康データを分析し、野菜を多く使う料理法の教室やラジオ体操などを展開した結果、野菜摂取量は増え、血圧の平均値も低下した。

　高知県は老衰が少ない。病床数は全国最多で、最も医療費を費やしながら健康長寿につながっていない。福岡県は脳卒中、老衰ともに少ない。医療費は高知に次ぐ2番目で在宅医療のあり方が課題だ。

　医療費が低い地域は高齢者の就業率が高く、保健所などの保健師が多い傾向もある。

　高齢者の働く環境を整え、地域ぐるみで健康を管理することが突然死を減らし医療費も抑え、老衰による最期を迎える高齢者が増える「大往生社会」に近づくカギとなる。

　　　　　　（社会保障エディター　前村聡、地域再生エディター　桜井佑介、瀬口蔵弘）

(グラフ1)

老衰と脳卒中で亡くなる人が多い県は医療費が低い傾向がある

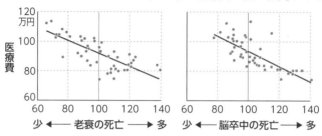

(注)各都道府県の女性を対象。医療費は75歳以上1人当たり(2018年度)。
死亡は2013〜17年の死亡数合計で、全国平均を100とした比率

(グラフ2)

神奈川、愛知、和歌山は脳卒中が少なく老衰が多い

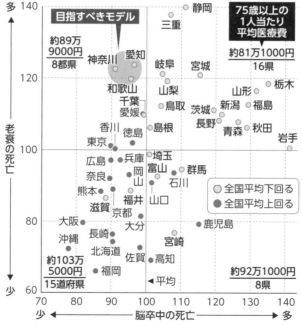

(注)死亡数は2013〜17年の合計で、全国平均を100とした比率。厚生労働省が
男女別に算出しており、平均寿命の長い女性を対象とした。男性も同様の傾向

(出典) 2021年5月22日付 日本経済新聞 朝刊

▶ 概要

　本問は、基礎編で説明した問いを解くステップの理解度を測るためのオリジナル問題です。課題文をはじめとする新聞記事は、一般的な社会人が読みこなすのに適したレベルで書かれているため、筆記問題で多く取り上げられています。また、現在のビジネスに関わるテーマに触れることができるので、普段から新聞に目を通すことをお勧めします。

✔ 問いを押さえる

課題文を読む前に問題文から主題と問題を押さえる

　はじめに問い、すなわち問題文を確かめながら本問の主題と問題を押さえます。くれぐれも、いきなり課題文から読まないでください。

　1問目は課題文の内容を要約することが求められています。要約は文章の要点をまとめて短く表現することです。要点は筆者が文章を通じて言いたいこと、つまり主張です。基礎編では、自ら論証する立場から主張の重要性を説明しました。ここでは、文章を読む立場から相手の主張をまとめることが求められているのです。

　2問目は、2つのグラフで示された事実を抜き出すことが求められています。基礎編Part2「Ⅲ.2. 出題者が提供した情報を押さえる」では、図表・グラフに直接記載された情報をそのまま引き出すこと、また事実と解釈は区別して押さえることを説明しています。問2は、この事実をそのまま引き出す手順ができたかを確かめる問題になります。

　3問目は下線部にある「『大往生社会』に近づくカギ」となる筆者の提言に対する評価を求めています。また、評価にあたり「目指すべきモデル」の根拠を考慮することが指示されています。この時点でまだ課題文を読んでいないので、詳細な内容はわかりません。そこで問題全体を眺めると、見出しに「モデルは神奈川、愛知、和歌山」とあり、(グラフ2)で神奈川、愛知、和歌山の3県を丸で囲み、「目指すべきモデル」と示されています。

よって、「目指すべきモデル」の説明に注目しながら課題文を読むことで、問題を解くのに有用な情報を見つけやすくなります。

　最後に本問の主題を考えると、課題文の見出しの「医療費抑える」という言葉から、少なくとも医療費の抑制が論点に挙がっていることがわかります。さらに問3で「目指すべきモデル」とあるので、筆者はこのモデルが医療費を抑えるのに最も適していると考えていることが読み取れます。課題文を読むまでにここまでつかめれば十分です。むしろ、理解すべき目標をつかめたことで、課題文が読みやすくなったといえます。

情報を引き出す

❶　出題者が提供した情報を押さえる①―課題文

課題文は筆者の主張がどこにあるかを意識して読む

(1)パラグラフの特性を生かして文章を読む

　主題と問題を押さえたので、出題者が提供した情報を押さえていきます。本問では課題文とグラフが提示されているので、まず課題文の読解から進めます。ここでは問1の要約に関する解説も併せて行います。

　筆記問題で課題文を読むとき、筆者の主張がどこにあるかを意識して読むことが重要なポイントになります。そこで筆者の主張を効果的にくみ取る読み方として、パラグラフ・リーディングを紹介します。パラグラフ・リーディングとは、パラグラフの構成に着目した読み方であり、主としてパラグラフの先頭にあるトピック・センテンスを軸に読み進める方法をいいます。基礎編Part1「Ⅲ.パラグラフを組み立てる」で、1つの主張や事実などの話題を述べた文のまとまりがパラグラフであり、そのパラグラフにおける話題の中心となる文がトピック・センテンスだと説明しました。さらに、答案をまとめる原則として、トピック・センテンスをパラグラフの先頭に置くことも示しました。これがパラグラフ・ライティングです。

　パラグラフ・リーディングは、パラグラフ・ライティングと表裏一体の関係にあります。パラグラフ・ライティングで書かれた文章であれば、筆者の主張など話題の中心となる文は原則として各パラグラフの先頭にあります。よって、パラグラフの先頭に注目して読み通せば、文章全体の流れ、すなわち文章全体を通じて筆者が主張することを押さえることができるはずです。

　実際に、本問の課題文で試してみましょう。ここでは各々の段落をパラグラフと見なして1文目に注目して通し読みします。【例4.1】は、各段落の1文目だけを抜き出したものです。①、②などの番号は、各々の段落に対応しています。ここからの解説は段落の番号で説明するので、課題文に番号を付しておくと説明がわかりやすくなります。繰り返し問題を解くときは、課題文をコピーしてから番号を付しましょう。

【例4.1】 各段落の1文目を抜き出した例

① 高齢化の進展で膨張が続く医療費。
② 国民医療費は2018年度は43兆4千億円で、10年で8兆円余り増えた。
③ 政府は現役世代の負担軽減のため75歳以上の医療費の窓口負担を1割から2割に増やす法案を今国会に提出したが医療費の適正化も不可欠だ。
④ 日本経済新聞は47都道府県、全市区町村について75歳以上の1人当たり医療費（年齢調整済み）、死因別の死亡数、健康や医療・介護に関わる約400項目のデータを分析した。
⑤ 病床数が多いと医療費が高くなる。
⑥ 長野県は平均寿命が長く医療費が少ない。
⑦ 老衰死は高齢者で死亡の原因となる病気がなく、寿命を全うする例となる。
⑧ 「じっと家にいないことが健康長寿の秘訣」。
⑨ かかりつけ医がいる高齢者は9割で、在宅医療を支える診療所が多い。
⑩ 愛知は県内市町村の8割で老衰が全国平均より多い。
⑪ 高知県は老衰が少ない。
⑫ 医療費が低い地域は高齢者の就業率が高く、保健所などの保健師が多い傾向もある。
⑬ 高齢者の働く環境を整え、地域ぐるみで健康を管理することが突然死を減らし医療費も抑え、老衰による最期を迎える高齢者が増える「大往生社会」に近づくカギとなる。

（①〜⑬は、課題文の段落順に沿って番号を付しています。以下同じ。）

いかがでしょう。たしかに、1文目に絞って通読すると、文章全体のおおよその意味はつかめます。しかし、これらが筆者の主張だとするには疑問が残るところがあります。例えば、⑤では全国的な傾向を示しているのに対し、⑥では長野県だけクローズアップされていて、分析のレベルにばらつきがあります。また、⑧はある方のコメントが抜き出されていて、筆者の主張というより何かの具体例と考えるのが自然です。

　なぜパラグラフ・リーディングで必ずしも筆者の主張をくみ取ることができないのでしょうか。それは、課題文が段落による区切りで文章を組み立てているからです。基礎編Part1「Ⅲ. パラグラフを組み立てる」で説明したとおり、段落は読みやすさを考慮して区切る傾向があります。そのため、個々の段落にパラグラフのルールをそのまま当てはめても、筆者の主張がうまくくみ取れないことが起こります。先ほど課題文の1文目だけを抜き出すとき、各々の段落をパラグラフと見なして、と前置きしました。種明かしすると、この課題文ではパラグラフのルールとは異なる構成で組み立てられた箇所があるため、このような前置きをしたのです。

　この課題文に限らず日本語の文章の多くは、読みやすさを考慮して段落を区切りながら文章を組み立てています。課題文を読むときは、段落の特徴も念頭に置きながら、筆者の主張をくみ取る必要があります。もっとも、パラグラフ・リーディングが全く役に立たないと考えるのは早計です。パラグラフの原則どおりに、筆者の主張が1文目に組まれていることも多いからです。そのため、パラグラフ・リーディングの原則を生かしつつ、ずれが生じた段落を中心に見直していくことが、文章の大意を的確に押さえる読み方となります。

(2) 段落の特徴を押さえる

　パラグラフと段落の違いをおさらいしたところで、段落が持つ特徴をさらに掘り下げます。ビジネススクールの筆記問題で特に重要となる段落の特徴は以下の2つです。

段落の特徴

● いくつかの段落をまとめて1つのパラグラフを構成している
● 主張を段落の最後に書く（トピック・センテンスの省略）

1つ目の特徴として、いくつかの段落がまとまった形で1つの話題を構成していることが挙げられます。この場合、形式的に区切られた段落を形式段落といい、形式段落のいくつかを意味のつながりでひとまとめにしたものを意味段落といいます。完全に同じとまでは言えないものの、意味段落とパラグラフは1つの話題を構成する点で共通しています。形式段落で書かれている内容を押さえるとともに、前後の形式段落との関係に注目して意味段落の区切りを見つけることで、筆者の主張を読み取る手がかりをつかむことができます。

2つ目の特徴として、段落の最後に筆者の主張が書かれていることが挙げられます。従来の日本語の文章は、結論を後ろにまとめるのが一般的でした。それがビジネスや学問の場で国際化が進む中、アメリカやヨーロッパで適用されているパラグラフ・ライティングが取り入れられました。しかし、完全に置き換わったわけではなく、今でも従来の書き方で結論を後ろに書く習慣も残っています。

段落の最後に筆者の主張をまとめることを特定するのに役立つのが接続表現です。基礎編Part1「Ⅱ.2.接続表現を使いこなす」で取り上げた接続表現には、筆者の主張を後ろにつなぐための表現がいくつかあります。

段落の最後に筆者の主張があるときに用いられる接続表現

（1）帰結・導出
（2）まとめの役割を果たす換言
（3）逆接

そのひとつが帰結・導出の接続表現です。「従って」や「だから」「それゆえ」などの接続表現は、前にくる文に前提の役割を、後にくる文に結論

の役割を与えます。ですから、これらの接続表現に続く文に筆者の主張が述べられている可能性が高いのです。

次がまとめの役割を果たす換言です。換言の役割として、それまで述べたことをまとめる働きがあります。このまとめの役割を生かして筆者の主張を強調させるとき、段落の最後に筆者の主張がまとめられることになります。この役割で用いられる接続表現の代表例が「つまり」です。基礎編でも説明したとおり、「つまり」以降の文は筆者の主張が含まれている可能性があることに留意してください。

最後が逆接の接続表現です。「しかし」や「だが」など逆接の接続表現は、筆者は主張したいことと相反することを先に述べて否定することで、筆者の主張が正しいことを強調するときに用います。このとき、逆接の接続表現に続く文に筆者が主張したいことが含まれていると考えられます。

接続表現は基礎編Part1「Ⅱ.2.接続表現を使いこなす」で詳しく説明していますので、復習に役立ててください。

(3) 段落のつながりを意識して読み直す

段落の特徴が理解できたところで、今度は段落のつながりを意識して課題文を読み直し、要約を仕上げましょう。

[第1～3段落　主張(問題提起)←根拠]

第1段落の1文目は、「高齢化の進展で膨張が続く医療費。」と体言止めで書かれています。これだと、1つの文としては不十分です。むしろ「高齢者の幸福を追求しながらどう医療費を抑えていくかが大きな課題になっている。」と、2文目が問題提起としての説明が成立しています。よって、ここに筆者の主張が述べられていると考えられます。一方、1文目は2文目で問題提起された根拠と位置づけられます。先に根拠を手短に説明したのは、筆者が読み手の注意を惹きつけるために説明の順序を入れ替えたと考えられます。残る3文目と4文目は新聞記事特有の特徴に関わることがあるので、要約をまとめるときに改めて説明します。

　第2段落と第3段落は第1段落で提起された医療費の膨張を具体化しています。具体的には、第2段落で医療費の膨張を数値で示しています。続く第3段落は医療費の膨張に対する対応策が示されています。いずれも第1段落の具体化として位置づけられることから、第1段落から第3段落までが1つの意味段落を形成していることが理解できます。

　ここまでの説明を【図4.1】でまとめます。第1段落から第3段落は課題文がなぜ書かれたのか、課題文全体の主題が述べられています。すなわち、高齢者の幸福を追求しながらどう医療費を抑えるか、という問題提起です。さらに、この問題提起は第1段落の主張としての役割を兼ねています。そしてこの問題提起を根拠づけるために、高齢化の進展による医療費の膨張を挙げ、第2段落と第3段落で具体化しています。要約では筆者の主張を優先してまとめるので、第1段落の主張となる問題提起を要約に組み込みます。一方、根拠を要約に含めるかは、全体の流れや要約の分量に応じて決めます。具体的な説明は、原則として要約には含めません。

【図4.1】第1段落から第3段落までの構成

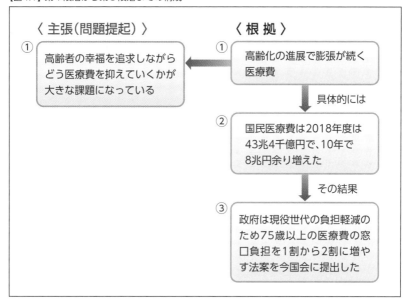

[第4段落　主題の補足]

　第4段落の1文目には、日本経済新聞が実施した分析の内容が書かれています。これは、第1段落で提起された主題に沿って実施されたものなので、パラグラフ・リーディングで抜き出した1文目をそのまま要約に生かしてよさそうです。

[第5〜7段落　根拠→主張]

　続く第5段落から第7段落までは、少し整理がややこしくなるので丁寧に読み進めていきます。まず第5段落の1文目に、病床数が多いと医療費が高くなることが挙げられ、続く2文目で必要度の低い入院や長期入院が増えるからだと述べています。この2文で論証が成立しています。

　次に、「さらに」という接続表現に続いて死因で老衰と脳卒中も多いと医療費が少ない傾向があると指摘しています。この結果の根拠は文章で説明はないかわりに、（グラフ1）を提示することで根拠を示しています。ここで、横軸と縦軸にそれぞれ別の基準(変数)をとり、データが当てはまるところに点を打って示すグラフを散布図と呼びます。（グラフ2）も同じく散布図になります。ちなみに、（グラフ1）で描かれている右下がりの直線は、データの散らばりが持つ傾向を示したものです。課題文はグラフと組み合わせて分析による解釈を論拠づけたことになります。

　次の第6段落に進むと、長野県の説明が唐突に始まります。課題文だけだと、なぜ長野県が取り上げられたのか戸惑うかもしれません。ここは、（グラフ2）と組み合わせると理解できます。長野は、脳卒中、老衰とも全国平均の100を上回っています。また、付されている点の色から75歳以上の1人当たり平均医療費が全国平均を下回ることがわかります。これらを整理すると、第5段落で示した老衰と脳卒中も多いと医療費が少ない傾向があることを第6段落で具体化したと理解できます。3文目には長野以外に、岩手、静岡、三重を同じ傾向にある県として取り上げています。特に岩手は最も医療費が低いことが加えられています。

　一方、第6段落ではもうひとつ別の指摘があります。「だが」という逆

接の接続表現に注目すると、長野などは脳卒中も多いことを示し、「突然死は医療費が少ないが、望ましい死とは言いにくい」と述べています。逆接の接続表現があるとき、後ろに続く文に筆者が強調したいことが書かれている可能性が高いことは、先に説明しました。脳卒中は突然死に含まれることから、脳卒中による死は望ましくないとする考えを筆者が強調したいことがわかります。

　この話を踏まえ第7段落を読むと、脳卒中と並んで注目した老衰死を「高齢者で死亡の原因となる病気がなく、寿命を全うする」ことだと定義し、「脳卒中が少なく老衰が多い」地域を「目指すべき」だと主張しています。第6段落で強調した脳卒中が望ましくないという考えは、この「目指すべき」地域を主張するための根拠と位置づけられます。

　では第7段落の最後の1文はどう考えればよいでしょうか。改めて（グラフ2）を見ると、「脳卒中が少なく老衰が多い」地域は散布図全体の左上にあたります。しかし、この分類には、東京や香川など平均医療費が全国平均を上回る地域があります。実際に、「脳卒中が少なく老衰が多い」8都県の平均医療費は約89万9,000円となり、老衰と脳卒中も多い16県の平均約81万1,000円を上回っています。つまり、課題文の主題である医療費を抑える観点から見ると、たとえ脳卒中による死が望ましくないとしても、「目指すべき」地域と言うには論拠が満たされていないことになります。そこで筆者は、「脳卒中が少なく老衰が多い」地域のうち、平均医療費が全国平均を下回る神奈川、愛知、和歌山に絞り、「目指すべき」地域と主張しているのです。

　では、第5段落から第7段落までの構成を【図4.2】で整理します。第5段落から第7段落では、分析の結果を通じて筆者が「目指すべき」地域を主張する根拠をまとめています。ただし、第5段落のはじめの2文は病床数の話であり、死因の話とは異なるものです。論証として成立しているものの、「目指すべき」地域の話に関わらないことを考慮すると、課題文における重要度は高くないといえます。

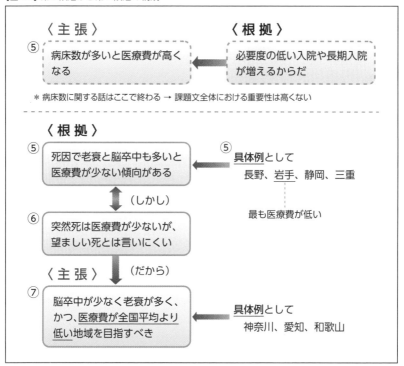

一方、筆者は医療費が少ない地域として老衰と脳卒中が共に高い地域を取り上げています。（グラフ2）からも最も医療費が低い地域だと認識できます。しかし、筆者は脳卒中を含む突然死が望ましい死とは言いにくいことを理由に、これらの地域ではなく「脳卒中が少なく老衰が多い」地域を目指すべきと主張します。ただ、医療費を抑えるという主題を考慮すると金額面で違和感が生じるため、75歳以上の1人あたり平均医療費が全国平均を下回る神奈川、愛知、和歌山に限定したことになります。

このように第5段落から第7段落までは構成がつかみにくい文章になっています。わかりにくかった方は、【図4.2】を活用してください。

[第8～11段落　具体例]

　第8段落と第9段落では、神奈川で取材した記録が書かれています。第7段落で神奈川が「目指すべき」地域の１つであると筆者は主張していたことから、この２つの段落は主張を具体化した例だと位置づけられます。第10段落の愛知もこれらと同様に位置づけられます。具体例は主張や根拠を理解するためのものなので、要約では省かれることになります。

　第11段落は高知県と福岡県に関する説明があります。高知、福岡両県は平均医療費が高い地域にあたります。とすると、「目指すべき」地域の対局になる県を具体化したものと位置づけられます。

[第12・13段落　根拠→主張＝総括]

　残るは第12段落と第13段落です。第12段落では、死因に基づく平均医療費の分類の話から変わって、高齢者の就業率や保健師の数に注目しています。ただ第12段落の根拠は、課題文、グラフでは読み取れません。ここではひとつの事実として受け取ることになります。

　最後の第13段落は課題文全体の総括と読み取れます。第12段落で示した傾向を根拠として、第7段落で「目指すべき」とした「脳卒中が少なく老衰が多い」地域を目指しつつ、医療費を抑えるための提言が述べられています。ここは筆者の主張にあたると考えられます。

(4) 筆者の主張に注目して課題文を要約する

　ここまでの読解により、筆者の主張が絞り込めました。読解の結果、筆者の主張にあたる文をまとめたのが【図4.3】となります。まず、筆者は課題文全体の主題として、高齢者の幸福を追求しながら医療費を抑えることを問題提起しています。その問題に取り組むため、日本経済新聞がデータの分析を行いました。ここで、第4段落で書かれているデータの内容は、第1段落・3文目にある「社会保障のデータ」の例示になります。データの分析を踏まえ、筆者は脳卒中が少なく老衰が多く、かつ75歳以上の1人当たり平均医療費が全国平均を下回る地域を目指すべきと提示していま

す。その上で、高齢者の就業率や保健師の数と医療費との関係を示しつつ、目指すべき地域を実現するための方策を提言しています。

【図4.3】課題文から筆者の主張をまとめる

① 高齢者の幸福を追求しながらどう医療費を抑えていくかが大きな課題になっている

④ 日本経済新聞は47都道府県、全市区町村について75歳以上の1人当たり医療費（年齢調整済み）、死因別の死亡数、健康や医療・介護に関わる約400項目のデータを分析した。

⑦ 脳卒中が少なく老衰が多く、かつ医療費が全国平均より低い地域を目指すべき

⑬ 高齢者の働く環境を整え、地域ぐるみで健康を管理することが突然死を減らし医療費も抑え、老衰による最期を迎える高齢者が増える「大往生社会」に近づくカギとなる。

　この【図4.3】でまとめた主張の流れを軸に、要約文を作成します。要約はなるべく課題文で書かれた順序を守りつつ、文ごとのつながりが自然になるように整えます。【図4.3】をもとに仕上げた要約文が【例4.2】になります。今回は200字という限られた字数でまとめることが求められているため、【図4.3】で取り上げた主張だけでほぼまかなえる形になります。

　課題文から情報を押さえるときは、要約するか否かを問わず、筆者の主張や根拠に注目して整理してください。筆記問題で課題文が提示された場合、筆者の主張や根拠を軸に出題されるのがほとんどなので、課題文を読むときは、筆者の主張や根拠に注目して読み進めてください。

【例4.2】 課題文の要約例（問1の解答例）

　高齢化の進展で医療費が膨張する中、高齢者の幸福を追求しながらどう医療費を抑えていくかが大きな課題になっている。そこで、日本経済新聞では47都道府県、全市区町村について社会保障のデータを分析した。分析の結果、脳卒中が少なく老衰が多い地域を目指すべきと言える。よって、突然死を減らしながら医療費も抑え、老衰による最期を迎えられるよう、高齢者の働く環境を整え地域ぐるみで健康を管理することが求められる。

(198字)

　ここで【例4.2】の要約文と課題文の第1段落を読み比べてください。ほぼ同じことが書かれていることがわかります。先ほど第1段落の内容を取り上げたとき、3文目と4文目には新聞記事特有の特徴があると説明しました。新聞記事は、記事全体の概要を端的につかめるよう、第1段落に記事全体の要旨をまとめます。【例4.2】で課題文の第1段落と同じ流れになるのは、新聞記事の特徴によるものなのです。

　もちろん、ビジネススクールの筆記試験では新聞記事以外にもさまざまな文章が課題文として取り上げられます。今回の読み方で紹介したパラグラフ・リーディングや段落ごとの読解を進め、筆者の主張を的確につかむ読み方を押さえてください。

❷ 出題者が提供した情報を押さえる②──グラフ

事実と解釈を区別して押さえる

　出題者が提供した情報のうち課題文の整理が終わりましたので、次にグラフの整理を進めましょう。問いを押さえるステップで説明したとおり、情報はそのまま引き出すことを意識してください。

　まず（グラフ1）です。課題文の読解ですでに取り上げたとおり、このグラフは老衰、および脳卒中により亡くなる人が多い県は、75歳以上の1人

当たり平均医療費が低い傾向にあることを示した散布図です。

　ここで気をつけたいのが、**傾向にある**、という表現です。傾向があるというのは相関、２つの事実が何らかの影響を及ぼしたり及ぼされたりする関係にあることです。老衰死と１人当たり平均医療費との関係では、老衰で亡くなる人が多い県は医療費が低く、逆に老衰で亡くなる人が少ない県は医療費が高いという関係が成り立ちます。

　このような傾向にある２つの関係と混同しがちなのが、因果関係です。因果関係とは、一方の事実が他方の事実を引き起こす原因と結果の関係が成り立つことをいいます。先ほどの老衰死と１人当たり平均医療費との間に因果関係があるといえるでしょうか。老衰で亡くなる人が多いことが原因で平均医療費が下がるという結果が成り立つのでしょうか。

　これは、基礎編Part2「Ⅳ.2.因果関係が成り立つ要件」に当てはめると見当がつきます。おさらいとして、因果関係が成り立つ３つの要件を整理します。忘れてしまった方は、98ページと併せてご覧ください。

因果関係が成り立つ３つの要件

（1）**相関がある**
　　２つの事実が相関している（一方が変われば他方も変わる）こと
（2）**時間的前後関係**
　　一方の事実が必ず先に起こり、他方の事実が後から起こること
（3）**擬似相関ではない**
　　２つの事実にある相関関係が、それぞれに関連する別の要因（第３因子）からもたらされたものでないこと

　老衰死と医療費との関係に当てはめると、２つ目の時間的前後関係の要件に抵触します。老衰に限らず、亡くなった後で医療費が発生することはありません。ですから、老衰死が医療費の原因にあたることはありません。かといって、医療費が少ないから老衰死で亡くなると考えるのは、明らかにおかしいです。これらを考えると、（グラフ１）で示した老衰や脳卒中による死と平均医療費との関係は、あくまで単純相関となります。

　次に（グラフ２）は、課題文で筆者が「目指すべき」地域を検討するために、脳卒中と老衰、２つの原因で亡くなった人の多さを軸に散布図を作成したものです。課題文の説明にあったとおり、死因で老衰と脳卒中が共に多いと医療費が最も少ないことがわかります。

　（グラフ２）で気をつけてほしいのが、**事実と解釈は区別して押さえる**こと、具体的には「目指すべきモデル」と囲まれたところです。この「目指すべきモデル」は、課題文で筆者が目指すべきとした神奈川、愛知、和歌山です。この３県を目指すべきと主張しているのはあくまで筆者であり、（グラフ２）の事実から自動的に導けるわけではありません。従って「目指すべきモデル」は筆者の主張であって事実とは異なるため、問２の解答には含めないでください。

> **【例4.3】問２の解答例**
>
> （グラフ１）
> - 老衰による死亡が多い県は、75歳以上の１人当たり医療費が低い傾向がある
> - 脳卒中による死亡が多い県は75歳以上の１人当たり医療費が低い傾向がある
>
> （グラフ２）
> - 脳卒中と老衰が共に多い県は、75歳以上の１人当たり医療費が最も少ない　など

論証する

❶ 筆者の提言を整理する

　ここまでの読み取りから、筆者が提示した課題文とグラフから必要な情報を引き出すことができました。問1と問2は情報をうまく引き出せたかを確かめる設問なので、解答例でまとめています。

　最後の問3では、「『大往生社会』に近づくカギ」となる筆者の提言を評価します。評価とは、基礎編Part2「Ⅱ.6.意見問題の捉え方」で述べたとおり、提示された意見に対する良否や適否を判断することです。本問は、筆者が論証した提言が論理的に整合しているかを検証します。ここで注意してほしいのが、**評価と賛否は異なる**ということです。評価や批判という言葉を聞くと、相手の意見に対して否定的な見解を示すことだと考えがちです。しかし、相手の意見を肯定するにも否定するにも、根拠がなければ議論は進みません。適切に議論を進めるためには、相手の意見がどのようなロジックで組み立てられているか、根拠として取り上げたことが正しいかなど、論理の側面から検証することが必要になります。

　では、設問に従い評価を進めましょう。まずは評価の対象となる筆者の提言を確かめます。第13段落で筆者は、突然死を減らしながら医療費も抑えつつ老衰による最期を迎えるため、高齢者の働く環境を整え地域ぐるみで健康を管理することを主張しています。

　この提言の根拠を確かめると、提言の前半は問1で要約にまとめた、脳卒中が少なく老衰が多い地域を目指すべきだという分析の結果が当てはまります。ここが（グラフ2）でも示されている「目指すべきモデル」です。ではなぜ「目指すべきモデル」なのかというと、【図4.2】の整理から、死因で老衰と脳卒中も多いと医療費が少ない傾向があるものの、突然死は望ましい死とは言いにくいと根拠づけています。

　一方、提言の後半で高齢者の働く環境を整え、地域ぐるみで健康を管理することを求めているのは、第12段落で医療費が低い地域の傾向として、高齢者の就業率が高いことと保健所などの保健師が多いことを挙げています。これらを整理すると、【図4.4】のようになります。

【図4.4】筆者の提言を整理する

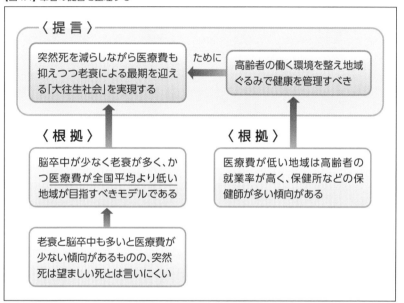

❷ 筆者の主張を評価する

　この構成が論理的に受け入れられるかを評価するには、さまざまな切り口が考えられます。ここでは２点を取り上げていきます。

　はじめに注目するのは、提言の前半で「目指すべきモデル」とした根拠にある「望ましい死」という表現です。ここは、基礎編Part1「Ⅳ.3.伝わりやすい文章表現を使おう」で取り上げた形容詞の扱いがポイントになります。形容詞は、筆者が想定する水準を読み手が的確に捉えることが難しいため、使用は控えた方がよいと説明しました。実際に筆者が何をもって「望ましい」と言えるのか、想定する基準を読み取るのは困難です。よっ

て、より説得力の強い根拠を示すためには、「望ましい」と言える理由づけを加えることが求められます。

　次に確かめたいのが、**高齢者の働く環境を整え地域ぐるみで健康を管理すべき**とする提言の根拠です。改めて第12段落を見ると、分析の結果で示されているのは、医療費が低い地域が持つ傾向です。問2で整理したとおり、傾向だけで因果関係を特定することはできません。さらにこの傾向はデータ自体が提示されていないため、因果関係があるかはもちろん、傾向があることを裏づけることもできません。そのため、筆者の提言が論理的に正しいことを論証するには、高齢者の就業率を高めたり、保健師の数を増やしたりすることが、「目指すべきモデル」の実現に近づけるという因果関係を示すよう求めることになります。

　以上が、筆者の提言に対する評価の結果になります。解答例は、設問で求められている字数を考慮し、それぞれの評価を根拠としたときの論証例をまとめています。もちろんこれ以外にもさまざまな評価が考えられるので、ぜひチャレンジしてください。

　ここで、解答例が賛否には触れていないことに注目してください。なぜなら、筆者の提言についてさらに根拠が必要だとして、ただちに賛否が決まるわけではないからです。

　いずれの立場に立つにせよ今後の議論に役立つ話に進められるように、適切に評価することが大切になります。本問を通じて評価の重要性を確認してください。

解答例

問1 【例4.2】のとおり

問2 【例4.3】のとおり

問3 〈例1〉

　「大往生社会」に近づくカギとなる筆者の提言について、私は提言に対する根拠を再度検証する必要があると評価する。なぜならば、筆者が目指すべきモデルとする根拠の説明が不十分であるからである。筆者は脳卒中が少なく老衰が多い地域を目指すべきとする理由として、脳卒中を含む突然死が望ましい死ではないと主張している。たしかにこの根拠を完全に否定できないものの、何を基準に望ましいと言えるのか、客観的に評価するのは困難である。そのため、突然死と老衰死の評価を明確に分ける評価軸を立てることが望まれる。

　以上の理由から、筆者の提言に対してその根拠を再度検証する必要があると評価する。

(281字)

〈例2〉

　「大往生社会」に近づくカギとなる筆者の提言について、私は提言に対する根拠を再度検証する必要があると評価する。なぜなら筆者が提示する方策を実行することで目指すべきモデルに近づけるという因果関係を示す必要があるからである。筆者が高齢者の働く環境を整え地域ぐるみで健康を管理すべきとする提言の根拠は、いずれも平均医療費の低い地域が持つ傾向である。傾向はあくまで相関関係を示したに過ぎず、これらの方策が目指すべきモデルの実現につながるとする因果関係は示されていない。よって、筆者の提言が妥当であることを論証するには、この因果関係をデータの分析により示すことが求められる。

　以上が、筆者の提言に対する評価である。

(300字)

練習問題2

近年、「20代の時期から人材を選抜して、計画的に職務経験を積ませ、将来の幹部候補を育てるべきである」という考え方が企業人や研究者の間で出始めています。

あなたは、こうした人材育成方法に賛成ですか、それとも反対ですか。賛成もしくは反対の立場を明確にし、その理由を説明した上で、「将来の幹部候補となる人材の育成方法」についてあなたの意見を具体的に述べてください。600字以内。

（制限時間：60分）

神戸大学大学院経営学研究科専門職学位課程　2011年度

▶ 概 要

本問を出題した神戸大学は、筆記試験の重要性が高いビジネススクールに位置づけられます。なぜなら、神戸大学では1次選考となる筆記試験に合格しなければ、2次選考の面接に進むことができないからです。神戸大学と同じ形式を採るビジネススクールには、一橋大学経営分析プログラム・経営管理プログラムと早稲田大学などがあります。これらのビジネススクールを志望する方は、筆記試験に対する入念な準備をお願いします。

神戸大学の筆記試験は制限時間が60分、制限字数が600字以内という形式が定着しています。限られた時間でコンパクトに答案をまとめる練習を心がけてください。

✓ 問いを押さえる

設問文を読んで主題と問題を押さえる

では、基礎編で説明した問いを解くステップを踏まえながら、設問文から主題と問題を押さえましょう。

まず主題は、設問文で繰り返し使われている言葉に注目することで押さ

えやすくなります。本問では、「人材を選抜して・・・育てる（1～2行目）」「人材育成方法（4行目）」「人材の育成方法（6行目）」といった言葉が繰り返され、また人材育成の目的に「将来の幹部候補（2行目、5～6行目）」と明記されています。従って本問の主題は、

　将来の幹部候補となる人材を育成する方法

と、まとめることができます。

　次に、問題を特定しましょう。4行目で「こうした人材育成方法に賛成ですか、それとも反対ですか」とあり、1つ目の問題が設問文に提示された人材育成方法に対する賛否が求められていることがわかります。ここで「こうした人材育成方法」は、1つ前の段落で説明されている「20代の時期から人材を選抜して、計画的に職務経験を積ませ、将来の幹部候補を育てる」という考え方にあたります。

　では、この後に続く文はどのように捉えればよいでしょうか。前半で示されている「賛成もしくは反対の立場を明確にし、その理由を説明」するとは、基礎編から繰り返し述べた論証の構成そのものです。ですから1つ目の問題を論証せよと念押しされたのだと解釈すれば大丈夫です。

　一方、後半は「『将来の幹部候補となる人材育成方法』についてあなたの意見（5～6行目）」が求められています。基礎編Part2「Ⅱ.6.意見問題の捉え方」で説明したとおり、意見問題は出題者が求めているものを慎重に見極める必要があります。本問では、まず「将来の幹部候補となる人材育成方法」と、カギ括弧が付されています。これは設問文の人材育成方法を指していることを示しています。また、意見を出す前提として賛成もしくは反対の立場を明確にすることが求められています。これらを踏まえると、2つ目の問題は、

　設問文にある人材育成方法について、その賛否を踏まえて意見を出す

ことが求められていると整理できます。少なくとも、設問文にある人材育成方法を基礎として議論を進めること、自由気ままに述べるのではないと

理解できれば、的確に問題を押さえられたと考えてよいでしょう。

情報を引き出す

❶ 出題者が提供した情報を押さえる

　主題と問題が的確に押さえられたので、次に出題者が提供した情報を抜き出しましょう。とはいえ、本問で提示されている問いを解く手がかりとなる情報は、「20代の時期から人材を選抜して、計画的に職務経験を積ませ、将来の幹部候補を育てる」という人材育成の方法が示されたに過ぎません。あとは近年、この方法が企業人や研究者の間で主張され始めていると書かれているだけです。それゆえ、人材育成の方法が問題に答えるための唯一の手がかりとなります。

　出題者が提供した情報がわかれば、押さえた情報を組み合わせて推論を進めます。しかし、やはり人材育成の方法以外に結びつける情報がないため、提供された情報だけで推論をすることは困難です。

　そこで、解答者が自ら情報を集める、すなわち拡散的思考を進めていくことになります。拡散的思考を改めて説明すると、情報をもとにさまざまな方向に考えを巡らせ、新しいアイデアを生み出していく思考法をいいます（基礎編Part2「Ⅲ.4.拡散と収束で情報を集める」）。本問は、手持ちの知識を設問文にある人材育成方法と組み合わせながら、問題で求められている賛否の立場や意見を形作ることになるのです。

コラム **重要!** **なぜ、情報が少ない問題が出題されるのか**

　拡散的思考を具体的に進める前に、本問のように出題者から提供される情報が少ない問題が出題される背景を説明します。ここは、ビジネススクールの筆記試験対策を行う上で重要なポイントとなるので、ぜひ理解しましょう。

　出題者からの情報が少ない問いが取り上げられるとき、その問いの主題は**ビジネススクールの志望者として最低限知っておくべき内容**である、という出題者の前提があります。この最低限知っておくべき内容とは、知識問題で出題される経営学に関する理論や概念ではなく、**ビジネスに携わる社会人として押さえるべき一般的な知識**を意味しています。従って、ビジネススクールを受験するからには、この一般的な知識を一種のたしなみとして押さえる必要があります。

　本問の主題である人材育成は、ビジネスでは人的資源管理の分野で取り扱われます。人的資源管理とは、企業がその目的を達成するために、企業で働く人々を管理するための一連の活動をいいます。人的資源管理を行うための活動には、本問で取り上げられている人材育成をはじめ、採用や評価、昇進、賃金などが含まれます。

　ビジネススクールの筆記試験で人的資源管理が主題となるとき、前提となる知識が示されないまま出題されることが多くあります。この背景には、ビジネスの現場において人的資源管理にまつわる話題が多く取り上げられていることがあります。具体例として、昨今の日本企業ではワークライフバランス、すなわち仕事と生活のバランスがとれた状態を目指すため、在宅勤務やフレックスタイム制、育児休暇などの制度を導入することが検討されています。また、パートタイマーや派遣社員など非正規雇用者に対する不合理な処遇を見直すため、同一労働同一賃金の実現が議論されています。職場などでよく取り上げられるテーマであれば、筆記問題を解くだけの理解はあるはず、出題者はこのように想定して筆記問題を作成します。そのため筆記試験対策を行うには、実務で多く取り上げられている一般的な知識を書籍や新聞、雑誌などに目を通し、理解を深めることが重要となります。制度の仕組みなど細かいところまで押さえなくて大丈夫です。議論されている内容の要旨や論点を中心に理解を進めてください。

(1) 拡散―従来の日本型人材育成方法を検討する

　本問は「20代の時期から人材を選抜して、計画的に職務経験を積ませ、将来の幹部候補を育てるべきである」という人材の育成方法に対する賛否が求められています。言うまでもありませんが、本能的に賛否の立場を決めてしまうと、論理的に根拠を立てて議論することができません。提示された人材育成方法がなぜ取り上げられたのか、その背景を探ることにより賛否の根拠づけにつながる情報を集めることができます。

　この人材の育成方法を検討するために、従来の日本企業で一般的に用いられている人材育成の方法に注目しましょう。ここでキーワードとなるのが、新卒一括採用です。新卒一括採用とは、学校を卒業する見込みの者を対象に年1回4月に大量に採る方法をいい、現在でも多くの日本企業がこの方式で人材を集めています。この新卒一括採用では、職種により例外はあるものの、これまで学校で学習した分野と職種にはほとんど相関がありません。これは、多くの日本企業において人材育成を自前で行う慣行が根付いていたからです。

　日本企業で定着していた人材育成の根本的な考えをまとめると、能力主義で設計された社員格付け（職能資格制度）を下敷きに、知的熟練を養いながら幅広く職務経験を積ませることと説明できます[21]。知的熟練とは、業務遂行上の変化や異状を解決する能力を意味します。日本企業では、例えば生産現場における工程の見直しや、営業活動における取引先との折衝など、業務を進める中で起こる問題を現場で解決することが求められます。そのため、日本企業では現場、すなわち部門ごとに問題解決ができる専門性を備えたキャリア育成が行われます。このようなキャリア育成を行う方法がOJT（On-the-Job Training）です。OJTは、日常の職務を遂行するために必要な知識やスキルを上司や先輩から指導を受ける形で育成する仕組み

で、日本企業で非常に重視された育成方法です。

　また企業全体を管理する役職であれば、その役職に見合う知識が求められます。例えば予算編成や管理を統括する部門長であれば、予算管理の対象となる部門、すなわち製造部門や営業部門、研究開発部門などの管理者とやりとりを行い、予算の割り当てや進捗管理を行います。複数の業務を横断的に束ねる力を発揮するには、それらの業務活動に対する理解が不可欠です。そこで日本企業では、経営者や事業部長などマネジメント層を担う人材を育成するため、複数の部への異動を通じてキャリアを経験させるジョブ・ローテーションが慣行として定着していったのです。

【図5.1】日本企業における従来の人材育成方法

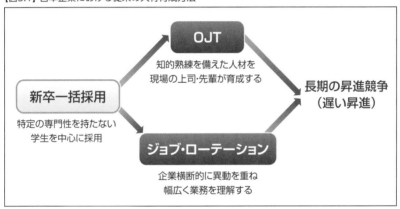

　OJTやジョブ・ローテーションによる人材育成が定着することで、日本企業では一般に遅い昇進と呼ばれる長期の昇進競争の仕組みが出来上がりました。【表5.1】は、日本労働研究機構（現在の労働政策研究・研修機構）が1998年に発表した、日本とアメリカ、ドイツの大企業における昇進に係る選抜の状況を比較したものです。表によると、同一年次入社者間で初めて昇進スピードに差がつき始める時点は、アメリカ企業、ドイツ企業とも入社後平均３〜４年なのに対し、日本企業は入社後平均7.85年となっています。さらに、同一年次入社者の中で昇進の見込みのなくなる者が50%に達する時点は、アメリカ企業の9.1年、ドイツ企業の11.48年に対し、日

本企業は22.3年と大きく差があります（ちなみに、表にある数値を覚える必要はありません）。このことは日本企業において、新卒学生を一括で採用した未成熟な人材をOJTやジョブ・ローテーションによる育成システムに基づき、長期にわたって選抜を行うスタンスが定着していることを表していると考えられます。

【表5.1】日本、アメリカ、ドイツの大企業における昇進ペース

	日　本	アメリカ	ドイツ
初めて昇進に差がつき始める時期	平均7.85年	平均3.42年	平均3.71年
昇進の見込みがない人が5割に達する時期	平均22.30年	平均9.10年	平均11.48年

(出典) 日本労働研究機構(1998)「国際比較：大卒ホワイトカラーの人材開発・雇用システム」表1-17より一部加筆

　ここまでが日本企業における従来の昇進システムの特徴と、それが成り立った背景に関する説明になります。細かいところも説明しているため、やや難しいかもしれません。少なくとも、日本企業では現場の理解と複数の部門への異動を通じて、時間をかけて経営を担う人材を育成していることが理解できれば大丈夫です。

(2) 収束—設問文が提案する人材育成方法の意図を考える

　従来の日本企業における昇進システムを理解すると、本問で提示された人材育成方法の意図が見えてきます。提案では、20代の時期から将来の幹部候補となる人材を選抜することを主張しています。【表5.1】にある日本企業の選抜年数を見ると、日本の大学を卒業する年齢は概ね22～23歳なので、昇進する見込みの有無が5割以上把握できるのは、44～45歳ごろになります。このことから本問の考え方の狙いは、この選抜年次を大幅に短縮して幹部候補に見合った職務経験を積ませる、と推測できます。なお、本問の考え方では新卒一括採用に関する言及はありませんので、採用時期は変えないものとして考えます。

【図5.2】従来の育成システムと本問の考え方との違い

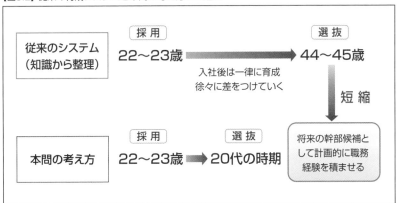

❸ 手元の情報から推論する

設問文が提案する人材育成方法のメリットとデメリットを検討する

(1) 評価と賛否—中立の立場でメリット・デメリットを考え賛否を固める

　それでは手元に集めた情報から1つ目の問題、すなわち設問文で提示された人材育成方法への**賛否**を固めましょう。以前、基礎編Part2「Ⅱ.6.意見問題の捉え方」の中で、賛否を表明するためには根拠をそろえる必要があること、根拠づけを行うためには提示された方策や意見に対する**評価**を行う必要があることを説明しました。

　提示された方策を評価する考え方として、その方策が導入されたときに生じるメリットやデメリットを検討する方法が挙げられます。メリットやデメリットを整理するときに注意したいのが、賛成ありき、または反対ありきではなく、**中立の立場で考える**ことです。なぜなら、賛成もしくは反対の立場で評価を行うと、自分の結論に沿った理由に目を向けてしまう危険があるからです。結論ありきで理由づけする姿勢はチェリー・ピッキングと呼ばれ、基礎編Part2「Ⅶ.3.論証を阻む要因を押さえる」で説明したバイアスの一種に含まれます。偏った根拠づけにならないよう、設問の

方法が持つ特徴や背景をたどりながら考えていきましょう。

　設問文にある人材育成方法に関するメリットとデメリットを例示すると、【表5.2】のようになります（もちろん、ほかにも考えられます）。

【表5.2】設問文の人材育成方法に係るメリットとデメリット

メリット	● 選抜した人材と意思の共有がしやすくなる ● 選抜した人材に集中して投資できる
デメリット	● 選抜に漏れた人材のキャリア目標を示す必要がある ● 未成熟の人材を選抜する基準を定めるのが難しい

　メリットの1つ目は、選抜した人材とキャリア目標に対する意思の共有がしやすくなることです。20代の時期から将来の幹部候補として選抜するということは、選抜された者からすると経営者の一員に加わることがほぼ約束されたと解釈できます。そのため、企業から提示されたキャリアプランを受け入れる土壌が出来上がり、将来の幹部候補に見合った職務経験を積む意欲を引き出しやすくなるのです。

　2つ目が、選抜した人材に集中して時間や予算を投資しやすくなることです。従来の昇進システムでは将来の幹部候補となる人材を選抜する時期が遅いため、幹部候補に見合った経験を積ませる時間や予算を投入する時期が後回しになったり、1人当たりの資源が抑えられたりする恐れがあります。選抜する時期を早めることで、将来の幹部候補となる人材に対する時間や予算を選抜した人材に集中して投資することができるため、効果的な人材育成が期待できます。

　他方、デメリットの1つ目は選抜から漏れた人材に対するキャリア目標を改めて示す必要があるということです。これは、メリットの1つ目と対比にあたる内容です。従来の昇進システムでは、長期にわたって人材を育成するため、採用された人材に等しくOJTによる育成が行われていました。これに対して設問文にある人材育成方法だと、将来の幹部候補として早期に選抜するのであれば、選抜された人材と漏れた人材で各々異なるキャリアプランを用意する必要があります。何も提示されないままだと、

その企業で継続して職務を遂行する意欲が失われるリスクが高まります。

　デメリットの2つ目は、そもそも20代の時期から選抜する基準を作るのは困難ではないか、ということです。【図5.2】を振り返ると、設問文の方法は選抜時期について述べているものの、新卒一括採用の前提には触れていません。そのため、評価では新卒一括採用は維持するものと想定して検討することになります。新卒一括採用では、人材を採用するときに学校で学んだ分野と配属される業務との相関がほとんどないため、OJTにより地道な育成が必要になると説明しました。ということは、20代の時期から選抜するとしても、評価する能力がまだ備わっていないことが想定されます。そのため、どの能力に注目すれば将来の幹部候補となる人材といえるのかを決めるのが難しいという課題が生じるのです。

　以上が、設問文にある人材育成方法に対する主なメリットとデメリットとなります。これらを勘案して、メリットがより強く現われると考えるならば賛成、デメリットがより強く現われると考えるならば反対の立場を採ります。中立の立場からメリットやデメリットを引き出すことで、賛否いずれの立場でも根拠づけがしやすくなるのです。

(2) 規範─意見をまとめる

　それでは、2つ目の問題に話を進めましょう。2つ目の問題は、設問文にある人材育成方法に対する賛否をまとめた上で意見を出すことでした。すでに1つ目の問題で賛否を述べる準備が整えられれば、ここで自由気ままに意見を述べることは求められていないと理解できるはずです。

　とすると、ここで求められている意見はどういうものかを考えていくと、基礎編Part2「Ⅱ.6.意見問題の捉え方」で説明した論点の押さえ方が参考になります。出題者が求める意見の内容を捉える最後のステップとして、主題を踏まえながら出題者が提示した意見や事実などから判断することを説明しました。本問に当てはめると、主題として将来の幹部候補となる人材を育成する方法が取り上げられ、「20代の時期から人材を選抜して、計画的に職務経験を積ませ、将来の幹部候補を育てるべきである」と

提言されました。さらに、1つ目の問題で出題者の提言を評価し、その提言に対する賛否の立場を固めました。すると、意見を述べるのに最後に残ったのが規範ということになります。

　規範とは、「どうすべきか」という対案を示すことだと定義しました。ここで、意見問題で規範を述べる状況として、

　出題者が提示した方策に反対するとき、または修正を要すると評価するとき、対案を示すことで説得力を高めたい

という場面を挙げました。すなわち2つ目の問題で求められている意見は、解答者と逆の立場に立つ人から出る反論を想定しつつ、その人を説得できるように賛否の立場を強めること、端的に言えば反論に備えることを意味します。ここで反論に備えることと論破することの違いを押さえてください。論破とは相手を言い負かすことであり、相手の納得を引き出す説得とは相反するものです。ビジネススクールにおける議論の基本は論証を通じて相手の納得を引き出すことである、と概要編から繰り返し説明しています。反論に備えることは、どうすれば相手を説得できるかを相手の意見を想定しながら考えることなのです。

　本問のように相手の反論に備えることを求める筆記問題は、筑波大学や早稲田大学などで出題されています。賛否を問う問題で出題者は、解答者が自らと異なる立場に立つ人を想定しながら、その人と適切に議論を進められる実力があるかを見極めようとします。そこで先ほど説明したとおり、中立の立場で考えるスタンスから賛否両論を意識して情報を引き出しておくと、反論に備えやすくなります。

　本問における意見が規範を立てることだとわかったところで、賛成と反対、それぞれの立場からどのような規範を立てればよいかを整理しましょう。ポイントをまとめると、次ページのようになります。複数あるので、問題に応じて説明しやすい方法を用いてください。

本問における意見（規範）のまとめ方

賛成の立場に立つ場合
1．提示された方策のメリットを高める案を追加する
2．提示された方策のデメリットを防ぐ案を追加する

反対の立場に立つ場合
● 提示された方策の目的を別の形で実現できる対案を検討する

　賛成の立場に立つときは出題者が提示した方策を基本にしつつ、そのメリットをさらに生かす案、もしくはそのデメリットを防ぐ案を示します。そもそも、ある人が自分と異なる立場、すなわち反対の姿勢に立つ理由は、提示された方策が持つデメリットに強い懸念があるからです。だとすれば、懸念しているデメリットを上回るメリットがあることを示すか、デメリットを防ぐことができることを示すことができれば、相手は納得できるはずです。

　他方、反対の立場に立つときは提示された方策に変わる対案を示すことになります。その上で、提示された方法が目指す目的、すなわち主題を無視することはできませんから、主題を満たし、かつ提示された方法より説得力が持てる対案を提示することになります。

　ここまで来ると、【表5.2】のように中立の立場で提示された人材育成方法のメリットとデメリットを網羅的に検討する理由が理解できたと思います。意見を出すことは、自分の立場を一方通行で述べるのではなく、異なる立場に立つ人からの反論に備えながら説得することです。ビジネススクールの入学試験では、意見の基本的な作り方ができているかに着目して問われることが多いので、本問でその手順が生かせるように練習を積み重ねてください。

論証する

❶ 賛成の立場で論証する

　最後に、ここまで整理した内容をもとに、問題に答える論証の形にまとめていきましょう。基礎編Part1で説明したとおり、いきなり文章でまとめようとせず、下書用紙を活用して図などで文章（パラグラフ）の構成を固めてから、文章として答案にまとめてください。

　まず、【図5.3】は賛成の立場に立つときの構成図です。実際の下書用紙では、答案が整理できる程度に整えられれば大丈夫です。1つ目の問題で賛成の立場に立つ根拠としてメリットを説明するとき、ただ列挙するだけで終わらせず、取り上げたメリットがなぜ成り立つのかまで理由を説明してください。そのため、字数の制約からメリットを1つに絞っても大丈夫です。数よりも説得力を大事にしてください。2つ目の問題では、その方法のメリットを高められる、またデメリットを防げる案を、提示された人材育成方法がより効果的に実行できる案として主張に取り上げています。具体的な案はいくつか考えられるので、解答例でまとめた案はそのひとつと理解してください。

【図5.3】賛成の立場に立つ場合の構成図

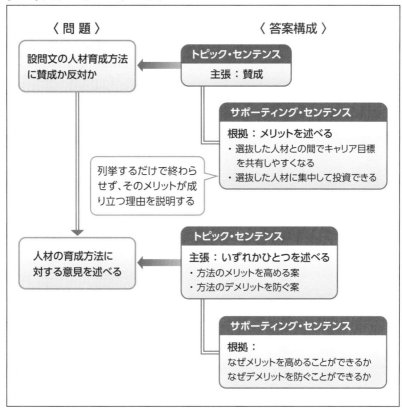

〈 問 題 〉

設問文の人材育成方法
に賛成か反対か

人材の育成方法に
対する意見を述べる

〈 答案構成 〉

トピック・センテンス
主張：賛成

サポーティング・センテンス
根拠：メリットを述べる
・選抜した人材との間でキャリア目標
　を共有しやすくなる
・選抜した人材に集中して投資できる

列挙するだけで終わら
せず、そのメリットが成
り立つ理由を説明する

トピック・センテンス
主張：いずれかひとつを述べる
・方法のメリットを高める案
・方法のデメリットを防ぐ案

サポーティング・センテンス
根拠：
なぜメリットを高めることができるか
なぜデメリットを防ぐことができるか

② 反対の立場で論証する

　次に、【図5.4】は反対の立場に立つときの構成図です。基本的な構成は【図5.3】と変わりません。異なる点のひとつは、1つ目の問題で反対の立場に立つときの根拠として、設問文にある人材育成方法のデメリットを取り上げることです。もうひとつは、2つ目の問題で設問文にある人材育成方法に変わる代替案を示すことです。反対の立場に立つときは、設問文にある人材育成方法は採用しないことになるので、その方法が何を目指していたかを押さえつつ、別の案で実現できることを論証してください。ここも解答例で提示した案をひとつの例として参照してください。

【図5.4】反対の立場に立つ場合の構成図

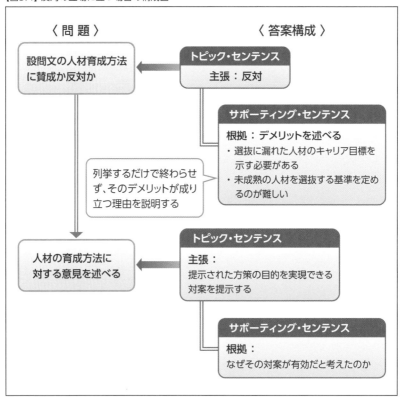

> **解答例**

【賛成】

　本問にある人材の育成方法に賛成する。

　賛成する理由の1つに、選抜した人材とキャリア目標に対する意思を共有しやすくなることが挙げられる。20代の時期から将来の幹部候補として選抜することは、選抜された者からすると経営者の一員に加わることがほぼ約束されたと解釈できる。そのため、企業から提示されたキャリアプランを受け入れ、将来の幹部候補に見合った職務経験を積む意欲を引き出しやすくなると考える。

　次に、選抜した人材に集中して時間や予算を投資しやすくなると考える。選抜する時期を早めることで、将来の幹部候補となる人材に対する時間や予算を選抜した人材に集中して投資することができるため、効果的な人材育成が期待できる。

　本問の「将来の幹部候補となる人材の育成方法」を導入するのに、企業が将来の幹部候補以外のキャリアプランも提示することが必要となる。本問の選抜方法を採用したとき、新卒一括採用を前提とすれば、各人の専門性が備わる前に将来の幹部候補としての選抜が行われる。そのため、その選抜から漏れた人材からすれば、将来の目標を見失い業務へのモチベーションが低下する懸念がある。そこで、将来の幹部以外にも企業で評価されるキャリアプランが提示されれば、将来の幹部候補としての選抜から漏れても、他の方法で企業に貢献する目標を見つけることにより、モチベーションの維持につながると考える。

　以上が、本問の解答である。

(591字)

【反対】

　本問にある人材の育成方法に反対である。

　反対する理由として、20代の時期から選抜する基準を作るのが困難であることを挙げる。現在の日本企業では、主として新卒一括採用のもとで、学校で学んだ分野に関係なく業務を割り当てる。そのため、20代の時期から選抜するとしても、業務をこなす能力がまだ備わっていないことが想定される。選抜の基準となる能力を定めずに将来の幹部候補となる人材を選抜することはできないため、本問における人材育成方法は実

現が難しいと評価できる。

　この理由をもとに「将来の幹部候補となる人材の育成方法」を検討すると、将来の幹部候補に求めるスキルや能力を予め備えた人材を採用する仕組みが考えられる。本問の人材育成方法は、将来の幹部候補となる人材を早期に選抜することを趣旨としている。そもそも日本企業で昇進が遅くなるのは、新卒一括採用で得た人材を長期にわたり一律に育てているからである。よって、はじめから将来の幹部候補として求めるスキルや能力を備えた人材を採用すれば、早期に幹部候補を選抜できる。例えば、ビジネススクールで経営に必要な能力を身につけた人材であれば、幹部候補として入社させ、候補に見合った育成方法を施すことができる。

　以上より、本問における「将来の幹部候補となる人材の育成方法」に反対であり、代わりに将来の幹部候補に求めるスキルや能力を予め備えた人材を採用する仕組みを提案する。

（593字）

21）本項の説明は神林（2016）、原田・平野（2018）に基づいています。

時間を活用するポイント

　制限時間を意識して問題演習を行うとき、以下のポイントを意識すると時間を有効に活用することができます。

① 試験開始後と終了前の5分間に行うルーティンを押さえる

　試験が開始してからの5分間と終了する前の5分間には、毎度取り組むべきこと、すなわちルーティンがあります。

　試験開始の合図が出たら、まず配布物を確認し、名前・受験番号を記入してください。これらは、途中で気づくと焦りが生まれる要因になります。先に済ませることで試験に臨む姿勢に切り替えることができます。また、問いを解くステップで説明している、問いを押さえることもこの5分間で済ませておきましょう。

　試験終了までの5分間は、解答した内容のチェックに充ててください。出題された指示や誤字・脱字の有無を確かめムダな失点を防ぐことが、合格をつかむのに重要な役割を果たします。

② 予め時間配分を決めておく

　問いを押さえるときに、各問題にどの程度時間を割くのかを事前に見積もっておくと、計画的に時間を使うことができるようになります。見積りに正確さは必要ありません。大まかに定めてよいです。大事なのは、特定の問題に時間を使いすぎないように意識づけることです。時間が来たら答案作成を切り上げてほかの設問を解くなど、要所を押さえた答案作りを心がけると、時間短縮につながります。

③ 解答を考え、答案を構成する作業に時間を多く割り当てる

　解答に時間がかかる原因として、考えることと書くことを往復させることが挙げられます。これを防ぐのに最もよい方法が、下書用紙に書くべき内容・構成を固めることです。下書用紙に構成を固めさえすれば、あとは答案用紙に文章を書くことが容易になります。基礎編Part1で説明した下書用紙の使い方を早めにマスターして、効率よく文章化するコツをつかみましょう。

練習問題3

問 題

　野球の3選手、鈴木、田中、佐々木の背中に、1,2,3,4,5のいずれかの番号が記されたゼッケン（ビブス）を本人には見えないようにランダムに貼る。貼られた番号は本人には見えない。同じ番号のゼッケンはないものとする。各選手が自分以外の選手の番号を確認したのち、あなたは3選手に次のような質問をした。

　「自分の背番号が偶数か奇数かわかるひとは手を上げてください」

　誰も手を上げなかった。そこで、さらに次のような質問をした。

　「さて、自分の背番号が偶数か奇数かわかるひとはいますか？」

　また、誰も手を上げなかった。最後に次のような質問をした。

　「自分の背番号がわかるひとはいますか？」

　驚くことに全員が手を上げた。その理由をわかりやすく論理的に説明せよ。なお、3選手は頭脳明晰で論理的思考力があり、かつ誠実であるとする。また、選手同士の個別の情報交換はないものとする。

（制限時間：45分）

立教大学大学院人工知能科学研究科修士課程　2020年度

▶ 概 要

　本問を出題した立教大学大学院人工知能科学研究科は、本書が対象とするMBAではなく、人工知能やデータサイエンスを専門とする大学院です。しかし本問のように、問題文に書かれてある複数の条件を整理し推測する判断推理の問題は、東京工業大学MOT[22]や慶應義塾大学で取り上げられています。また判断推理は、基礎編で取り上げた推論と大きく関わります。MBA志望者であれば推論する力を身につけるべく、ぜひ取り組んでほしい問題です。解けるようになると面白さが増してくるので、積極的に取組みましょう。

✅ 問いを押さえる

設問文を読んで主題と問題を押さえる

　それでは、設問文を読んで主題と問題を押さえていきましょう。

　本問の主題は「背番号」という言葉が繰り返し使われていることから、野球選手の背番号に注目した話であると特定できます。さらに設問文では、3選手がわからないように背番号を貼り、質問を通じて自分に貼られた番号を特定する流れが読み取れます。これらを整理すると本問の主題は、

　　3選手の背中に貼られた番号を、与えられた情報と質問から特定する

ことだとつかめれば十分でしょう。

　次に問題の所在を整理すると、設問文・下から3行目に「<u>その理由をわかりやすく論理的に説明せよ</u>」とあるので、ここが直接の問題だとわかります。あとは「その」が何を指しているかを検討すると、直前に3選手全員が自分の背番号がわかると手を上げたとあります。しかし、3選手は自分の背番号を見ていません。しかも、自分の背番号が偶数か奇数かという質問を2回受けただけで、かつだれも手を上げていません。これらをまとめると、

　　<u>2回の質問では誰も手を上げなかったのに、3選手全員が自分の背番号がわかると手を上げた</u>理由をわかりやすく論理的に説明せよ

となります。

❶ 出題者が提供した情報を押さえる

与えられた情報を下書用紙に書き出す

　判断推理の問題は、与えられた情報をそのまま押さえることが強く求められます。情報を取り違えると、論理的に整合しない結論を導いてしまうからです。問題によっては情報から直ちに結論を導くことができるものがあります。それでも、ここでは情報を押さえることに集中してください。

　まず登場人物は、鈴木、田中、佐々木、3名の野球選手です。また、彼らは頭脳明晰で論理的思考力があり、かつ誠実であるという記述があります。3名とも、与えられた根拠をもって適切な結論を導き出せ、また嘘をつかず素直に答える選手たちだとわかります。また3人に与えられるゼッケンは、1, 2, 3, 4, 5の5つです。これらの番号を各選手本人に見えないように貼り、また自分以外の選手の背番号を確認しています。

　では、これらを下書用紙に書き留めましょう。

【図6.1】選手とゼッケン

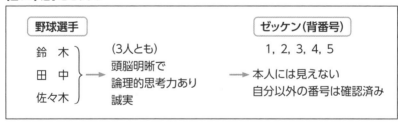

　次に、選手が受けた質問を整理しましょう。設問文の順に整理すると、【図6.2】のとおりになります。並べてみると、自分の背番号が偶数か奇数かという質問を2回受け、かつ2回とも誰も手を上げていません。3人とも誠実ですから、偶数か奇数かは実際にわかっていないのです。にもかかわらず、最後の質問で全員、自分の背番号がわかったと答えたのです。同

じ質問を繰り返しただけだから、手を上げないのは当然ではないか。同じ質問を受けただけで本当にわかるのか。さまざまな疑問が出てくるかもしれません。しかし、ここでは冷静に下書用紙に書き出しましょう。

【図6.2】質問の流れ

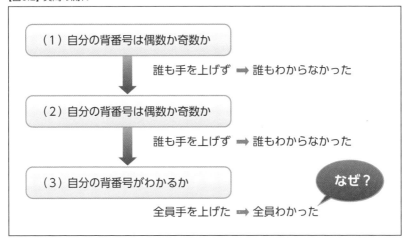

2 手元の情報から推論する

(1) 手元の情報を整理する

> 奇数と偶数の組み合わせを考える

　手元の情報はすべてそろいました。ここから手元の情報をもとに、問いに応じた解答を導き出せるよう、推論を手がけていきましょう。

　はじめに、設問文にある質問の流れから、背番号を偶数と奇数にグループ分けしましょう。奇数か偶数かが質問されているので、直接対応できる形に置き換える方がわかりやすいからです。ここで下書用紙に書きやすいよう、偶数を（ぐ）、奇数を（き）と表します。基礎編で説明したとおり、下書用紙は書いた本人がわかればよいので、略号を使うことで時間を節約することができるのです。

【図6.3】背番号の置き換え

```
2，4，    ──→    （ぐ），（ぐ）       ・・・偶数が 2 つ

1，3，5  ──→    （き），（き），（き） ・・・奇数が 3 つ
```

　では、3 人の背番号を【図6.3】で整理した偶数と奇数の構成をもとに組み合わせましょう。ここで話を進めやすくするために、鈴木選手を基準に組み合わせを整理します。設問文の指示で自分の背番号は見えず、ほかの 2 人は見えるという設定をわかりやすく示すためです。組み合わせの結果から示すと、【表6.1】のとおりになります。ここからの説明はこの表を見ながら整理するとわかりやすくなります。

　まず【図6.3】で整理した偶数と奇数の構成から 3 人に割り当てる背番号のパターンを考えると、以下の 3 つが想定できます。偶数の背番号は 2 つなので、3 人全員に割り当てることはできません。

- a.　3 人全員に奇数の背番号を貼る
- b.　1 人に偶数の背番号、2 人に奇数の背番号を貼る
- c.　2 人に偶数の背番号、1 人に奇数の背番号を貼る

【表6.1】鈴木選手から見える背番号の組み合わせ

	鈴木 見えない	田中 見える	佐々木 見える	背番号の 組み合わせ	鈴木選手の 見え方
①	（き）	（き）	（き）	全員（き）	（き）2人
②	（ぐ）	（き）	（き）	（ぐ）1人 （き）2人	
③	（き）	（ぐ）	（き）		（ぐ）1人 （き）1人
④	（き）	（き）	（ぐ）		
⑤	（ぐ）	（ぐ）	（き）	（ぐ）2人 （き）1人	
⑥	（ぐ）	（き）	（ぐ）		（ぐ）2人
⑦	（き）	（ぐ）	（ぐ）		

　想定したパターンをもとに、実際に3人の選手に背番号を割り当てましょう。3人の選手全員に奇数を割り当てる組み合わせは、①ひとつだけです。1人に偶数、ほかの2人に奇数を割り当てる組み合わせは、鈴木、田中、佐々木のいずれか1人に偶数を割り当てるので、②、③、④の3通りが考えられます。2人に偶数、ほかの1人に奇数を割り当てる組み合わせも、3人のうち1人に奇数を割り当てればよいので、⑤、⑥、⑦の3通りが成り立ちます。以上から、偶数と奇数の構成から考えられる背番号の組み合わせは、①から⑦まで7通りになります。

　さて【表6.1】を見ると、7つの組み合わせを別の基準で整理できます。それは、**鈴木選手から田中、佐々木両選手に貼られた背番号がどう見えるか**、という基準です。自分の背番号を特定するために出された質問は、自分から見えるほかの2人の選手に貼られた背番号をもとに回答します。そのため、自分から見える背番号のパターンを整理すると、質問の回答を効率的に導くことができるのです。鈴木選手から見える背番号のパターンは、

　ⅰ．2人とも奇数の背番号である
　ⅱ．1人が偶数の背番号、もう1人が奇数の背番号である
　ⅲ．2人とも偶数の背番号である

の3つになります。具体的には、ⅰに当てはまる組み合わせが①と②、ⅱに当てはまる組み合わせが③、④、⑤、⑥、最後にⅲに当てはまる組み合わせが⑦となります。

(2) 選手が受けた質問と回答から推論する

　背番号の組み合わせがそろったので、実際に3人が受けた質問と彼らが出した回答をたどりながら、3人に貼られた背番号を考えてみましょう。

1つ目の質問から推論できること

　1つ目の質問は、自分の背番号が偶数か奇数かわかるかというものです。これを【表6.1】をもとに鈴木選手の立場から考えましょう。条件を

確認すると、鈴木選手は自分の背番号はわからないのに対して、田中、佐々木両選手の背番号はわかっています。よって、2人の背番号を手がかりに自分の背番号が偶数か奇数かを推論できれば、手を上げることができたと考えられます。ここで【表6.1】から鈴木選手の見え方を確かめると、ⅲのパターン、すなわち田中選手と佐々木選手、いずれの背番号も偶数であれば、鈴木選手の背番号は奇数だと特定できます。偶数の背番号は2つしかなく、しかもその番号を2人が持っているのですから、残りはいずれも奇数だと推論できるのです。しかし、鈴木選手は手を上げませんでした。ということは、ⅲの見え方ではなかった、すなわち⑦の可能性が消えることになります。

【図6.4】1つ目の質問から推論できること

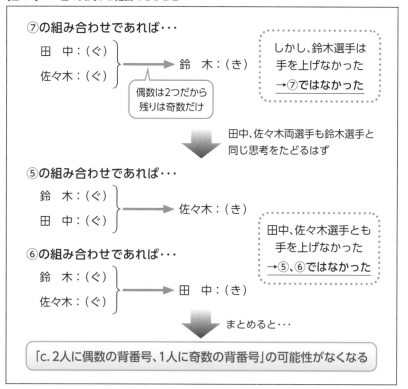

　ところで、【図6.1】で３選手はいずれも頭脳明晰で論理的思考力を持っているという情報がありました。これは、３人とも同じ情報から同じ結論を導き出すことができることを意味しています。つまり、田中選手も佐々木選手もⅲの見え方ができれば自分の背番号が奇数だと推論できるはずです。これを【表6.1】に当てはめると、佐々木選手であれば⑤、田中選手であれば⑥、それぞれの組み合わせならば、１つ目の質問で手を上げることができたと考えられます。しかし、田中選手も佐々木選手も手を上げることができませんでした。ということは、⑤と⑥も候補から外れるという結論が導き出せます。

　以上をまとめると、１つ目の質問から、⑤と⑥と⑦、すなわち３人に割り当てる背番号のパターンのうち、「**c.　２人に偶数の背番号、１人に奇数の背番号**」が割り当てられた可能性がなくなるのです。

2つ目の質問から推論できること

　それでは、２つ目の質問に進めましょう。内容は１つ目と同じく、自分の背番号が偶数か奇数かわかるかというものです。しかし、１つ目の質問と異なるものがあります。それは、３人に与えられた選択肢です。１つ目の質問を終えた後の組み合わせを【表6.2】でまとめましょう。

【表6.2】鈴木選手から見える背番号の組み合わせ（１つ目の質問終了後）

	鈴木 見えない	田中 見える	佐々木 見える	背番号の 組み合わせ	鈴木選手の 見え方
①	（き）	（き）	（き）	全員（き）	（き）２人
②	（ぐ）	（き）	（き）	（ぐ）１人 （き）２人	
③	（き）	（ぐ）	（き）		（ぐ）１人 （き）１人
④	（き）	（き）	（ぐ）		

　気づきましたか。１つ目の質問で選択肢が絞られたことによって、新たに推論できる選択肢が現れたのです。③と④、すなわち、鈴木選手から

見て**1人が偶数、1人が奇数の背番号だとわかれば、鈴木選手自身の背番号が奇数だと特定できる**のです。ここで【表6.1】に戻りましょう。1つ目の質問を受けたとき、鈴木選手から「ⅱ．1人が偶数の背番号、もう1人が奇数の背番号」と見えたとすると、③と④であれば自分の背番号が奇数となり、⑤と⑥であれば偶数となります。これだと、自分の背番号が偶数か奇数か特定できません。しかし、1つ目の質問から「c．2人に偶数の背番号、1人に奇数の背番号」である可能性が消えたという情報を得たことで、⑤と⑥が選択肢から外れました。これにより2つ目の質問を受けたときに、ⅱの見え方ができれば、選択肢が③か④に絞られるため、いずれにしても自分の背番号を奇数だと特定できるのです。しかし、鈴木選手は手を上げませんでした。ということは、③と④の可能性が消えることになります。

【図6.5】2つ目の質問から推論できること

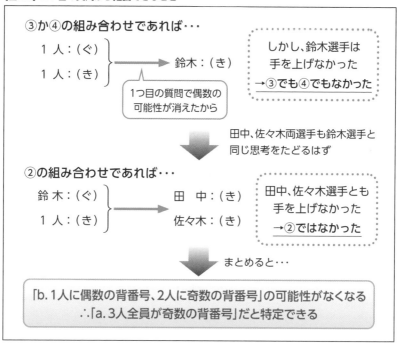

　1つ目の質問と同じように、田中、佐々木両選手も同じ思考をたどります。2人とも鈴木選手と同じ情報が得られれば同じ結論を導き出すことができます。残りの選択肢から②の組み合わせを見ると、2人とも自分の背番号が奇数だとわかります。しかし、2人とも手を上げなかったのですから、②の可能性がなくなります。以上をまとめると、2つ目の質問から、②と③と④、すなわち「**b．1人に偶数の背番号、2人に奇数の背番号**」**が割り当てられた可能性がなくなります**。1つ目の質問でc.の可能性もなくなりましたから、残った組み合わせは①、すなわち「**a．3人全員が奇数の背番号**」に絞られるのです。

3つ目の質問を検討する

　それでは3つ目の質問、すなわち自分の背番号がわかるかについて検討しましょう。ここからは具体的な番号が問われているので、もとの番号に話を戻します。用意された背番号は、1，2，3，4，5の5つです。さらに2つの質問から、割り当てられた背番号は**すべて奇数**だとわかりました。これで3人に貼られた背番号は、**1，3，5**となります。鈴木選手には2人の背番号が見えているのですから、3つの番号のうち2人に貼られた番号を除くと、**残った背番号は1つしかありません**。仮に田中選手には3、佐々木選手5の背番号が貼られていたとすれば、残りの1が鈴木選手に貼られた背番号だと特定できます。ほかの2人も同じ思考をたどることができるので、3人とも手を上げることができたのです。

　ところで、3人の選手に貼られた背番号はそれぞれ何番だったのか、気になった方がいるかもしれません。しかし本問では、具体的な番号まで推論することはできません。なぜなら、本問で推論できるのは2つの質問から得られた背番号の組み合わせ、すなわち3選手全員が奇数の背番号を与えられたことまでだからです。そもそも本問で答えるべき問題は、2回の質問では誰も手を上げなかったのに、3選手全員が自分の背番号がわかると手を上げた理由です。3選手の背番号がすべて奇数だとわかれば、問題に対する主張が得られているのです。よって、3人に貼られた具体的な番

号まで特定する必要はないのです。

(3) 推論の結果をまとめる

　最後に、推論した流れを図でまとめましょう。ここまでの説明では、推論の理解を深めるために鈴木選手の立場から流れを整理しました。ただ、この整理のまま答案をまとめようとすると、3人全員の立場を別個に説明することになり、文章量が増えてしまいます。そこで、【表6.1】で整理した背番号の組み合わせをもとに、3人に共通することをまとめ、説明に必要な分量を抑えていきます。制限時間がある中で事細かに書くことは非常に困難です。まとめて説明できることはなるべくまとめるように心がけると、採点者が理解するに足る分量に調整しやすくなります。

【図6.6】背番号を特定できた流れをまとめる

【 想定できる組み合わせ 】 a. 3人全員に奇数の背番号を貼る
　　　　　　　　　　　　　　b. 1人に偶数の背番号、2人に奇数の背番号を貼る
　　　　　　　　　　　　　　c. 2人に偶数の背番号、1人に奇数の背番号を貼る

（1）自分の背番号は偶数か奇数か

誰も手を上げず ⟹ c. ではない

∵ c. ならば3人のうち少なくとも1人から見て、2人とも偶数の背番号となり、自分が奇数だと特定できる

（2）自分の背番号は偶数か奇数か

誰も手を上げず ⟹ b. ではない

∵ b. ならば3人のうち少なくとも1人から見たとき、1人が偶数、もう1人が奇数であれば、1つ目の質問から得た結果と合わせて、自分が奇数だと特定できる

∴ 背番号の組み合わせはa. に絞られる

（3）自分の背番号がわかるか

全員手を上げた

∵ 全員の背番号が奇数だとわかったので、3つの番号からほかの2人に貼られた番号を除いた、残りの番号が自分の背番号だと結論づけられる

　本問の推論で得られたことを3人の選手がどのように考えたのかを整理してまとめたのが【図6.6】です。下書用紙でどこまで整理できたかをこの図でチェックしてください。

 論証する

1 問いに答える主張をまとめる

　推論により得られた情報をもとに、問いに答える主張や根拠をまとめましょう。推論から問題に対する答えがつかめたら、採点者が理解する形に構成を整える。これが、論証の大きな役割になります。

　改めて問いを解くステップのはじめに押さえた主題と問題を振り返りましょう。本問は、3選手の背中に貼られた番号を特定することが主題であり、2回の質問では誰も手を上げなかったのに、3選手全員が自分の背番号がわかると手を上げた理由が問題として求められました。

　この理由が主張になるのですから、推論を通じて得られた情報から主張に該当するものを探します。すると、【図6.6】で整理した3つ目の質問に答えることができた理由が、これに該当します。すなわち、

- 3人全員が2つの質問を通じて全員奇数の背番号だと知り得た
- ほかの2人に貼られた番号を除く奇数を自分の背番号だと特定できた

ことが手を上げた理由にあたります。答案の序論でこれらの理由をまとめ、問題に対する主張であることを明らかにしてください。

2 主張を支える根拠を整理する

　つづいて、先ほどの主張が妥当だとする根拠を整理します。まず【図6.6】の流れから、本問で想定できる背番号の組み合わせを列挙します。網羅的に組み合わせを示すことにより、3人が背番号を特定するためのスタートラインを明らかにします。

　次に、1つ目の質問から2人に偶数、1人に奇数の背番号が割り当て

れた可能性を消すことができたことを説明します。推論で取り上げた鈴木選手の見え方を3人に共通する事象として言葉を置き換えると、

「3人のうちいずれかから見て、ほかの2人がともに偶数の背番号が貼られていれば、自分の背番号が奇数だと特定できる。なぜなら、割り当てる背番号のうち偶数は2つだけなので、ほかの2人に偶数が貼られていれば、残りはすべて奇数だと特定できるからである」

となります。

　同じように、2つ目の質問から1人が奇数、2人が偶数の背番号が割り当てられた可能性を消すことができたことを説明します。2つ目の質問は1つ目の質問から得られた情報を受けて、新たな推論が導き出せることを明らかにしてください。同じ質問が繰り返されたとしても、得られた情報から異なる推論ができることを示すためです。

　最後に、2つの質問から得られた結論、すなわち3人の背番号がすべて奇数であることを踏まえ、最後の質問に答えられたプロセスを明らかにします。ここは主張と多少重なるところになります。ただ、主張自体はトピック・センテンスとしてまとめる必要があるため、プロセスすべてを1つの文で説明することはできません。どこまで主張に含めれば答案としてまとまるかを勘案しながら、論証を進めてください。絶対的な区切りがあるわけではないので、解答例と見比べながら、主張と根拠のバランスを考慮しましょう。推敲を繰り返すことで、答案としてわかりやすい文章が書けるようになります。

解答例

　3人の選手全員が自分の背番号がわかると手を上げた理由は、3人全員に奇数の背番号が貼られたことを質問の回答から知り得たからである。

　まず、2つの質問で3人の選手が誰も手を上げなかったことから、選手全員の背番号が奇数だと結論づけられる。そもそも、選手に貼られた背番号の組み合わせは、全員が奇数、偶数が1人で奇数が2人、偶数が2人で奇数が1人、の3つが考えられる。1つ目の質問で2人に偶数の背番号が貼られていれば、少なくとも1人はその事実を確認することにより自分の背番号が奇数だとわかる。しかし、誰も手を上げなかったことから、2人に偶数の背番号が貼られた可能性はなくなる。さらに2つ目の質問で、ある選手から見て1人が偶数、1人が奇数だとわかれば、偶数の背番号が2人に貼られた可能性が消えたため、自分の背番号が奇数だとわかる。しかし、ここでも誰も手を上げなかったことから、偶数の背番号が1人だけという可能性もなくなる。よって2つの質問の回答から、3人全員が奇数の背番号であると結論づけられる。

　次に、全員の背番号が奇数だとわかれば、自分の背番号が何番かを特定することができる。本問で示された背番号のうち、奇数は1、3、5の3つである。各選手は自分以外の2人の背番号を確認できるため、3つのうち2つの番号を特定できる。そして、残った1つの背番号が自分のものだと特定できることから、最後の質問で選手全員が手を上げたと考えられるのである。

　以上が、本問における解答である。

22）MOTとは"Management of Technology"の略で、技術経営と訳されます。主として製造業を対象に、技術を生かしたマネジメント手法を経営学の見地から体系化することを目指すビジネススクールです。

実践編

タイプ1 知識問題

傾向と対策

① 知識問題の特徴と主な出題校

(1) 知識問題とは

　ビジネススクールの筆記試験における知識問題とは、経営学に関する理論や概念が知識として身についているかを問う問題をいいます。

　一般に大学院は、学部レベルの知識を前提に、より高度な専門性を身につけるところです。従って大学院の筆記試験では、学部レベルの知識を備えているかを確かめるため、知識問題が多く採用されています。これに対して、ビジネススクールでは主に社会人に対してビジネスリーダーとして必要な能力を身につけることを目標としています。そのため、知識問題を取り上げるビジネススクールはそこまで多くありません。

　ただしビジネススクールの入学試験では、研究計画書などほかの形式で経営学の理解が求められます。従って、入学試験全体の対策として知識問題に対応できるだけの理解力は備えておきましょう。

(2) 主な出題校

　知識問題を毎年出題するビジネススクールには、東京都立大学や京都大学 (一般選抜)、横浜国立大学などがあります。また神戸大学では、課題文や図表・グラフを分析するときに、経営学の知識を活用することで問題が解きやすくなることが多いです。従って、これらのビジネススクールを受験する場合は知識問題の対策を重点的に行うことが求められます。

　一方、筑波大学や早稲田大学・夜間主プロフェッショナル（マネジメント専修）では、研究計画書を作成するに当たり、関心がある研究テーマに沿って経営学の知識を押さえる必要があります。詳細は拙編著『新版 国内MBA受験のための研究計画書の書き方』で説明しているので、対策に役立ててください。

❷ 暗記だけに頼らない

　知識問題への対策として強調したいのが、**経営学の理論や概念を暗記す
るだけで終わらせない**ことです。たしかに知識問題は、何も知らなければ
太刀打ちできないのが事実です。知識問題を解く下地として、理論や概念
の定義は覚えておく必要があります。本書に収録している「MBAキーワー
ド」では、知識問題で頻出する理論や概念を整理しているので、それらの
理解に役立ててください。

　しかしビジネススクールの知識問題は、理論や概念を丸暗記すれば十分
というほど甘くありません。理論や概念が説明できるだけでなく、出題さ
れた事例に当てはめて解く問題も出題されます。過去には、イノベーター
のジレンマ[23]で取り上げられたメカニズムを事例に当てはめ、ある製品の
需要が別の製品に奪われる状況をグラフ化することを求める出題がありま
した。理論や概念の説明ができるだけでなく、それらを応用できる練習も
進めてください。

❸ 細かな知識は追わない

　次に対策のポイントとして挙げたいのが、**完璧主義は禁物だ**ということ
です。知識問題では、学部レベルではあまり取り上げられない細かい知識
が問われることもあります。これらは受験生のほとんどが知らないため、
没問扱い、すなわち合否に影響しないことがほとんどです。ちなみに、細
かい知識が問われたときは、知り得ることを埋めれば十分です。

　知識問題に対応するために優先すべきは、学部レベルの知識を正確に押
さえることです。確実に得点できるだけの知識を身につけることが、合格
の必須条件となります。学部レベルの知識を押さえる方法として、

- 学部で使用されるテキスト（経営学の入門書）を読む
- 予備校を活用して出題実績の多い知識を習得する

ことが考えられます。公認会計士や中小企業診断士など、資格試験の学習
で使用した経営学のテキストを活用するのも一手です。また、国内ビジネ

ススクールの受験対策を手がける予備校では、過去問の研究を通じて出題頻度の高い経営学の理論や概念を優先して習得するカリキュラムが組まれています。効率的に知識を得る手段として活用するとよいでしょう。

　もうひとつ、**入学試験は総合得点の勝負**であることを忘れないでください。知識問題を取り上げる学校でいえば、東京都立大学では研究計画書と面接、京都大学ではTOEICやTOEFLなど英語の外部検定試験の成績と小論文試験が、それぞれ試験科目に含まれています。すべての科目に対し、バランスよく対策を進めて合格を目指しましょう。

❹ アウトプットを心がける

　対策のポイントとして最後に取り上げるのが、**アウトプットを活用する**ことです。知識を定着させる方法として、単語カードやサブノートを丁寧に作成し、それらを繰り返し見返す方法を思い浮かべるかもしれません。しかし、これらの方法は学習時間が限られている社会人には、あまり効率的な方法とはいえません。

　むしろ、市販されている経営学の入門書や、予備校で使われているテキストに掲載されている理論や概念の説明を、なるべく正確にアウトプットすることを繰り返してください。アウトプットを繰り返し行うことで、インプットの成果を端的に把握することができるだけでなく、インプットという行為そのものを刺激し、知識の定着がはかどります。

　アウトプットの方法としてお勧めするのが、**レポート用紙などを使って理論や概念の説明を書いてみる**ことです。筆記試験は言うまでもなく書いて答えます。筆記試験になるべく近い方法でアウトプットを試みることで、試験本番で正確に知識を引き出す実力が身につきます。説明を書くときは、丁寧にまとめる必要はありません。走り書きで書いても、箇条書きでポイントだけを書いてもかまいません。

　一通り書いた後で、入門書やテキストを見返してフィードバックを行いましょう。もし説明の一部が抜けているときや間違いがあったときは、該当する箇所にミスがあったことを入門書やテキストに履歴として残してく

ださい。知識問題の勉強を効率的に進めるコツは、直前期に見返す量を減らすことです。重ねてミスした箇所を集中して見返すことで、試験本番に対応できる状態を作り上げましょう。

　インプットとアウトプットを繰り返して基本的な知識を確実に習得すること、これが知識問題を制する最善の対策となります。

23）イノベーターのジレンマの説明は、Appendix「MBAキーワード」を参照してください。

問題 1

神戸大学大学院経営学研究科

記事を読んだ上で次の問いに答えてください。

日本企業が抱えてきた女性労働力の活用問題は解消されたと考えていいでしょうか？　600字以内で自分の考えを述べてください。

(制限時間：60分)

M字カーブ、「谷」緩やかに、30〜40代女性の離職に歯止め、育児環境が改善、働き方多様に

(2017/9/9　日本経済新聞・朝刊　図表は省略している)

女性の就労が増えている。労働力としてみなされる女性の割合を示すグラフをみると、30〜40歳代の部分が顕著に落ち込む「M字カーブ」と呼ばれる特徴が薄れ、米国や欧州各国などに似通ってきた。育児休業など企業側の制度整備が進んだことや働く意欲を持つ人が増えたことが大きいが、待機児童の解消はなお道半ばだ。働きやすさと労働の質を高めるさらなる工夫がいる。

デイサービス (通所介護) 大手のツクイは従業員の75％が女性だ。働き手の確保のため介護施設内に託児所を設け、0〜2歳児の子供が5人いる。ある従業員は「休憩時間をつかって子供の様子を見に行けるので安心」と語った。

総務省の7月の調査によると15〜64歳人口に占める女性の労働力の割合 (労働力率) は69.7％で、働く女性は着実に増えてきた。年代別ではM字の谷に相当する35〜44歳の労働力率が前年同月比0.7ポイント増の75.3％。10年前の2007年7月と比べると全ての年代で上昇し、全体的に底上げされている。

米欧に近づく

15年時点では米国や英国、北欧地域とは大きく異なるカーブを描いていた日本。近年は米欧とほぼ遜色のない形に近づいており、女性の労働市場は歴史的な構造変化を遂げつつある。

　女性の就労が加速した最大の理由は、企業が離職防止に取り組んでき
たことだ。女性の育休取得率はやや低下傾向にあるとはいえ8割超で推
移している。育休中の生活を支える政府の育児休業給付金の受給件数は、
06年度の13万件から16年度の32万7千件へと2倍以上に増えた。

　高齢化で15〜64歳の生産年齢人口はこの10年で700万人以上も減っ
た。その一方で実際に働いている労働力人口をみると同じ時期におよそ
50万人増えた。女性だけに限れば約200万人増え、M字の底を押し上げ
るのに大きく貢献したことがわかる。働き口も高齢化でニーズの強まる
医療・福祉業など裾野が大きく広がっている。

　大和総研の鈴木準政策調査部長は25〜44歳女性の就業率について「こ
のままのペースで伸びれば22年には80％に到達する」と話す。国立社
会保障・人口問題研究所の試算をもとに計算すると22年に25〜44歳女
性の就業者数は16年と比べて200万人以上減る見通しだが、就業率が
80％に上がることで減少幅は46万人で済む。政策努力などでさらに
この比率を高めることができれば、減少を食い止めることができるかもし
れない。

　もっとも楽観的な見方を戒める声も目立つ。第一生命経済研究所の柵
山順子氏は「M字カーブの完全解消には保育所不足などがハードルにな
るだろう」と分析する。

　ここ数年で女性の就労が政府の想定以上のテンポで進み、待機児童は
減るどころか2万6千人強に膨らんだ。政府は22万人の保育枠を追加整
備する方針だが、都市部の整備が遅れるミスマッチを解消するのはやさ
しくない。

賃金は伸び鈍く

　生産年齢人口の急激な減少が進む中で女性の就労をさらに後押しする
には企業の一段の取り組みも重要だ。オリックスは配偶者の転勤で現在
の勤務地で仕事が続けられない場合、勤務エリアを変更できる制度を昨
年3月に導入。配偶者の転勤で退職を選ぶ社員も多かったが「キャリア
を途中で諦めなくてすむので好評だ」(同社)。ユニ・チャームは全社員を
対象に在宅勤務を導入。ネスレ日本は昨年に在宅勤務の制約を緩和し、

上司の許可があれば理由に関係なく会社以外で勤務できるようにした。

　経済成長の土台を確かなものにするにはM字カーブを解消し、労働力を底上げするのは理想的な方向だ。とはいえ夫の収入が低迷するなどしてやむを得ずパートなどで働きに出る女性もまだ多く、賃金の伸びは鈍い。

　さらに女性の就労を後押しするには育児休業などの整備を加速させるのはもちろん、生産性向上と賃上げなどで働き手に報いる努力が必要だ。離職者向けの再就職支援、学び直しの機会の提供など、様々な手立てを講じることも欠かせない。

（矢崎日子、潟山美穂）

▼M字カーブ

　日本の15歳以上の人口のうち、働いている人と現在は働いていないが仕事を探している人（失業者）の合計が労働力人口だ。人口に占めるこの割合（労働力率）を年齢別につないでカーブを描くと、中央の30〜40歳代がくぼんでちょうどアルファベットのMのように見えることから「M字カーブ」と呼ばれる。30歳代の女性の労働参加が旺盛な米欧のカーブは日本のようなくぼみがない「台形」だったり、もしくは上に膨らんで「山なり」になっている国もある。

神戸大学大学院経営学研究科専門職学位課程　2018年度

▶ 概 要

　練習問題2に続き、人的資源管理に関する筆記問題を解いていきます。人的資源管理の問題は日常的な問題として、マスコミなどでもよく取り上げられることから、筆記問題でも多く扱われています。例えば、本問と同じ女性の活躍推進に関する問題が筑波大学（2016年度）で、働き方改革に関する問題が小樽商科大学（2019年度）で、有効求人倍率と賃金の関係に関する問題が早稲田大学（2019年度）でそれぞれ取り上げられています。

　人的資源管理はビジネスの現場で盛んに議論されていることから、ビジネススクールでは受験生が人的資源管理に関する知識があることを想定して出題する傾向にあります。普段から新聞や書籍、雑誌などに触れ、人的資源管理に関わる知識を正確に押さえましょう。

▶ 解説

1　問いを押さえる

今回問題として与えられている論点は、

日本企業が抱えてきた女性労働力の活用問題は解消されたと考えてよいか

ということです。この設問文から、日本企業における女性労働力の活用が
主題になることがうかがえます。後に続く課題文の見出しに、女性の離職
に歯止めがかかっていることが示されていることからも、女性労働力に焦
点を当てていることがわかります。

　では、ここでいう労働力とは何を意味するでしょうか。基礎編Part1
「Ⅰ.3.単語を読み取る」で説明したとおり、労働力は本問を答えるため
の重要な語句、すなわちキーワードに当たるため、その定義を押さえる必
要があります。課題文の最後にあるM字カーブの説明で労働力人口に関す
る説明があり、ここにある記述、すなわち「働いている人と現在は働いて
いないが仕事を探している人（失業者）の合計」が定義となります。言い換
えると、仕事をする意志がある人が労働力に含まれることになります。課
題文のベースになっている総務省統計局の労働力調査では、我が国におけ
る15歳以上の人口を【図7.1】のとおり分類しています。ここからの説明
は細かく覚える必要はなく、労働力という言葉のイメージを理解できれば
大丈夫です。

【図7.1】労働力人口

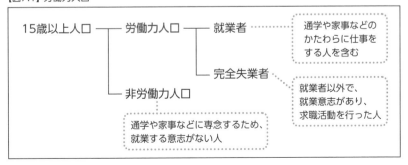

まず就業者には，収入を伴う仕事を少しでもした者が含まれます。また病気や休暇などで仕事をしなかった雇用者、例えば育児休暇や介護休暇を得て職場から給料・賃金をもらっている場合も就業者として集計されます。さらに、学生がアルバイトをした場合や主婦がパートをした場合もこの就業者に含まれます。このように労働力調査では、仕事に就いているという状況があれば就業者として集計されることになります。

　一方、完全失業者は就業者とならなかった人で、求職活動をしていて、かつ仕事があればすぐ就くことができる人をいいます。そして就業者と完全失業者を合わせたもの、すなわち、働いている人と現在は働いていないが仕事を探している人の合計が労働力人口となるのです。

　この定義から、労働力人口に含まれない人、すなわち非労働力人口とは、通学や家事などに専念するため就業する意志がない人が該当します。学業、もしくは家事に専念したいという理由で仕事に就かないと考えている人たちが非労働力人口として集計されるのです。

2　情報を引き出す ― 課題文を読む

(1) 課題文の構成を図示する

　問いの整理ができたので、課題文の内容を押さえて問いを解く情報を集めましょう。練習問題1でパラグラフ・リーディングなど課題文の読み方を説明しました。ここでは、課題文の構成図（【図7.2】）をもとに、課題文の要となる筆者の主張や根拠を整理します。なお、図中の番号は課題文のパラグラフ（段落）順に付しています。

【図7.2】課題文の構成図

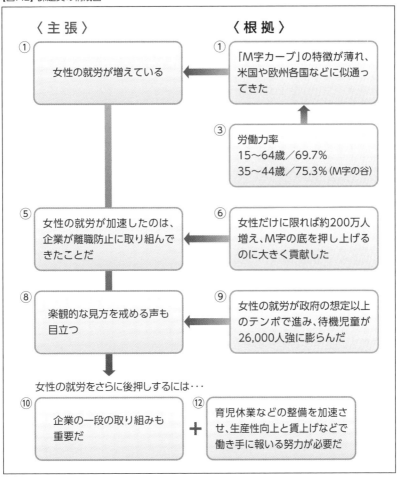

〈 主 張 〉　　　　　　　　　〈 根 拠 〉

① 女性の就労が増えている　　　① 「M字カーブ」の特徴が薄れ、米国や欧州各国などに似通ってきた

③ 労働力率
15〜64歳／69.7%
35〜44歳／75.3%（M字の谷）

⑤ 女性の就労が加速したのは、企業が離職防止に取り組んできたことだ　　　⑥ 女性だけに限れば約200万人増え、M字の底を押し上げるのに大きく貢献した

⑧ 楽観的な見方を戒める声も目立つ　　　⑨ 女性の就労が政府の想定以上のテンポで進み、待機児童が26,000人強に膨らんだ

女性の就労をさらに後押しするには…

⑩ 企業の一段の取り組みも重要だ　　　＋　　　⑫ 育児休業などの整備を加速させ、生産性向上と賃上げなどで働き手に報いる努力が必要だ

　第1パラグラフから第4パラグラフでは、課題文の主題となる女性労働力を考えるきっかけとして、女性の就労が増えていることを主張として掲げています。その根拠として、まず30〜40歳代の部分が顕著に落ち込むM字カーブと呼ばれる特徴が薄れていることを挙げています。第3パラグラフではM字の谷に相当する35〜44歳の労働力率をもとに、この根拠を裏づけています。

(2) M字カーブとは何か

　ここで、M字カーブという用語が出てきたので内容を整理しましょう。M字カーブは、人口全体に占める労働力人口の割合、すなわち労働力率を年齢別につないでグラフ化したときに現われる特徴のことです。女性の労働力率は、結婚・出産期にあたる年代に一旦低下し、育児が落ち着いた時期に再び上昇するという、いわゆるM字カーブを描くことが知られています。課題文ではM字カーブのグラフが提示されていないため、課題文と同時期に公表された「男女共同参画白書」にあるグラフで確認しましょう。

　【図7.3】は、女性の労働力率を20年ごとにまとめたグラフです。昭和52（1977）年のグラフを見ると、明確にM字カーブが描かれていることがわかります。20代前半には7割近くの女性が働きに出ていたのが、20代後半になると46.0%、30代前半で46.2%と人口の半分以下に落ち込みます。その後は徐々に上昇したのち、40代後半をピークに減少に転じます。当時は、終身雇用や年功制、企業別労働組合といった日本的経営と呼ばれる雇用慣行が企業内に定着していました。ただ、その恩恵を受けていたのは大学を卒業した男性に限定されていました。男女間で雇用格差が設けられていたのが、いわば当たり前の時代でした。

　1979年、雇用などの場面で男女の均等な機会・待遇を確保するため、国際連合で女性差別撤廃条約が採択されました。これを受けて、日本でも条約を批准するための条件を整備するため、1985年に男女雇用機会均等法が制定されました。ここから、日本企業において男女間の格差是正が取り組まれるようになったのです。ここから、平成9（1997）年、平成29（2017）年と、M字の谷に相当する年代のカーブが緩くなっていることが読み取れます。ちなみに労働力率の最も低い年代が右にずれているのは、晩婚化が進んでいるためです。結婚する年代が上がるのに従い、出産や育児に関わる時期も遅くなったということになります。

【図7.3】M字カーブ

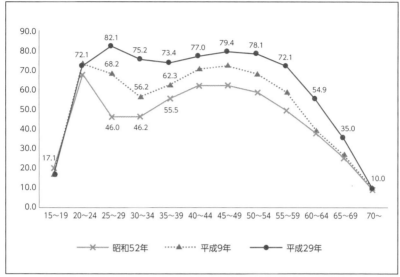

(出典) 内閣府 (2018)「男女共同参画白書 平成30年版」より一部加筆

(3) 欧米諸国と比較する

　さて、課題文では労働力率の推移が米国や欧州各国などに似通ってきた
ことも挙げています。【図7.4】で確かめておきましょう。このグラフは、
平成29 (2017) 年における日本、ドイツ、米国における年代別の女性労働力
率です。日本は他の2カ国に比べるとM字の谷が残っているものの、労働
力率そのものは遜色のない状況にあることがわかります。

　このように、普段からこれらの用語やグラフに馴染んでおくと問題を解
くときの負担を軽減できます。ビジネスにまつわる話題には普段から触れ
ておくとよいでしょう。

【図7.4】各国別女性の年齢階級別労働力率

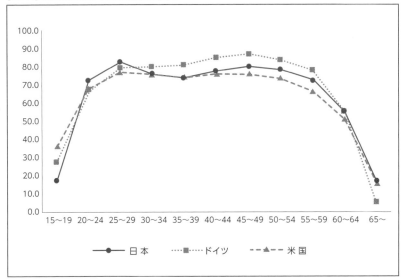

（出典）内閣府（2018）「男女共同参画白書 平成30年版」より一部加筆

(4) 女性の就労が増えた理由と課題

　第5パラグラフから第7パラグラフは、第1パラグラフで掲げた女性の就労が増えている理由を整理しています。課題文では、企業による離職防止策が功を奏していることを主張に掲げています。その根拠として、高齢化による生産人口の減少を背景に、政府による施策も相まって育児休暇の取得が順調に推移していることがまとめられています。

　他方、第8パラグラフではこの状況を楽観視することはできないとし、次の第9パラグラフで待機児童の増加を根拠として取り上げています。すなわち、ここで女性の就労が順調に増えるとは限らないと牽制しているのです。これを踏まえ、第10パラグラフ以降は女性の就労を推し進めるために、さらなる企業努力が必要だと主張して締めくくっています。

　改めて整理すると、課題文は女性の就労が増加していることを取り上げ企業側の取組みを評価しつつも、現在の課題を提起してさらなる企業努力を求める構図になっています。

3　答えを論証する

(1) 課題文から考えをまとめる

　本問は、日本企業が抱えてきた女性労働力の活用問題は解消されたと考えてよいか、という見解に対する考えをまとめることが求められています。課題文の整理を踏まえると、女性労働力の活用問題が解消されたとは言い難いという見解にたどり着けます。

　一番わかりやすい理由で言えば、たしかに労働力率が改善したことは事実としても、M字カーブが完全に解消されたとまではいえないことです。その理由のひとつに課題文にある待機児童の増加が挙げられます。そもそも育児休暇は従業員が育児に専念する機会を確保するためのもので、対象となる子供が1歳を迎えるまでの期間を対象としています。しかし、子供が1歳になれば育児から解放されるわけではありません。そこで、その従業員が働きに出る間は誰かに育児を託す必要があります。その受け皿のひとつが保育園です。しかし保育園にも収容する能力には限界があるため、それを上回る需要が生じた場合には保育園の入所ができないことになります。保育園への入所を希望しているのに実現できない児童が待機児童となります。待機児童を持つ母親は育児を担うことになるため、職場に復帰することが困難となり、労働力率の低下につながるのです。以上を踏まえると、育児と仕事の両立をいかに成り立たせるかが女性労働力の活用に不可欠であることを論証することが、本問を解く手立てのひとつになります。

　解答例ではさらに、男性への育児参加も取り上げています。最近ではイクメンとも呼ばれる考え方で、パートナーである女性側に偏りがちな育児や家事の負担を夫婦で分かち合うことで、女性の継続就業の促進につなげようという取組みです。余談になりますが、筆者の後輩でイクメンの普及に向けて自らNPO法人を立ち上げた方がいます。彼は、公認会計士として忙しい日々を過ごす中で少しでも子供との接点を増やすべく、当時勤務していた監査法人で男性の育児休暇取得を実現しました。監査法人を退職した後は、自らの経験を踏まえ各地で講演活動などを行い、イクメンの普及に貢献しています。

話が少しそれましたが、解答例のように女性労働力の活用問題が解消されたか否かという論点を外さない形で昨今の話題を取り上げることは、答案の説得力を高めるのに役立ちます。ぜひ参考にしてください。

(2) 問題を掘り下げる

　ここからは問題を掘り下げながら、答えを考えていきましょう。

　労働力の意味は、労働力人口、すなわち就業者と完全失業者の合計に変わりありません。課題文では労働力を増やすことに注目して議論されていました。これに対して、問題文にある**活用する**とはどういう意味なのかは、改めて検討する必要があります。

　労働力を増やすことと活用することは、同じ意味と考えてよいでしょうか。そもそも活用とは、「活かして用いること。効果のあるように利用すること（岩波書店『広辞苑　第六版』）」です。職務の内容がその人の実力に見合わないものであれば、活用しているとは言い難いことになります。

　日本企業では、出産や育児に伴い職場を離れた女性従業員にとって、もとの職務に復帰するハードルが高いという課題が多く取り上げられています。職場に戻れたとしても、継続して職務経験を積んだ人とのギャップを埋めることができなければ、女性労働力を実質的に活用できたとまでは言い切れません。

　それを裏づけるデータが「男女共同参画白書」で取り上げられています。【図7.5】は男女間で所定内給与の格差がどのように推移したかをまとめたグラフです。ここで所定内給与とは、雇用統計で用いられる概念で、雇用契約や就業規則などに基づき支給される給与から、時間外労働に対する給与を除いた分の金額をいいます。

　【図7.5】によると、男性正社員・正職員の所定内給与の水準を100とした場合、女性正社員・正職員に支給される所定内給与の水準は、令和2（2020）年で76.8となります。たしかに過年度と比較すると格差は縮小傾向にあるものの、女性の給与水準が男性の約77％に留まることは依然として格差があると考えざるを得ません。

【図7.5】男女間所定内給与格差の推移

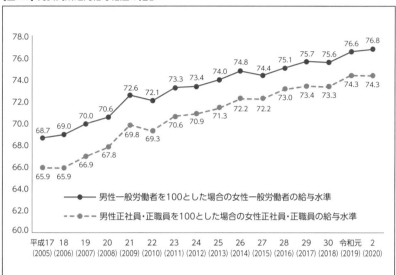

(出典) 内閣府(2021)「男女共同参画白書 令和3年版」より一部加筆

　男女間で給与格差が生じている理由のひとつに、女性の管理職としての登用が少ないことが挙げられます。【図7.6】は各国別に就業者、および管理的職業従事者(管理職)に占める女性の割合をまとめたグラフです。就業者が各国と比較して遜色ない数値になっていることは、課題文で議論した女性の就業が増えていることと整合しています。他方、管理職に占める女性の割合を見ると、他国と比べ低いことがわかります。この比率を見ると、日本企業が女性労働力を十分に活用できているか、検討すべき余地があるといえます。

　ちなみに、育児に取り組む女性の職場復帰について、課題文では直接には言及していないものの、それに近いことが書かれています。それは、最終パラグラフにある離職者向けの再就職支援や学び直しの機会の提供といった提言です。あくまで推測ではあるものの、職場を離れた女性がそのハンデを乗り切って企業内外で活躍する人材になることが、女性労働力の活用につながるという考えを読み取ることができます。

【図7.6】就業者及び管理的職業従事者に占める女性の割合（国際比較）

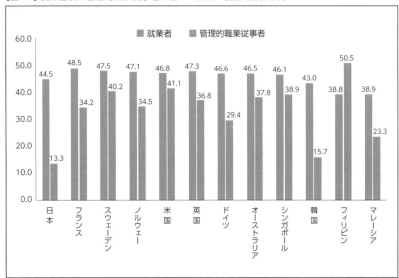

（出典）内閣府（2021）「男女共同参画白書 令和3年版」より一部加筆

（3）控えるべき解答

　ここまでいくつかのデータを取り上げながら、考えを組み立てる流れを説明しました。一方で、筆記試験で控えるべき答え方があります。本問で特に気をつけたいのが、自分の経験を長々と書いてしまうことです。

● 日本企業が抱えてきた女性労働力の活用問題について、私は解消されていないと考える。これは私が育児から手を離れたときの復職活動で実感したことである。…

　筆記試験の解答で自分の経験を取り上げるのは、2つの点で控えるべきです。まず、小論文が求める文体から遠のいてしまうことです。基礎編Part1「Ⅳ.2.文体を整える」で述べたとおり、小論文は個人の価値観を前面に打ち出すには適していません。経験は個人の価値観による評価に偏りがちなので、小論文のスタンスを外す恐れがあります。もうひとつは、事例は直接の根拠にならないことです。基礎編Part2「Ⅶ.3.論証を阻む要因

を押さえる」で説明した、すべての事例は1回限りという特質を伴うことに関わります。経験も事例のひとつですから、経験したことがどの人にも当てはまるとは限らないのです。

　ちなみに、本文の解説で取り上げたM字カーブなどの統計資料が根拠として活用できるのは、不特定多数のデータをもとに分析しているからです。なるべく多くのデータを用いることで、一般的に当てはめやすい根拠を導き出しているのです。

解答例

　日本企業が抱えてきた女性労働力の活用問題について、私は解消されていないと考える。

　まず、育児に係る負担など女性にとって就業の足かせとなるものを完全に取り除く必要がある。日本では、家庭内における育児の負担が女性に偏る傾向が根強い。課題文では、女性の就労が進むにつれて保育所が不足することにより、待機児童が増加しているとある。しかし、保育所を増設するには資金面や人員面に限界がある。さらに、女性に対する育児休暇を増やしても、かえって仕事に復帰する時期が遅れるため、就労機会を失うリスクがある。そのため、男性が育児に参加することを促し家庭内での育児負担を軽減することも、女性の就労機会を増やすのに不可欠であると考える。

　次に、女性が担う職務の内容にも目を向ける必要がある。課題文では女性が就労する機会を得ているかに注目している。しかし、女性労働力の活用を検討するには、女性がその能力に見合った職務を継続して担っているかも重要となる。女性の大学進学率が増える中、正社員として雇用され職務を経験した女性が、家庭の事情で退職、または出産・育児休暇を取得した後にもとの職務に戻ることが困難であると指摘されている。女性が持つ能力に応じた職務に復帰できる手立てを講じることも、日本企業で女性労働力を活用するために不可欠であると考える。

　以上が、日本企業が抱えてきた女性労働力の活用問題に関する私の考えである。

（592字）

問題2
横浜国立大学大学院国際社会科学府経営学専攻

ケース:

　A社はスーパーマーケット、コンビニエンスストア、キオスクなどの小売業で販売されている菓子を製造する菓子メーカーである。約100年前に前社長の曽祖父が創業し、創業以来本社と工場は九州に位置している。A社は主力のキャラメル以外にもキャンディ、アイスなども販売している。本社周辺地域では大手企業と位置づけられており、売上や利益に大きな伸びはないが、安定した経営を実現している。

　A社は昨年度の株主総会で前社長が退任し、新社長が就任した。当初、同社に勤務する前社長の長男が社長に就任する計画もあったが、若年であることを理由に、将来的な長男への禅譲を前提に金融機関に勤務していた前社長の弟が中継ぎとして新社長に着任した。

　新社長は就任後、"コストカッター"として人件費・経費の削減に着手している。その一環として同社内のマーケティング・リサーチ部も大幅な人員と予算の削減を求められている。新社長は「iMac、iPod、iPhone、iPadなどの世界的なヒット商品を開発し、大成功を収めたスティーブ・ジョブズは『Appleではマーケティング・リサーチはしない』と発言している。ビジネスの成功にリサーチは不要だ。」という主張を繰り返し、実質的には廃部に近いコスト削減を同部部長に求めている。

　なおマーケティング・リサーチ部は1980年代に創部された社長直属の部署である。従来は、開発部門が行う新製品開発に協力し、消費者調査の設計、及び調査結果の分析を主な業務としてきた。近年は営業部門の求めに応じて、小売業から提供されたPOSデータを分析し、小売業への棚割提案、販促提案をサポートする業務が加わりつつあった。

問題:

　A社の新社長は「iMac、iPod、iPhone、iPadなどの世界的なヒット商品を開発し、大成功を収めたスティーブ・ジョブズは『Appleではマーケティング・リサーチはしない』と発言している。ビジネスの成功にリサー

チは不要だ。」という主張によりマーケティング・リサーチ部の実質的な
廃部を目指している。この主張に対して、A社のマーケティング・リサー
チ部長の立場から反論せよ。ただし、反論の根拠を3つ挙げること。

（制限時間：45分）

横浜国立大学大学院国際社会科学府経営学専攻（博士課程前期）社会人専修コース演習B　2015年度

▶ 概 要

　横浜国立大学の入学試験では、毎年度設定される2種類の演習テーマを
選択した上で、それに沿った研究計画を組み立てることが求められます。
筆記試験でも演習テーマに即して出題されます。本問は「価値共創のため
の戦略的マーケティング・データ分析」と題する演習テーマに基づき、確
率・統計分野の問題と合わせて90分で解く形式で出題されました。ここで
は、マーケティングとは何かという基本的な理解が問われています。マー
ケティングはとかく派手な宣伝戦略などに目が向き、その本質を見落とし
がちです。本問を通じてマーケティングの意義を押さえましょう。

　出題形式は、ビジネスの現場で起こった出来事から課題を解決する方法
を提示するケース問題です。ケース問題はコンサルティング企業の面接試
験で多く採用されている形式で、ビジネススクールの筆記試験でも選ばれ
る傾向にあります。過去に出題されたケース問題には以下のようなものが
あります。

● ベンチャー企業に勤めるエンジニアが社長に選任されたものの売上が
　前年を下回ったことで戦略の練り直しを迫られる
　（東京工業大学・2020年度）
● MBAで学ぶ社会人が、自らを批判した相手の悪口をついSNSにぶつけ
　てしまう現状を振り返り、嫌われる勇気を持つべきとするビジネスリー
　ダーの資質を欠いているのではと悩み、皆さんがその相談に応じる
　（県立広島大学・2018年度）

▶ 解 説

1 　問いを押さえる

　本問はケースと問題が分けられているので、問題の特定が比較的容易に行えます。問題文から確認できることは、

　　A社の新社長の主張に対し、マーケティング・リサーチ部長の立場から反論する

ということです。新社長の主張も問題文に明記されていて、スティーブ・ジョブズの発言を根拠としてビジネスの成功にリサーチは不要であると考えていることがわかります。目的はマーケティング・リサーチ部の実質的な廃部とあり、当該部長にとって死活問題といえます。

　そのほか注目すべきは、解答作成に当たる指示です。ただし書きで、反論の根拠を3つ挙げることが求められています。マーケティング・リサーチ部長の立場からの反論を想定すると、A社にとってマーケティング・リサーチは必要だと主張し、マーケティング・リサーチ部の廃止を止めさせることが考えられます。その根拠を3つ用意することが本問を答える要件になるわけです。

　問題文の整理から、ケースの主題はA社におけるマーケティング・リサーチの意義、または存続の可否などと捉えられれば、問いを押さえる目的は達したといえます。

2 　情報を引き出す ― ケースを読む

　提示されたケースでは、A社にまつわる事項が大きく3つ取り上げられています。各々について、情報を整理していきましょう。

- A社の業種や規模などの経営環境
- A社の経営者が交代した経緯と主張
- A社のマーケティング・リサーチ部の現状

(1) A社の経営環境

　まずA社の業種や規模、業績など、経営環境に関する情報を集めましょう。ケースの第1パラグラフを中心に説明があるため、これらの情報を整理します。【図8.1】のように、図表を書くとわかりやすくなります。

【図8.1】A社の経営環境

　A社は九州に本社を構える菓子メーカーで、主力のキャラメルをはじめ、キャンディやアイスなどをスーパーマーケットやコンビニエンスストア、キオスクなど小売店に販売しています。キオスクは駅構内にある売店の名称のひとつで、ここでは駅の売店だとわかれば十分です。

　なお、販売先にあたる小売業がどの地域に属しているかは明記されていません。A社が本社周辺地域、すなわち九州では大手企業と書かれているからといって、販売先まで九州に限定されるわけではありません。くれぐれも早合点しないでください。

(2) A社の経営者が交代した経緯と主張

　次に、昨年度行われたA社の株主総会で就任した新社長のプロフィールを整理します。

　ケースによると、前社長の長男がA社に勤務していて経営者として事業を承継することが想定されていたものの、年齢が若いことを理由に前社長の弟が中継ぎとして社長職に就いたと説明されています(【図8.2】)。

　その新社長が"コストカッター"として着手しているのが、人件費や経費の削減です。特に本問で中心となる論点が、マーケティング・リサーチ部における大幅な人員と予算の削減です。

【図8.2】A社で新社長が就任した経緯

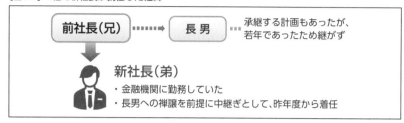

では、なぜ実質的に廃部に近いコスト削減をマーケティング・リサーチ部に求めているのか。その拠り所となる主張が、ビジネスの成功にリサーチは不要だというものです。そして、その主張を支える根拠がスティーブ・ジョブズの発言です。スティーブ・ジョブズが率いていたAppleでは、iMacやiPod、iPhone、iPadなどの世界的なヒット商品を開発する中で、同社がマーケティング・リサーチはしないことに注目しているのです。

【図8.3】新社長がマーケティング・リサーチ部に迫る理由

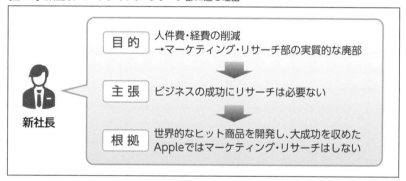

(3) A社のマーケティング・リサーチ部の現状

　最後に、実質的な廃部の対象となっているマーケティング・リサーチ部の現状を整理します。立ち上げ当初は開発部門が行う新製品開発に協力すべく、消費者調査の設計や結果の分析を担ってきました。さらに近年は、営業部門の求めに応じて顧客となる小売業から提供されたPOSデータを分析し、小売業に対して棚割や販売促進の提案を行う業務も加わりつつあることがわかります。

【図8.4】マーケティング・リサーチ部の業務

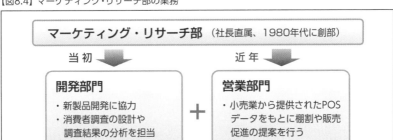

3　答えを論証する

(1) 新社長の意見を評価する

　本問で求められているのは、新社長の主張に対する反論です。反論を考えるときに参考となるのは、基礎編Part2「Ⅱ.6.意見問題の捉え方」で説明した、提示された意見に対する賛否の表明です。

　意見は根拠を踏まえて主張することですから、相手の意見に反対するのであれば、反対するための根拠をそろえる必要があります。この根拠づけを行うために、新社長が提示した意見を評価することにより反論を形作ることができるのです。

　【図8.3】で整理した新社長の意見では、ビジネスの成功にリサーチは必要ないという主張に対する根拠としてAppleを取り上げています。もう少し掘り下げるならば、スティーブ・ジョブズがiMacやiPhoneなどの製品を開発したころに注目しているので、概ね2000年代のAppleを想定しています。つまり、新社長が取り上げた根拠は事例に該当します。

　ここで事例を論証で扱うときの留意点に気づくことができたでしょうか。それは、<u>事例は直接の根拠にならない</u>ということです。基礎編Part2「Ⅶ.3.論証を阻む要因を押さえる」で説明したPREP法のとおり、事例は根拠を具体化してその説得力を高める役割を果たします。

　スティーブ・ジョブズが経営に関与していたころのAppleは、一般の消費者にもITが浸透しはじめた時期にありました。当時はタッチパネル方

式で操作する端末もほとんど存在しませんでした。スティーブ・ジョブズ率いるAppleがそのような環境下でマーケティング・リサーチに依存しなかったのは、環境が大きく変わる中で消費者自身が欲しいものを想像することが困難だったからです。これに対して、A社が手がける菓子類は古くから消費者に定着しています。もちろん、菓子業界も消費者が持つ味覚の変化や製造、保存などの技術向上を乗り切っています。それでも、その変化の速さや大きさがIT業界と同じとまでは言い切れません。

　新社長が持ち出したAppleの考えが、A社の現状にそのまま当てはまるわけではない。ここが新社長の主張に対する直接的な反論となります。

(2) マーケティングの意義を考える

　さて、本問では新社長の主張に対する反論を3つ用意することが求められています。従って、社長の意見以外にも目を向けてマーケティング・リサーチ部の実質的な廃部を食い止める根拠を用意する必要があります。

　そこで、練習問題2で取り上げた**中立の立場で考える**手法を用います。すなわちA社におけるマーケティング・リサーチの役割やメリットを、賛否の立場に偏らずに検討します。

　そもそも、企業は何を目的にマーケティングを行うのでしょうか。マーケティングの定義は時代に応じて変化しているものの、**企業と消費者をつなぐ**ことを目指す点で一致しています。ここではイメージをつかむために、少し割り切った説明を行います。

　企業と消費者は市場、すなわち特定の製品やサービスを売買する場に属しています。場といっても、あくまで抽象的な関係で具体的に見えるものではありません。企業は自ら作った製品やサービスを消費者に購入してもらうことにより存続します。ただ、闇雲に売ろうとしても消費者が買ってくれるとは限りません。そこで企業は、自社の製品やサービスに関心を持ちそうな消費者を絞り込み、その人々に製品やサービスに関する情報を伝え購買を促します。その結果、実際に購買した消費者が顧客となり、企業との関係が結ばれることになるのです。消費者を顧客として関係をつなぐ

ための戦略を考えるのがマーケティングの目的になります。

【図8.5】マーケティングの目的

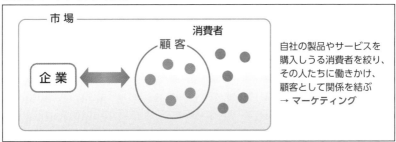

　マーケティングに関する詳しい説明は、Appendix「MBAキーワード」
をご参照ください。ここでは、設問との関係が深いチャネル戦略を取り上
げます。チャネルとは、自社の製品やサービスを消費者にもたらす流通シ
ステムをいいます。本問のケースにあるスーパーマーケットやコンビニエ
ンスストア、キオスクなどの小売業は、A社にとってのチャネルに該当し
ます。チャネル戦略では、どのチャネルを選ぶか、どうすれば自社製品・
サービスを積極的に販売してもらえるかなどを検討します。ケースにある
小売業から提供されたPOSデータの分析や、それに基づく棚割や販促の
提案は、まさにチャネル戦略のひとつといえます。チャネル戦略は消費者
との関係を築く上で、重要な役割を果たします。さらに、チャネルに支払
う中間マージンを考慮することを踏まえれば、新社長が意識するコスト削
減にも関わっているといえます。

　今日のマーケティングは、新規顧客の開拓に加え既存顧客の維持にも
焦点を当てています。昨今の国内市場は、ライフスタイルの多様化に伴い
消費者のニーズの変化が加速しています。そのため、新規顧客を開拓すべ
く多額のマーケティング費用を投じてもその効果が得られないというリス
クが高まっています。そこで、すでに関係が得られた顧客との関係を維持
することで、継続的に収益を得るためのマーケティング、すなわち関係性
マーケティングに注目が集まっているのです。

　関係性マーケティングのメリットとして、少ないコストで収益を上げや

すいことが挙げられます。すでに関係を築いているので、広告などを大量に打たなくとも製品への関心が得られやすいことが理由のひとつです。A社の場合、約100年にわたり事業を継続していることから、A社の製品に愛着を持つ顧客は少なからずいるものと考えられます。既存顧客の維持を目的としたリサーチを通じて、広告費用などの削減につなげれば新社長にとっても満足の得られる成果になると考えられるのです。

　ここまで、マーケティングの意義をもとに、A社におけるマーケティング・リサーチの役割やメリットを整理しました。本問で反論の根拠を3つ用意するには、マーケティングに対する理解が欠かせません。これが本問を知識問題と位置づけた大きな理由です。横浜国立大学をはじめ、出願時に明確な研究テーマを求めるビジネススクールを受験する方は、そのテーマに取り組める知識も問われるので、入念に準備を進めてください。

(3) 控えるべき解答

　最後に本問で気をつけたいこととして、筆記試験で控えるべき答え方の例を取り上げます。本問を解いた際、以下のような答案を書いていませんでしたか。

● 新社長は将来的な禅譲を前提に中継ぎとして着任している。従って、マーケティング・リサーチ部を実質的に廃部するなど、大胆な変革を進めるのは控えるべきである。
● 新社長はこれまで金融機関に勤務していたことから、菓子業界に精通していない。従って、マーケティング・リサーチ部の役割を理解しないまま実質的な廃部を進めるのは適切ではない。

　このように、相手の個人的な性格や地位などに訴える論証方法を対人論法といい、論理を重視した議論の場において禁じ手とされる手法です。対人論法は、議論の中身ではなくその話し手に注目をそらすことで成り立っています。いわば、論点のすり替えです。基礎編では、議論を進める前提として、話の主題や問題（論点）を的確に押さえることを求めてきました。

対人論法はその趣旨を歪めることにつながるので、くれぐれも用いないでください。

> **解答例**
>
> 　ビジネスの成功にリサーチは不要だという主張によりマーケティング・リサーチ部の実質的な廃部を目指す新社長に対し、次のとおり反論する。
>
> 　まず、ビジネスの成功にリサーチは不要だとする主張の根拠は、A社に必ずしも当てはまるとは限らない。新社長が根拠に挙げたAppleはIT業界に属している。スティーブ・ジョブズが世界的なヒット商品を開発した2000年代においてIT業界は成長途上にあり、消費者にとってなじみがないものであった。それに対し、A社が手がける菓子業界は消費者にとって親しみが深く、A社も約100年にわたり事業を営んでいる。このように環境が異なる業界の事例を直ちに当てはめるのは困難だと考える。
>
> 　むしろ、マーケティング・リサーチはA社の収益面に貢献することが期待できる。マーケティングは企業と消費者との関係をつなぐことを目指している。マーケティング戦略には、自社製品を消費者にもたらす流通システム、すなわちチャネルに関わる戦略が含まれる。事実、マーケティング・リサーチ部では営業部門の依頼に基づき、小売業から提供されたPOSデータを分析し、その成果を販売促進につなげようとしている。チャネル戦略が効果を発揮し消費者との関係が強まれば、収益の拡大につながり得る。これは、コスト削減により利益を獲得しようとする新社長の考えとは矛盾しないと考える。
>
> 　さらにマーケティング・リサーチは、A社の既存顧客の維持にも貢献できると考える。マーケティング戦略には既存顧客の維持に焦点を当てた考え方がある。A社は約100年にわたり事業を営む中で、当社製品に愛着を持つ顧客も存在する。マーケティング・リサーチを通じて顧客との関係を強化すれば、少ないコストで当該顧客との関係をリピーターとしてつなぎ止めることが期待できる。さらに、リピーターによる口コミなどで顧客の拡大もありうる。これらは新社長が考えるコスト削減にも整合する。
>
> 　以上が、新社長の主張に対する反論である。

傾向と対策

❶ 課題文型問題の特徴と主な出題校

(1) 課題文型問題とは

　課題文型問題とは、出題者が提示した文章、すなわち課題文を手がかりに設問に答える形式の問題をいいます。課題文型問題は、ビジネスに関連する分野であれば、経営はもちろん、政治や経済、社会など多岐にわたるトピックが取り上げられています。

(2) 主な出題校

　課題文型問題を毎年取り上げて出題しているのが一橋大学経営分析プログラム・経営管理プログラムと小樽商科大学です。次いで出題頻度が高いのが、慶應義塾大学 (KBS) です。これらのビジネススクールを受験するときは、課題文型問題が出題されることを想定した対策が必須となります。

　また、早稲田大学 (WBS) や神戸大学、法政大学イノベーション・マネジメント研究科でも、提示した情報を的確に整理できるかを確かめるため、図表・グラフ型問題と並んで課題文型問題が取り上げられています。

❷ 課題文型問題は筆記試験の王道

　主な出題校で整理したとおり、筆記試験を課すビジネススクールの多くで課題文型問題が出題されます。課題文型問題はいわば、筆記試験の王道といえる出題形式です。

　なぜ、課題文型問題がよく出題されるのか。それは、課題文型問題を解くために必要な読解力がビジネススクールで学ぶスキルの要となるからです。最近は健康維持のためにランニングやテニスなどスポーツに取り組む方が増えています。スポーツをするのに欠かせないとされているのが、体幹を鍛えることです。体幹とはからだの中心となる部分をいい、腹筋や背

筋、腰回りなどが含まれます。体幹を鍛えることで、スキルアップやけが
の防止など効果的に実力を発揮することができます。

　ビジネススクールにおける読解力は、スポーツにおける体幹の強さに似
ています。ビジネススクールでは、経営学の書籍やケースなどを事前に読
み込んで講義や論文執筆に取り組みます。読解力を備えることにより、書
籍やケースに書かれている内容を的確に理解することができます。従っ
て、読解力はビジネススクールで学ぶ前提となる能力なのです。

　課題文型問題は、ビジネススクールで学ぶ読解力を測るのに最適な問題
です。筆記試験対策はもちろん、ビジネススクールで必須となる読解力を
身につける術として、課題文型問題に取り組みましょう。

❸ 文章を読む習慣をつける

　課題文型問題を解くために重要となるのは、課題文に書かれている内容
を的確に、かつ制限時間内に押さえるスキルを身につけることです。その
第一歩として、**文章を読む習慣をつける**ことが重要となります。

　ビジネススクールで学ぶ人たちは、書籍や新聞・雑誌を読む習慣を持っ
ています。ビジネススクールの在学生や卒業生が交流する場でも、しばし
ば各人が読んだ書籍や記事に関する話題で盛り上がっています。先ほど説
明した読解力は、この習慣から養われたものといえます。

　課題文型問題の対策というより、ビジネススクールで学ぶ者の心得とし
て、経営・ビジネスに関する文章に触れる習慣を持ちましょう。新聞や雑
誌であれば、『日本経済新聞』や『日経ビジネス』『週刊東洋経済』などが
あります。最近では、経済専門のオンライン記事も増えています。ただし、
ブログなどWebライティングの手法で書かれた文章はお勧めしません。
これらの文章は画面で読みやすくするため、パラグラフ・ライティングと
は異なる手法で書かれています。ビジネススクールで求められる読解力が
身につきにくくなるため、書籍や新聞・雑誌と同じスタイルの文章に触れ
てください。社会人であれば、関わっている業界に関する書籍や記事を読
むことも有効です。

これらの情報に触れることは、筆記試験対策だけでなく、研究計画書で研究テーマを固めることや、面接試験で業界の実状に対する質問に備えることにも効果を発揮します。これを機に、文章に親しむ習慣を身につけてください。

❹ 要約練習で著者の意見を的確につかむ

次に、対策として取り組んでほしいのが**要約練習**です。要約は、筆者の主張や根拠に絞り込んでまとめることです。課題文の内容を理解するのに最も重要なことは、筆者の主張と根拠を押さえることです。要約は、そのスキルを身につけるのにうってつけの方法です。

最近は書籍や論文など長い文章に慣れていない社会人が増えています。先ほど説明したブログやメールなどWebライティングによる文章に慣れすぎると、長めの文章から論理的なつながりを読み取ることが苦手になりがちです。文章を読んでも著者の意図がつかめない、という方は、要約の練習を積み重ねて読解力を鍛えましょう。

要約を練習する文章でお勧めなのが、『日本経済新聞』の平日朝刊に掲載されている「経済教室」です。「経済教室」を使うメリットは、記事のはじめに著者が伝えたいポイントがまとめられているので、独力で要約の答え合わせができることです。まずポイントを隠して本文だけを読み、著者の意見をまとめます。まとめた解答にポイントが含まれているかを確かめます。そのほか、要約を的確にまとめるコツを下記のとおり整理します。

要約をまとめるコツ

(1) 要約の分量は全体の10〜15％が目安となる（「経済教室」であれば300〜500字）。

(2) 筆者が説明する順序やパラグラフの構成も筆者の主張に含まれるため、要約でも原則変えずにまとめる。

(3) 具体例は要約では外し、主張と根拠に絞って要約する。

　「経済教室」は学者など知識人が書く文章なので、最初は文章の難易度に戸惑うかもしれません。しかし、文章のレベルはビジネススクールの筆記試験で出題されるものと一致するので、ぜひチャレンジしてください。

❺　問いを解くステップを身につける

　課題文型問題を適切に解くために、基礎編で説明した**問いを解くステップ**は欠かせないものです。特に重要なのが、課題文をいきなり読まず、問題を先に確認することです。

　課題文を読むことは、問いを解くために必要な情報を引き出すことにつながります。基礎編で説明したとおり、出題者は課題文にある情報を使って問いを解くことを求めています。しかし、課題文にある情報すべてが問いに関わるわけではなく、その重要性には濃淡があります。筆記試験には制限時間が課せられるため、すべての情報を等しく扱うのではなく、問いを解くために必要な情報に注目することが大切になります。

　そこで活用したいのが問題文です。問題文には、問題を解く手がかりとなる情報が盛り込まれています。形式的にわかりやすいのが、課題文中に下線が付された箇所です。課題文は筆者の主張を論理的にまとめたものです。出題者が下線を付して出題するときは、原則として下線部の前後に問題に関わる説明があると考えて差し支えありません。従って、下線がある箇所の前後は注意深く読む必要があります。

　下線が付されていなくても、課題文にある言葉が問題文に抜き出されているときは、その言葉が文中のどこで使われているかを意識して読みます。この言葉は課題文を読み解くキーワードであることが多いからです。筆者は自分の主張を適切に理解してもらえるよう、キーワードを繰り返したり、同じ意味の言葉に置き換えたりして文章を作ります。出題者は、問題文にキーワードを盛り込むことで、解答者を誘導しているのです。

　このように、問題文を頭に入れて課題文を読むと、解答の手がかりになる箇所が特定しやすくなります。時間不足で悩んでいる方はこの方法を試してみてください。

問題3

小樽商科大学大学院商学研究科
アントレプレナーシップ専攻

【問題】

　以下の課題文は、日本経済新聞・経済教室「企業経営 再興の条件（下）
―『事業機会の裏』に勝機あり、競合の忌避テコに差別化」（2016年5月
25日付け）において一橋大学教授・楠木建氏が日本企業の経営再興の条件
について論じたものである。課題文を読み、以下の設問に答えなさい。

　　1. 筆者が主張する「日陰」戦略の内容を要約しなさい。
　　2. 筆者の主張に対するあなたの考えを論述しなさい。

（制限時間：120分）

【課題文】

一橋大学教授　楠木建

　経済が一層の成熟に向かう中で、外部環境の追い風を待っていてもらちが明かない。差別化された価値を生み出す戦略で自ら機会をつくる。これ以外に閉塞感を打破する道はない。このように口で言うのは簡単なのだが、実際に打ち手をどこに求めるかとなると、これがなかなか難しい。

　戦略の本質は競合他社との違いをつくることにある。同時に、その「違い」は長期利益をもたらす「良いこと」でなくてはならない。ここにジレンマがある。そんなに良いことだったらとっくに誰かが手をつけているはずだ。違いにならない。他社に先行しても、良いことはいずれ模倣される。違いを持続できない。

　例えば「ブルーオーシャン戦略」。既知の競争市場では多数のライバルがひしめき合い、血に染まったレッドオーシャン（RO）になる。未知の市場であるブルーオーシャン（BO）を創出し、既存の競争を無意味化せよと説く。その通りである。しかし、この秀逸なアイデアも戦略のジレンマと無縁ではない。

　第1に、なぜそのBOに他社は気づかなかったのか。BO戦略の提唱者である欧州経営大学院のチャン・キム教授とレネ・モボルニュ教授は、事

業に決定的な意味合いがあり、不可逆的で、明確な軌跡を描くような将来のトレンドを見通すことが重要だと言う。これほど重要で明白なトレンドであれば、多くの人が気づいても不思議ではない。

　第2に、なぜBOはBOであり続けられるのか。ある企業のBO戦略の成功は多くの後続企業をひきつける。優れたBOほどすぐにRO化するリスクがある。この問いに対して、BO戦略は伝統的な「模倣障壁」の議論に回帰する。規模の経済、ブランド、特許、法規制、ネットワーク外部性……、お決まりの模倣障壁のリストだが、競合他社も必死である。いずれは模倣障壁を乗り越えてくる。

　従来の「障壁」に代わる持続的な差別化の論理は何か。「日向（ひなた）対日陰」という戦略の対比が面白いと筆者は考えている。いつの時代も、技術革新や法規制の変化などが旬の事業機会をもたらす。最近では金融とITを融合したフィンテックやIoT（モノのインターネット）だ。

　日向と日陰は裏腹の関係にある。日が差すとそこには日向と同時に日陰が生まれる。その時点で脚光を浴びている日向をストレートに攻めるよりも、日差しがつくる日陰の方が商売の妙味がある、というのがここでの主張だ。

　19世紀のゴールドラッシュ時代の「金鉱掘るよりジーンズ売れ」は日陰戦略の古典的な例だ。一獲千金を夢見た人々がカリフォルニアに殺到したが、やがて金は尽きてしまう。安定的に利益を獲得したのは、押し寄せる金鉱掘りに生活必需品（ジーンズなど）を売った商人だった。この例では、「日差し」となる機会がゴールドラッシュ、「日向」が金鉱採掘、その背後にある「日陰」がジーンズ販売ということになる（表参照）。

　日陰戦略の美点は競合に対する「障壁」や「防御」を必要としないことにある。敵が「やりたいけれどできない」のではない。そもそも「やる気がない」のである。ライバルによる直接競争の「忌避」、ここに競争優位の鍵がある。

　成熟化でめぼしい事業機会が少なくなるほど日向の誘引力は強くなる。多くのプレーヤーが日向に殺到し競争は激化する。一方の日陰には資源投入に積極的なプレーヤーが少なく競争は緩い。差別化への資源投入に対するリターンも大きい。しかも日陰は時間を稼ぎやすい。ライバルが

参入を忌避する中で、じっくりと先行者優位を固められる。

　もう一つの重要な論点として、日陰にはユニークな価値を創造する可能性がある。あらゆる顧客価値の本質は問題解決にある。日向戦略は新しい技術や市場の機会をとらえて顧客の問題を解決しようとする。しかし問題解決は常に新しい問題を生み出す。絶えず新しいニーズが出てくる理由はここにある。日陰戦略は「問題解決が生み出す問題の解決」に軸足を置く。日差しが強いほど日向と日陰の対比も鮮明になり、日陰の商売に固有の価値も増大する。

　筆者が所属する大学院は、優れた戦略を表彰する「ポーター賞」を2001年から運営している。受賞企業の中から日陰戦略の事例をいくつか紹介したい。東京糸井重里事務所の「ほぼ日刊イトイ新聞」はネットメディアでありながら、即時的なニュースを追わず、広告も掲載しない。読者の生活動機をとらえたコンテンツをつくり込むことで読者のコミュニティーを形成し、そこで得た洞察をユニークな商品の企画と販売に結びつけて高収益を上げている。

　ネットメディアには特定の目的に対応した手段的な情報や即時的な刺激が強い記事があふれる。半面、普通の人々の生活の機微に触れる情報は希薄になる。インターネットという問題解決がもたらした新たな問題を解決する。そこに「ほぼ日」の価値があった。

　近年注目を集める事業機会に「婚活」がある。スマートフォンの普及と相まって、ITを駆使したマッチングという日向市場が生まれる。しかしマッチングに終始すると、サービスが本来の婚活からかえって離れる。IBJはアナログな結婚相談所という日陰に注目した。古くからローカルに活動していた「世話焼きおばさん」を組織化し、ネットやリアルのマッチングを本格的な結婚紹介へと結びつける流れを設計し、成婚率を高めることに成功している。

　「クールジャパン」の日差しを受けて、アニメや音楽などのコンテンツ、爆買いや民泊などの観光需要といった日向を取り込もうとする企業が多い中で、中川政七商店は工芸品という日陰に特化して高収益を誇る。表面的には小売業だが、衰退しつつある工芸品製造業者に経営指導をすることでサプライチェーン（供給網）全体を再創造するところに戦略の面白

さがある。

　もともと資源投入が限定的だった日陰は伸びしろも大きい。中川政七商店が商品企画をした福岡県の太宰府天満宮の土産店は売り上げがたちまち５倍以上になったという。

　日陰というとニッチを連想させるかもしれないが、似て非なるものだ。ファーストリテイリングの「ユニクロ」は日陰戦略で巨大な事業を創造した好例だ。ファッションの民主化という世界的なトレンドを受けて、多くのライバルがファストファッションという日向に傾斜する中で、ユニクロは実用的な服という日陰に軸足を据えた。ユニクロの競争優位は、大量生産をテコに品質や機能を継続的に進化させていくところにある。

　これにしても、ファストファッションによる短サイクルの多品種少量生産で流行に素早く対応するという問題解決が、結果的に品質や機能の問題を生み出したことが背景にある。ファストファッションの日向戦略と裏腹の関係にあるからこそ、ユニクロは独自のポジションを維持し続けていると理解できる。

　日陰戦略は俗に言う「逆張り」ではない。単純に事業機会の逆を行くだけなら、真っ暗闇となり商売にならない。日陰戦略はあえて熟していない言葉を使えば「裏張り」だ。成熟した競争市場にあって、目先のキラキラした事業機会を追いかけるだけの手なりの経営では長期利益はおぼつかない。商機と勝機はそのすぐ裏側に広がる日陰にある。

ポーター賞受賞企業にみる日陰戦略

日差し(その時点で注目される事業機会)	日向戦略	日陰戦略
ゴールドラッシュ	・金 鉱	・ジーンズ
インターネットの情報サービス	・即時的なニュース配信 ・ユーザーの拡大による広告収入	ほぼ日刊イトイ新聞 ・読者コミュニティーの共感の醸成 ・生活動機の洞察に基づく商品企画・販売
婚 活	・マッチングの場の提供(ウェブやパーティー) ・会費・参加費を払うユーザーの数の増大	IBJ ・マッチングから結婚相談までの流れを設計 ・成婚率の増大
クールジャパン	・アニメや音楽などのコンテンツ ・お土産(爆買い)、ホテル、民泊などの観光	中川政七商店 ・工芸品 ・工芸製造業者の再生によるサプライチェーンの設計
ファッションの民主化	・ファストファッション ・短サイクルで多品種少量生産	ユニクロ ・日常生活の部品としての服 ・大量生産による高機能高品質と低価格の両立

(出典) 2016年5月25日、日本経済新聞(朝刊)経済教室　見出しの一部を削除した。

▶ 概要

　本問が課題文として取り上げる『日本経済新聞』「経済教室」は、学者など知識人が執筆しているため、文章のレベルがビジネススクールで求める水準に整合しています。このことから、筆記試験での課題文として多く取り上げられています。特に、本問を出題した**小樽商科大学**は「経済教室」を好んで出題する傾向があります。

　また、課題文を執筆した楠木建教授は、経営戦略論で名をはせた経営学者の一人です。2012年に出版された著書『ストーリーとしての競争戦略：優れた戦略の条件』（東洋経済新報社）は国内で25万部（2021年10月時点）を売り上げ、現在も読み親しまれています。分厚さはあるものの比較的読みやすい文体なので、経営戦略論に関心がある方はぜひご一読ください。

▶ 解説

1　問いを押さえる

　1問目は筆者が主張する**日陰戦略**の内容を要約することが求められています。日陰戦略は筆者の造語なので、この時点で何を意味するかはわかりません。むしろ、その意味を課題文から読み取ることが、問題を解くカギになります。問題文の1行目にある課題文のタイトルに「事業機会の裏」や「競合の忌避」とあり、日陰のイメージを感じ取ることができます。

　2問目は筆者の主張に対する考え、すなわち**意見**が求められています。基礎編Part2「Ⅱ．問いを押さえる」で意見問題が出題されたときは、まず問題の所在を示す別の言葉を抜き出すことを求めています。本文では「筆者の主張」とあるので1問目で要約した日陰戦略が対象になることがわかります。筆者が提示した主張に対する意見となると、一定の基準を設けて良否や適否を判断すること、すなわち**評価**を行うことが想定できます。後は解答する時間や分量に応じて、その評価をもとに賛否や規範まで話を進めることになります。もっとも、考えを論述するという求め以外は書かれていないため、賛否や規範が必須とまではいえません。

2　課題文を読み取る

　問いを押さえることで、**日陰**が課題文のキーワードになることが読み取れます。そこで、日陰という言葉をたどると、第6パラグラフ・2文目に「日向対日陰」という戦略の対比とあり、その直前に従来の「障壁」に代わる持続的な差別化の論理は何かという問いかけがあるので、日陰とは**持続的に差別化する考え方**と位置づけられていることがわかります。ここから、筆者がなぜ日陰戦略に注目したのかを説明する流れにつながります。ただ、いったん課題文のはじめに戻り、筆者が日陰戦略を提案するに至った理由を振り返りましょう。

　筆者が戦略に関わる課題を提起するのは第2パラグラフからです。第1パラグラフは、課題を提起する状況を説明して読み手を誘導する、すなわち導入にあたります。筆者は、戦略には2つの本質があると説明しています。ひとつは競合他社との**違い**を作ること、もうひとつはその違いが**長期利益をもたらす良いこと**であることです。後で使われる言葉で言い換えると、前者が**差別化**されていること、後者が**持続的**であることを表します。しかし、筆者はこれら**2つの本質にジレンマがある**と指摘します。ジレンマとは、選ぶ道が2つありながらそのどちらもが望ましくない結果をもたらす状況、すなわち八方ふさがりのことです。筆者は、違いを追い求めても、長期利益をもたらす良いことを追い求めても、結果として戦略の本質を達成できないと述べています。

　ここまでを【図9.1】で整理します。

【図9.1】筆者が考える戦略の本質

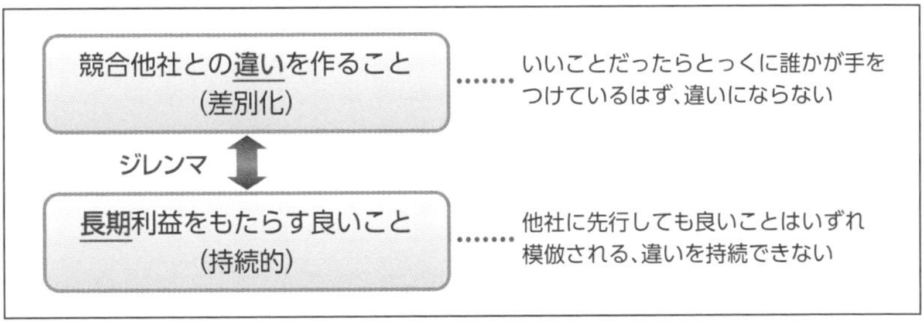

第3パラグラフから第5パラグラフは、このジレンマを具体化した例としてブルーオーシャン戦略を取り上げています。ブルーオーシャン戦略は、課題文のとおり欧州経営大学院(INSEAD)のチャン・キム教授とレネ・モボルニュ教授が主張する経営理論で、既存の競争を無意味化するために未知の市場、ブルーオーシャンを創出することを提唱しています。ブルーオーシャン戦略は筆者が戦略の本質にジレンマがあることを示す具体例なので、ブルーオーシャン戦略の内容が理解できればよく、要約には加えなくて問題ありません。

　戦略の本質にジレンマがあるという課題を提起した上で、筆者は1問目のキーワードとなる日陰戦略を取り上げています。第6パラグラフからは、なぜ日陰戦略が持続的な差別化を実現するのに効果的なのかを根拠づけています。ここで1問目に対する結論を申し上げると、第9パラグラフから第11パラグラフにかけて述べられている日陰戦略に関する2つの根拠が、設問が求める要約の一部になります。

　まず第9パラグラフで日陰戦略が持つ美点として、**競合に対する「障壁」や「防御」を必要としない**ことを挙げています。そもそも筆者が「障壁」と述べているのは、ブルーオーシャン戦略では既存の競争を避けて築いたブルーオーシャンを持続させるための方法として「障壁」が取り上げられていたからです。筆者は自ら「障壁」を作るよりもライバルが直接競争を「忌避」することで、じっくりと先行者優位を固めることができると述べています。「忌避」という言葉は、問いを押さえるときに確かめたタイトルでも使われています。

　次に第11パラグラフでは、日陰には**ユニークな価値を創造する可能性がある**ことを取り上げています。ユニークな価値は、戦略の本質で取り上げられた競合他社との違いを言い換えた言葉です。ここで日陰の対極にあたる日向の定義を見ると、第7パラグラフにその時点で脚光を浴びている日向とあり、さらに課題文最後の表を見ると、その時点で注目される事業機会を、日差しと例えていることがわかります。これらの言葉の内容と第11パラグラフにある説明から日向戦略の定義をまとめると、その時点で注

目される新しい技術や市場機会を捉え、顧客の問題解決を目指す戦略となります。これに対して、筆者が提唱する日陰戦略は「『問題解決が生み出す問題の解決』に軸足を置く」とあります。日向戦略でライバルが問題解決に乗り出したとして、そこですべてが解決するとは限らず、むしろ新たな問題が生じ得る。その問題に着目して解決に乗り出すことが日陰戦略の狙いであり、さらにはユニークな価値を創造することにつながると、筆者は考えているのです。

　ここまでの説明を【図9.2】で整理しましょう。戦略の本質は、競合他社との違いを作る差別化と、その違いが長期利益をもたらす良いものである持続性にありました。日陰戦略はその時点で脚光を浴びている事業機会を捉える日向戦略から生じる新たな問題を解決することにより、ライバルに対するユニークな価値を創造して差別化をもたらします。その差別化は、ライバルが日向に注目して直接競争を忌避することで持続性を維持できるのです。

【図9.2】筆者が考える戦略の本質

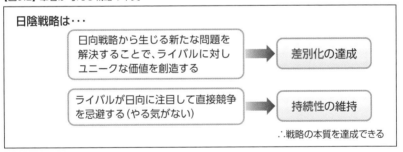

　第12パラグラフから第18パラグラフまでは、筆者が所属する一橋大学大学院が運営する「ポーター賞」の受賞企業から日陰戦略に当たる事例を挙げています。いずれも日陰戦略を具体化する役割を果たすものなので、要約には含める必要はありません。問題を解くときは、一読して日陰戦略の内容が読み取れれば問題ありません。第19パラグラフに日陰戦略を形容する言葉として「裏張り」を挙げています。絶対必要とまではいわないものの、1問目の要約に含めることは問題ないと考えます。

（1） 日陰戦略を要約する

　課題文の整理ができたので、各問題の解答を組み立てましょう。

　1問目では、筆者が主張する日陰戦略の内容を要約します。要約問題は、なるべく課題文で書かれた順序を守りつつ、文ごとのつながりが自然になるようにまとめることを練習問題1で説明しました。本問も、日陰戦略の定義を序論に挙げるほかはなるべく課題文で書かれた順序に従って要約します。定義を先に出すのは、日陰戦略を説明するように問いで求められているからです。言葉の定義は、その言葉が持つ特徴を端的にまとめたものなので、原則として**冒頭に述べる**のが適切です。

　課題文に書かれた順序で基準となるのが、筆者が第2パラグラフで説明した戦略の本質です。【図9.1】で整理したとおり、まず競合他社との違いを作ること、次にその違いが長期利益をもたらす良いことであることを挙げています。筆者は続いて、日陰戦略がこの2つの本質を満たすことを課題文で論証しているので、【図9.2】でその整理を確認しました。本問はこのポイントが押さえられれば、日陰戦略に関する要約が出来上がります。

┌─【例9.1】1問目の解答例

　筆者が主張する日陰戦略とは、問題解決が生み出す問題の解決に軸足を置く戦略である。

　そもそも、戦略の本質には、競合他社との違いを作ることと、その違いが長期利益をもたらす良いことであることの2つが求められている。しかし、良いことであれば誰かが必ず手をつけているはずで、違いにならない。さらに他社に先行して違いを作れたとしても、いずれ模倣されるため違いを持続できない。従って、持続的に差別化を維持するにはジレンマがあるとされる。

　このジレンマを解消すべく、従来の障壁に代わる持続的な差別化の論理として日陰戦略に注目する。まず日陰戦略は、日向戦略から生じる新しい問題を解決することに軸足を置く。日向戦略は新しい

技術や市場の機会を捉えて顧客の問題を解決しようとする。しか
し、その問題解決には常に新しい問題が生まれる。日陰戦略はその
問題に着目して新たな解決に取り組むことから、ユニークな価値を
創造する可能性がある。さらに、競合に対するライバルが日向に注
目して直接競争を忌避することから、じっくりと先行者優位を固め
ることができる。ゆえに差別化の持続性が保たれる。
　以上が、筆者が主張する日陰戦略に関する内容である。

(2) 日陰戦略を評価する

　次に2問目で筆者の主張、すなわち日陰戦略に対する考えをまとめま
す。問いを押さえるプロセスで整理したとおり、日陰戦略が筆者の主張
どおり持続的な差別化を実現できるかを検証しましょう。評価するポイン
トはいくつか考えられます。ここでは、1問目の要約で触れた先行者優位
に注目します。経営学で取り上げられる先行者優位が実現できる理由とし
て、以下の3つが挙げられています。

先行者優位が実現できる理由

① 特許や経験曲線効果により技術的なリーダーシップを確保できる
② 戦略的に価値ある(稀少性のある)資源を先制して確保できる
③ スイッチングコストを高め、顧客離れを防止できる

　1つ目の経験曲線効果とは、累積生産量が増加するに従って単位コスト
が減少するという経験則をいいます。端的に言えば、経験値を積んで作業
に慣れることから、効率化が進みコストが下がることを意味します。ちな
みにコストが減少するペースは、はじめは大きいものの徐々に下がってい
きます。
　2つ目の資源は、原料や部品だけでなく、活動に必要な設備や人材など、
いわゆる経営資源全般を含みます。事業を手がけるのに必要なもの、ある
いは有利に働くものが先に得られるということを表しています。

最後のスイッチングコストは、顧客が現在利用している製品・サービスから他企業の製品・サービスに切り換える際に負担する経済的、心理的コストをいいます。このコストには手数料など経済的な負担だけでなく、一度慣れた使用法を覚え直したり、手続きをやり直したりする手間も含まれます。製品・サービスを乗り換える煩わしさを考えれば、現在使っているものを継続した方がよい、と思わせるのが、スイッチングコストの効果の一例になります。

　日陰戦略を実現してライバルが参入を忌避するうちに**先行者優位**を固めるという考え方は、これらの特徴を考えると合点がいきます。企業側に立てば、他社に先駆けて資源を確保し、なるべく多く経験を積むことでコストダウンを実現できます。さらに、顧客は最初に購入した製品・サービスに慣れていくと、後から出た製品・サービスが多少よくてもスイッチングコストにより乗り換えることをためらうことになります。

　では、日陰戦略は万全な、文句なしの戦略だと考えてよいでしょうか。練習問題2で説明したとおり、物事にはメリットもあれば，デメリットもあります。日陰戦略にもデメリットはないかと考えると、筆者が例えた日差しの性質にヒントがあります。日差しは常に同じではなく、東から西へ方角を変えていきます。企業が注目する事業機会も、時が経つにつれて変わってくるはずです。

　日陰戦略は、参入を検討する時点で脚光を浴びている事業機会から生じ得る問題に着目してそれを解決する戦略です。しかし、**日陰戦略で編み出した問題解決に脚光が移れば、日陰が日向に変わりライバルが参入する可能性は否定できません**。課題文で取り上げられたユニクロでは、2003年に合成繊維を手がける東レと共同で「ヒートテック」を開発しました。「ヒートテック」の特徴は薄くて暖かいことにあります。「ヒートテック」により保温性の高いインナーの生産を実現したユニクロでは、2017年発表の同社資料によると19の国と地域で累計10億枚を販売しています。

　この状況に競合が何もしないわけがありません。【表9.1】のとおり「ヒートテック」の特徴を持ち合わせた機能性インナーが各社で発売されていま

す。たしかに知名度や販売実績を見る限り、現在も「ヒートテック」に優位性があると考えることはできます。しかし、筆者が主張する日陰戦略の特徴にあった直接競争の「忌避」という点では、目的が達しているとは言い難いです。これらを考えると、日陰戦略は先行者優位を築く有力な方法とは認められるものの、持続性という観点では万全とは言えないという考えが成り立ちそうです。

【表9.1】機能性インナーを手がける企業とブランド名

企業名	ブランド名
ユニクロ	ヒートテック
イトーヨーカドー	ボディヒーター
イオン	ピースフィット
しまむら	ファイバーヒート
グンゼ	ホットマジック
ZOZO	ZOZOHEAT

1. 【例9.1】のとおり

2. 筆者が主張する日陰戦略は、先行者優位を得る有用な戦略として評価できる。このように評価するのは、日陰戦略を実現することにより顧客にスイッチングコストを確立しやすいからである。スイッチングコストは、顧客が現在利用している製品やサービスから、他企業の製品やサービスに切り換える際に負担する、経済的または心理的コストをいう。日陰戦略により生み出された製品やサービスはライバルが手がけていないため、顧客は自ずとその製品やサービスを選び、それらに愛着がわいてくる。他社が同種の製品やサービスを手がけたとしても、顧客は乗り換えに要する煩わしさから、直ちに他社の製品やサービスに乗り換えるのをためらうようになる。以上から、日陰戦略が先行者優位を確立する有用な戦略と評価できる。

  しかし、ライバルとの直接競争を忌避するという日陰戦略の美点は、必ずしも持続するとは限らないと考える。なぜならば、日陰戦略で持続的な差別化を実現しても、それを支持する顧客が増えるにつれて、ライバルにとっても参入する動機が生じ得るからである。筆者が事例としてあげたユニクロでも、機能性インナーとして販売した「ヒートテック」が国内外で普及するにつれ、イオンやしまむらなどライバルが同種の製品を販売している。参入された以上直接競争を忌避することは困難だと言わざるを得ない。よって、日陰戦略の有効性が長く保てるとは限らないと考えられる。

  以上が、筆者の主張に対する私の考えである。

研究計画書と問いを解くステップ

　本書のシリーズ本『新版　国内MBA受験のための研究計画書の書き方』では、MBA入試で求められる研究計画書の書き方について解説しています。ここでは、筆記試験対策と研究計画書対策が密接に関わることを、具体的には研究計画書執筆に当たり問いを解くステップが応用できることを、早稲田大学（WBS）の出題例をもとに説明したいと思います。

　早稲田大学入学試験で研究計画書に相当するエッセイでは、これまでの実務経験の中で成し遂げたことを書くことが求められています。この「成し遂げたこと」は経歴全体ではなく、経歴の中で特に取り上げたい実績を意味しています。にもかかわらず、多くの方が冒頭から経歴の説明を始めてしまうのです。これは、ステップの1つ目、問いを押さえるポイントを外していることの証左になります。

　また、シリーズ本では課題・行動・成果、3つの視点で実績を整理することを述べています。この3つを論証の枠組みに当てはめると、これらは主張となる実績に対する根拠という位置づけになります。まず成果は、取り上げた実績がエッセイの読み手に受け入れてもらえるための客観的な証拠になります。次に行動は、その成果を生み出した原因という位置づけになります。最後に課題は、取り上げた行動に至った背景、すなわち解決すべき不具合にあたるものになります。課題と行動、成果が根拠となって実績を正当化する形で説明できれば、エッセイが求める「成し遂げたこと」という問いに答えることができるのです。

　このように筆記試験と研究計画書を問いに答えるという視点で捉えれば、どちらも問いを解くステップが活用できます。両者を切り離さずに一体として対策を講じることにより、MBA入試突破により近づくことができると言えます。

問題4

早稲田大学大学院経営管理研究科

　以下の各問題について、与えられた解答用紙の該当箇所に、分かりやすく論理的に記述せよ。

（各問題500字程度）

（制限時間：90分）

問題1.　『孫子』は、中国古典の兵法書で、作者については、春秋時代（紀元前771～453年）に呉王に仕えた孫武という説や、戦国時代（紀元前453～221年）の斉の孫臏（そんびん）とする説などがある。各国語に翻訳され、経営書としても広く読まれている。わが国でも、経営者・管理者を対象とする『孫子』の解説書は多数ある。「彼を知りて己を知れば、百戦して危うからず。」という言明は、恐らく最も知られたものであろう。この言明は、全13篇の内、総説ともいえる最初の3篇の一つである謀攻篇の終末にある。

　　しかし、同じ謀攻篇[24]の最初には、

　　　*孫子はいう。およそ戦争の原則としては、敵国を傷つけずにそ
　　　のまま降服させるのが上策で、敵国を打ち破って屈服させるの
　　　はそれには劣る。… 百たび戦闘して百たび勝利を得るというの
　　　は、最高にすぐれたものではない。戦闘しないで敵兵を屈服さ
　　　せるのが、最高にすぐれたことである。*

とあり、孫子は「戦争」という言葉をかなり広義に捉えていることが分かる。すなわち、「戦争」を、実際の武力戦争のみならず、武力戦争を含む包括的な多国との競争の意味でも使っている。そこで、

　　　*… 最上の戦争は敵の陰謀を［その陰謀のうちに］破ることであ
　　　り、その次ぎは敵と連合国との外交関係を破ることであり、そ
　　　の次ぎは敵の軍を討つことであり、最もまずいのは敵の城を攻
　　　めることである。*

とされる。

　さて、上記の『孫子』の言明（イタリック部分）は、現代のビジネスにどの程度当てはまるか、事例や統計、経営史などの証拠に言及しながら評価せよ。

問題2. 日本のビジネスでは「組織は人なり」という言葉が普及していて、一般に、優秀な人さえ揃えれば自ずと組織成果が上がると考えられている。また、逆に、組織成果が上がらないのは、優秀な人材が足りないからだと考えられがちである。ところが、『孫子』は、勢篇において、

　… 戦いに巧みな人は、戦いの勢いによって勝利を得ようと求めて、人材に頼ろうとはしない。だから、うまく［種々の長所を備えた］人々を選び出して、勢いのままに従わせることができるのである。

としている。『孫子』のこの言明は、現代の組織に対してどの程度当てはまるであろうか？　企業のみならず、部門、NGO、サークル、などのいろいろの組織の事例や統計、経営史などの証拠に言及しながら評価せよ。

問題3. ビジネススクールの教材や授業では、多くの優れた（とされる）経営事象や失敗の事例を用いる。また、一般の経営書ジャンルでも、古くは『エクセレントカンパニー』、『ビジョナリーカンパニー』を始めとして、優れた（とされる）企業の事例紹介は枚挙に暇がない。ところが、『孫子』の形篇には、

　… 戦争してうち勝って天下の人々が立派だとほめるのでは、最高にすぐれたものではない。［無形の勝ちかたをしなければならぬ。］

とある。すなわち、最高に優れた将軍については、目につくような派手な勝ち方をしないので皆に知られず、皆が知るような勝利を上げた将軍は二流だと主張している。実際、前掲書などに紹介された優良（とされた）企業の多くは時を経ずして業績悪化し、また、優れたビジネス

リーダーと持て囃されたトップ経営者で晩節を汚した人は必ずしも少なくない。

　さて、『孫子』の言明のように、本当に優れた企業やビジネスリーダーについては、(目に見えるような戦争をしないので)一般に知ることが難しく、我々が事例などで知ることができるのは(目に見える戦争に勝つような)二流の企業や経営者に過ぎないとすると、ビジネスにおいて事例を学ぶことの意味はどこにあるか？　優れた経営についてどのような学び方をすれば良いか論ぜよ。

出典：(金谷　治・訳, 2000)　『新訂・孫子』岩波書店

早稲田大学大学院経営管理研究科経営管理専攻　2020年度秋募集

▶ 概 要

　早稲田大学の筆記問題は、経営管理研究科（WBS）に統合されてから、**問いに答えられているか**という基本命題に沿った出題で安定しています。本問であれば、課題文として取り上げられた『孫子』の言明、すなわち主張が現代のビジネスに応用できるかを検討することが主題となります。

　解説でも触れるとおり、ここでは**事例という言葉に惑わされていないか**が、問いに的確に答えるポイントになります。事例はあくまで問いに対する主張や根拠を具体化させ、説得力を高める役割を果たすものです。言い換えると、事例は論証の主役にはなり得ません。しかし、私が担当する講義内で本問を解いてもらうと、どの事例を用いたかに関心が偏ってしまい、肝心の主張が疎かになる答案が目立ちます。

　本書で何度も伝えているとおり、問いの本筋は事例ではなく主張です。問いに答える原則を守れたかに注目して、解説を読んでください。

▶ **解 説**

1　問いを押さえる

　本問の特徴として、<u>問題の所在がつかみにくい</u>ことが挙げられます。な
ぜなら、課題文と出題者の解説を交えた説明文との境目が明確ではないか
らです。この場合、はじめから熟読してしまうとタイムロスにつながりが
ちなので、はじめはざっと読んで問題の箇所を特定することに努めましょ
う。場所が特定できたら、必ず下線を引くなどして目立たせるとともに、
<u>下書用紙に問題の要旨をまとめてください</u>。下書用紙に書いておくと、問
題用紙との往復を避けることができ、時間短縮につながります。下書用紙
の活用方法については、基礎編Part1「Ⅴ.1.下書用紙を活用する」でまと
めているので、忘れた方は確認しましょう。

　問題1では、最後の2行、すなわち、提示された『孫子』の**言明**が現在
のビジネスにどの程度当てはまるかを答えることが求められています。問
題1で提示された『孫子』の言明とは、謀攻篇から抜粋されたイタリック
(斜体)部分です。言明は主張の言い換えになります。

　ここで気をつけてほしいのが問題の指示です。まず「どの程度」という
要望に注目しましょう。講義内で解いた方々が作成した答案には、

　現代のビジネスに<u>かなり</u>当てはまる。
　現代のビジネスに<u>概ね</u>当てはまる。
　現代のビジネスに当てはまる<u>部分がある</u>。

といった表現が見受けられます。では下線を引いた箇所について、具体的
な程度をイメージすることができるでしょうか。この表現だけで書き手が
考える程度を推し量るのは困難です。基礎編Part1「Ⅳ.3.伝わりやすい
文章表現を使おう」で、<u>形容詞や副詞の使用を控える</u>よう勧めた理由がこ
こで当てはまるのです。指示にある「どの程度」というのは、現在のビジ
ネスに当てはまるならばどの場面で当てはまるかを特定してほしい、とい
う趣旨で述べられています。一口にビジネスといってもさまざまな場面が

あり、そのすべてに『孫子』の言明が当てはまると考えるのは困難です。そこで、当てはまるところがあればそれを特定して理由づけしてほしいというのが、この問題が意図していることになります。

　もうひとつの留意点が、事例や統計、経営史などの証拠に言及してほしいという指示です。概要で述べたとおり、この指示を読んで反射的に事例にこだわってしまうケースが多々あります。注目してほしいのは、「**など**」という助詞です。「など」ということは、事例や統計、経営史はあくまで例示列挙であり、**それら以外も含めて証拠が準備できていればよい**ことを意味します。事例以外は受け付けないと、早合点しないように気をつけてください。またこの指示から、特定の企業や製品・サービスに事例を限定する必要はないことにも注意してください。事例は文字通り何らかの具体例ですから、現実にあるものならば問題ありません。この後に示す解答例でも、ポイントプログラムという記述があるほかは、どの企業でどのようなプログラムを導入しているかは言及していません。実際に、携帯会社や電子マネーなど、あらゆる場面でポイントプログラムが導入されています。企業として特定されなくとも、その運用方法などで主張や根拠の説明につながるのであればよいのです。

　以上の留意点を踏まえると、課題文で取り上げられた『孫子』の言明が現代のビジネスに当てはまる部分があればその部分を挙げ、事例などの証拠と合わせて理由を述べることが問題１の求めになります。

　次に問題２に移りましょう。最後の２文で問題がまとめられているのは、問題１と共通しています。一方、問題１と異なるのは、当てはまるか否かを考える対象です。問題２では、現代の組織、さらにその組織は企業だけでなく部門やNGO、サークルなども含めてよいことが述べられています。問題１との違いに注目して問題を押さえましょう。

　問題３は最後のパラグラフに問題が集約されています。問われているのはまず、ビジネスにおいて事例を学ぶことの意味はどこにあるかということ、次にすぐれた経営についてどのような学び方をすればよいかを考えることが求められています。その前の文で『孫子』の事例に関する主張があ

ることが読み取れるため、課題文から『孫子』の主張を踏まえつつ、それに対する考えを示すことになります。課題文型問題における意見問題は、問題3の2問目と同様、課題文にある主張を基準に導き出す出題が一般的なパターンといえます。

　ここまで詳しく説明したとおり、本問は問われていることを指示も含めて的確に押さえることが、問いに答える主張や根拠を形作るのに必須のプロセスになります。問いを押さえる重要性を改めて確認してください。

2　問題1を読み解く

(1)『孫子』の言明を押さえる

　これまで課題文型問題では、課題文を一通り読んでから、各々の問題に対応する流れで解説しました。一方本問は、個々に課題文が区切られているので、設問ごとに解説を進めていきます。

　問題1で提示された『孫子』謀攻篇の言明から押さえましょう。漢文を読み下した文章なのでパラグラフ・リーディングは活用できないものの、繰り返し説明されている箇所から言明の主張を特定することができます。すなわち、

> 戦争の原則は、敵国を傷つけずにそのままで降服させるのが上策である
> 戦闘しないで敵兵を屈服させるのが、最高にすぐれたことである
> 最上の戦争は敵の陰謀を［その陰謀のうちに］破ることである

がそれに当てはまります。『孫子』では、敵が攻めようと陰謀を巡らせ戦闘に入る前に敵を屈服させることが最も良い戦術だと説いているのです。この考えが現代のビジネスに当てはまるか否かについて考えを述べることが、問いに対する答えとなります。

　戦闘に入る前に敵を屈服させること、すなわち競争を回避していくという考え方は、すでに本書で紹介しています。問題3で楠木建教授が取り上げた日陰戦略やブルーオーシャン戦略が、これに該当します。実は経営学で取り上げられる著名な戦略理論の多くが、競争を回避しつつ競争優位を

確保することを主眼に置いています。筆者が日陰戦略のメリットとして取り上げた先行者優位の根拠、すなわち経験曲線効果やスイッチングコストなども、ライバル企業が顧客を奪い取ることが困難だと悟れば、正面からの競争を避ける可能性が高まります。これらを考えると、競争戦略を組み立てる理論や概念は『孫子』の言明に共通する意図があるとして、現在のビジネスに当てはまると考えることができます。

(2) 答えを論証する

答えの方向性が見えたところで、主張に対する根拠づけをどのように行うかに焦点を移しましょう。出題者からの指示で事例や統計、経営史などの証拠を提示することが求められています。一方、基礎編で説明したとおり、**事例を直接根拠とすることはできません**。そのため事例などを取り上げる前に、現在のビジネスにおいて競争を回避する戦略を立てることがなぜ有効なのかを根拠づけることになります。ここでは問題3で取り上げた戦略の本質を踏まえ、独自性を高めつつそれを持続させることによって他社との競争を避けることができる点をまとめれば問題ありません。

次に根拠を支えるために提示する証拠は、これも問いを押さえるときに説明したとおり、事例にこだわる必要はありません。あえて言うならば、出題者も知り得るものを取り上げた方がよいでしょう。ブルーオーシャン戦略など知名度の高い経営理論や、スイッチングコストなどの概念は使い勝手のよい証拠といえます。解答例でもスイッチングコストを使った事例を提示しているので、解答作りの参考に役立ててください。

3　問題2を読み解く

(1)『孫子』の言明を押さえる

問題2は『孫子』の言明が当てはまるかを検討する対象が、現在の組織に変わっていることが問題1との違いだと説明しました。問題2のはじめに「日本のビジネスでは…」とあるものの、出題者が問題文で求めているのは組織一般に関する話です。この書き出しは、出題者が読み手となる解

答者にとってイメージしやすいように配慮した導入だと捉えて差し支えないでしょう。

　解法は問題1と同じく、課題文から『孫子』勢篇の言明の主張を押さえることから始めます。課題文といっても3行だけなので、抜粋したところがほぼ主張に該当します。すなわち、

　戦いに巧みな人は、戦いの勢いによって勝利を得ようとする

ことが、『孫子』の主張になります。ここで考えてほしいのが、文中にある「**勢い**」をどう解釈するかということです。直訳すると、戦況、すなわち戦闘の優劣や自軍の士気、各部隊の動きなど、戦いの状況と解釈することができます。ここでは、現在の組織全般に『孫子』の主張が当てはまるかを検討する必要があるため、「勢い」の意味を深める必要があります。課題文から抜粋された『孫子』の言明によると、

　うまく［種々の長所を備えた］人々を選び出して、勢いのままに従わせることができる

とあります。他方で出題者は、課題文の前にある説明で、

　優秀な人さえ揃えれば自ずと組織成果が上がると考えられている

と述べています。ここから、『孫子』が主張する「種々の長所を備えた」人々を選ぶことと、出題者が述べる「優秀な」人をそろえることは別の意味だということがくみ取れます。

　それでは長所とは、どういう意味でしょうか。対義語となる短所と併せて、その意味を確かめると以下のようになります。

長 所　性質や性能などで、特に長じているところ。とりわけすぐれている所。得意な点。

短 所　劣っている所。足りない点。人の性質などの避難すべき箇所。欠点。

(小学館『精選版　日本国語大辞典』)

長所は、個々人が短所と併せて兼ね備えたものであり、長所だけ、あるいは短所だけを抜き取ることはできません。メンバーが持つ長所を生かして成果を出すには、リーダーはメンバーが持つ長所を生かしやすい環境を選び出すことが求められます。他方で、リーダーやメンバーが相互に意識して短所がなるべく出てこないようコントロールすることも重要になります。これらを考えると、組織全般における「勢い」とは、リーダーやメンバーが置かれた環境と解釈できます。すなわち、組織を取り巻く環境を分析し、それに適した人材を集めることで各人の長所が顕在化し、組織目標の達成につながることを『孫子』は言明したと考えられるのです。

【図10.1】人が持つ長所・短所と「勢い」

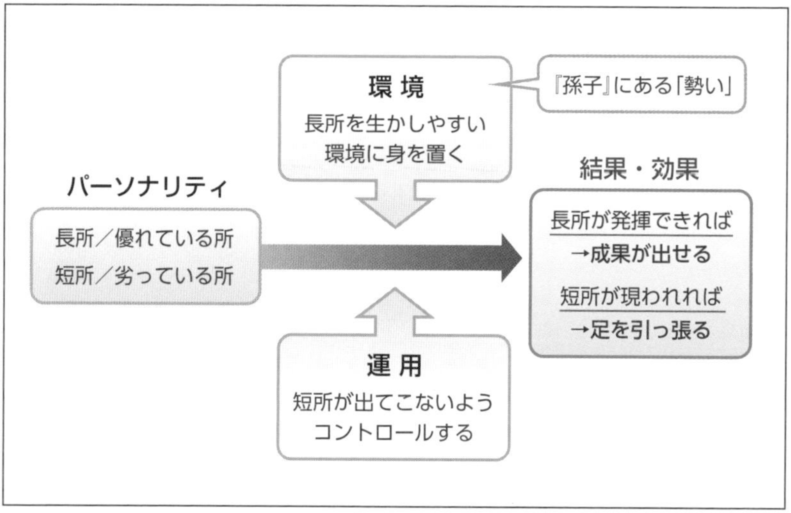

(2) 答えを論証する

　長所を生かすために組織が置かれた環境を読み解くという論理が読み解ければ、後はそれに見合った事例などの証拠を準備することになります。本問は現代の組織一般に注目した論点なので、ビジネスに限られていません。従って、論証の趣旨に沿ったものを選んでおけば問題ありません。解答例でもビジネスと異なるものを取り上げましたのでご参照ください。

4　問題3を読み解く

(1)『孫子』の言明を押さえる

　問題3は、事例を学ぶことの意味がどこにあり、優れた経営についてどのような学び方をすればよいかを説明することが求められています。意見問題と考えるならば、事例を使う学び方について規範を立てることになります。

　『孫子』の言明に注目すると、『孫子』が定義する優れた勝ち方とは、

　無形の勝ちかた

すなわち、目につきにくい勝ち方をいい、それゆえ一般に知ることは難しいとしています。

　ここで、問題1を振り返りましょう。謀攻篇では、優れた勝ち方とは戦闘しないで敵兵を屈服させることと定義しています。戦闘がないうちに勝てたとすれば、目につくような派手さがないのは当然といえます。逆に言えば、目に見えるような戦争を行うのは、戦闘しないで敵兵を屈服できなかったことの裏返しとなります。従って、派手な勝ち方をした事例は、その前哨戦がうまくいかなかった結果といえることから、「二流」と評価されることになります。ここで気をつけたいのが「二流」が意味することです。ここでいう「二流」とは、あくまで最高に優れた勝ち方ではないと述べているのであり、否定的には捉えていません。なぜなら、より悪い結果、すなわち**戦争に負けること**を想定すれば、被害を被っても勝つ方がましだといえるからです【図10.2】。

【図10.2】『孫子』が考える戦い方と勝ち方

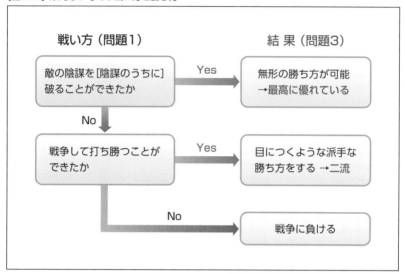

(2) 答えを論証する

　『孫子』が課題文で警鐘を鳴らしているのは、人は事例を取り上げるとき、その派手な勝ち方に囚われやすいことを問題視しています。ただし、「二流」という言葉の意味を検討したとおり、『孫子』は事例自体を否定しているわけではありません。

　事例学習を通じて『孫子』が定義する優れた勝ち方を学ぶにはどうすればよいか。【図10.2】から、取り上げた事例で起こった競争自体に注目するのではなく、さらに遡って戦わずに勝つ方法を検討するのがよいと考えられます。すなわち、過去の状況を踏まえつつ、より適切な方策を生み出すことに事例学習の価値があるというのが『孫子』の趣旨を踏まえた意見のひとつになります。もちろん、これ以外の整理で解答して全く問題はありません。重要なポイントは、<u>『孫子』の言明を踏まえて自説を述べる構成が組めたか</u>にあります。作成した答案を添削するときは、『孫子』の主張を解答にくみ取ることができたかに注目してください。

▶ 最後に

おしまいに、問題3で検討した事例を学ぶ意義に関連して慶應義塾大学や名古屋商科大学で採用されているケースメソッド教育を紹介します。ケースメソッドとは、特定の学習目標を達成することを意図して構成された教材をもとに、学習者同士の討議を繰り返すことで実践力を身につける教育手法をいいます。ケースメソッドでは、実際のビジネスをもとにしたケースが用意され、そのケースの主人公が直面する課題を受講者自らの視点で追体験することで、自分ならこう行動するという思考を繰り返すことが求められます。つまりケースメソッドは、事例で行われた意思決定をそのまま受け入れるのではなく、受講者間の主体的な議論やロールプレイなど、参加者を主体とした学習を通じて実務家としての視野を広げることに主眼が置かれています。

ビジネススクールの志願者が事例を学ぶことを考えるとき、とにかく成功事例ばかりに目を奪われがちです。しかし、事例が1回限りの性質を持つものであるかぎり、その成功を再現することはほぼ不可能です。本問は事例を学ぶ意義を考えることがビジネススクールで学ぶ動機を見出すことにつながるという点で、非常に価値のある問題と言えます。

問題1

　問題文にある「孫子」の言明、すなわち敵の陰謀をその陰謀のうちに破ることが最上の策とする考えは、現代のビジネスにおいて競争優位に立つ方策として当てはまると考える。競争優位を売上や利益の面で他社より優位にある状況と捉えると、顧客の支持を得る製品やサービスを継続的に供給することが競争優位につながる。もし他社が価格や品質面で自社の製品やサービスに追いつく方策が見つからなければ、自社に競争を仕掛けることをあきらめる。この点が「孫子」の言明につながると考える。

　他社が競争をあきらめやすくする方策として、スイッチングコストを高めることが挙げられる。スイッチングコストとは、顧客が他社の製品やサービスに乗り換えるときに負担する経済的、心理的なコストをいう。企業がスイッチングコストを高めることは、顧客が容易に他社に乗り換える動機を減らし、他社が参入する機会を奪うことになる。小売店や携帯電話サービスで適用されるポイントプログラムは、乗り換えにより蓄積したポイントを失わせるという心理的負担により、顧客離れを防ぐ方策として用いられている。

　以上より、「孫子」の言明は現代のビジネスにも当てはまるといえる。

(494字)

問題2

　問題文にある「孫子」の言明、すなわち種々の長所を備えた人材を選ぶとする考えは、現代の組織における人材選抜の面で当てはまると考える。ここで「戦いの勢い」とは、自軍を取り巻く戦況を意味する。現代の組織も戦時の軍勢と同様に、内外の環境に応じて必要とする能力は変わり得る。従って、組織ごとに求める人材を定義づける必要があるといえる。また、一般的に人間は長所と短所を兼ね備え、状況に応じてこれらがどう発揮されるかは異なる。そのため組織のリーダーは、目的達成のために所属するメンバーの長所や短所を押さえつつ、組織を取り巻く環境に応じて求められる能力と照らし合わせて選抜することになると考える。

　この論旨が当てはまる証拠として、箱根駅伝が挙げられる。箱根駅伝は、出場する大学ごとに選抜された10名が東京・箱根間を往復する競走である。コースは区間ごとに、距離の長短や起伏などに大きな特徴を持つ。また、相手チームの配置や当日の天候も競走の展開に影響を与える。そこでチームを率いる監督は、コースの特徴や天候、他チームの動向を加味しつつ、各区間で長所を発揮しやすい選手を選抜するのである。

　以上が、設問に対する私の考えである。

（500字）

問題3

　ビジネスにおいて事例を学ぶ意味として、リーダーの立場を想定して無用な競争を避ける方策を検討できることが挙げられる。

　そもそも「孫子」で皆が知るような勝利をあげた将軍を二流と評価するのは、最高の勝ち方は戦闘をせずに敵兵を屈服させることと定義したからである。逆に言えば、目に見えるような戦争は直接戦闘を避ける準備が不調に終わったために起こったと考えられるため、本来は高く評価すべきでない事例となる。しかし、戦争での勝利は目につきやすいことから、しばしば好事例として取り上げられており、「孫子」はこれを問題視しているのである。

　ビジネスにおける事例は、当時に遡って競合との直接競争を避けながら自社を優位な立場に置くことができる方策を構築するのに役立つと考える。そもそも事例は1回限りの性質があり、同じ手法をそのまま用いることは難しい。しかし、事例には当時を知る手がかりとなる情報やデータが備わっているため、当時の方策を検討するのに優れている。従って、当時のビジネスリーダーとして自社を優位な立場に導けるか方策を検討することで、現在の実務で応用することが容易になると考える。

　以上が、設問に対する考えである。

（497字）

24）正しくは「謀攻篇」ですが、問題文のまま掲載しています。

タイプ3 図表・グラフ型問題

傾向と対策

① 図表・グラフ型問題の特徴と主な出題校

(1) 図表・グラフ型問題とは

　図表・グラフ型問題とは、出題者が提示した図表やグラフにあるデータを手がかりに設問に答える形式の問題をいいます。図表やグラフで提示されるデータは、数値に限らず箇条書きなど言葉で示されることもあります。解答者はこれらのデータから問いを解く手がかりとなる情報を引き出し、問題に答える主張を論証します。

(2) 主な出題校

　図表・グラフ型問題を多く採用しているビジネススクールとして、早稲田大学（WBS）をはじめ、東京農工大学MOTや法政大学イノベーション・マネジメント研究科などが挙げられます。

　また、一橋大学経営分析プログラム・経営管理プログラムでは組織再編が行われてから毎年、課題文型問題との融合形式で図表・グラフ型問題が出題されています。出題者からすれば、課題文も図表・グラフも提示した情報を的確に処理できたかを測る方法に変わりはありません。課題文の読解力と並行して、図表・グラフの読解力も身につけましょう。

② 図表・グラフの役割を押さえる

　一口に図表・グラフといっても種類はさまざまです。図表・グラフに種類があるのは、使用する目的が異なるからです。

　データ自体をなるべく正確に伝えたいのであれば、表の使用が適しています。他方、データの大小を比較したいのであれば棒グラフを、量の増減など変化の状況を見せたいのであれば折れ線グラフを用います。全体の割合を示すのであれば、円グラフの使用が適しています。

【図11.1】図表・グラフの使い分け

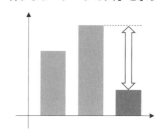

表：数値などを正確に伝える

	1年目	2年目	3年目
A社	XXX	XXX	XXX
B社	XXX	XXX	XXX
C社	XXX	XXX	XXX

棒グラフ：データの大小を示す

折れ線グラフ：変化を示す

円グラフ：全体の割合を示す

　問題で提示された図表やグラフの形状から、解答者はどのような情報を引き出せばよいかを推測することができます。図表・グラフ型問題を解く時は、図表・グラフの形状にも注目してください。

❸ 事実と解釈を分けておく

　基礎編Part2「Ⅲ.2. 出題者が提供した情報を押さえる」で、出題者が提供した課題文や図表・グラフにある情報を取り扱うのに、下記2点の注意点をまとめました。

● 情報はそのまま引き出す
● 事実と解釈は区別して押さえる

1つ目にある「そのまま」とは、課題文や図表・グラフに書かれている言

葉や数字を書き換えずに抜き出す、という意味です。図表やグラフにある
データはひとまずそのまま抜き出してください。もちろん、問題の中には
データを加工して解く、例えば計算や事例への当てはめで答えを出すもの
があります。計算などデータを加工することは、情報を引き出す手順でい
えば推論に該当します。そもそも推論は、手元にある既知の情報を基礎と
して未知の情報を引き出すことです。主題や問題に適した計算方法で求め
られた結果は、図表やグラフにあるデータを根拠として導き出した新たな
主張として扱えます。このとき、計算などデータの加工により得た結果に
加え、使用した図表やグラフにあるデータや算出した過程を答案に書いて
ください。これらが加工した結果に対する根拠になるからです。

　2つ目の事実と解釈を区別して押さえることは、図表・グラフ型問題を
解く時に最も気をつけたいポイントになります。ここで事実と解釈につい
て、定義をおさらいしましょう。

> **事　実**：過去に実際にあった自然事象や事件、実績数値やデータなど
> **解　釈**：原因や結果など、事実やそれらの関係性から読み取れること

　図表やグラフで示されるデータやその大小、変化、構成比などは、いず
れも計測した値から提示された事実にあたります。これに対し、提示され
た事実を関係づけて読み解いたことが解釈となります。

　図表・グラフ型問題を解くに当たり、事実と解釈は明確に分けておく必
要があります。具体的にいうと、事実から導き出した解釈をあたかも図表
やグラフが示した事実であると誤解を招くように表現してはいけない、と
いうことです。実際に早稲田大学で過去にあった問題で、両者を明確に分
けるよう指示が出されました。指示に反する解答には大幅な減点が行われ
るため、くれぐれもご注意ください。

　図表やグラフで示された事実に対する解釈は、あくまで仮説です。仮説
を答案に示すときは、なぜそのように考えたかという根拠が必要となりま
す。図表やグラフにある事実からどのように仮説を導き出したのかを論証

してください。

　もうひとつ気をつけたいのが、図表やグラフの作成者自身が意見を加えているときです。図表やグラフの作成者が意見を付しているときは、その意見も事実と区別して押さえることが大切です。また、図表やグラフを引用した課題文の筆者が、それらに対する解釈を示しているときにも注意が必要です。課題文との融合問題では、課題文の筆者が図表やグラフにあるデータに対する解釈を課題文中で示していることがあります。図表やグラフにあるデータを課題文にある筆者の意見につられて解釈すると、出題者の求めから外れた解答になる恐れがあります。

　解答者自身の解釈と分けるのと同様、図表・グラフの作成者や課題文の筆者が示した意見にも注意して、図表やグラフのデータを的確に抜き出してください。

　図表の中には、筆者の意見や相対する意見を比較・整理することを目的に作成したものがあります。その場合も、データを引き出すときと同様に、書かれていることに解釈を加えず、**そのまま**抜き出すように心がけてください。

問題5

東京農工大学大学院工学府産業技術専攻

<blockquote>

問 題

　スイスの研究機関IMDは、1989年から毎年、国際競争力ランキングを発表している。この競争力は、①経済状況、②政府の効率性、③ビジネスの効率性、④インフラの4つの指標で評価されている。表1に、2006年以降のIMDの国際競争力指標における日本の順位を示す。日本の国際競争力は、1980年代後半から1990年代はじめは総合順位が1位であったが、最近は低迷が続いている。

　表1を参考にして、最近の日本の低迷の要因と、これからの日本のものづくりのあり方について、技術経営の観点から800字以上1000字以内で自分の考えを述べなさい。

（制限時間：90分）

表1　IMDの国際競争力指標における日本の順位（59カ国中）

	2006年	2008年	2010年	2012年
総合順位	16	22	27	27
① 経済状況	14	29	39	24
② 政府の効率性	26	39	37	59
③ ビジネスの効率性	22	24	23	33
④ インフラ	2	4	13	17

①－④には下記の内容が含まれている

①：国内経済、貿易、国際投資、雇用、物価

②：公的財政、財政政策、国家制度、産業制度、教育

③：生産性、労働市場、金融市場、経営慣行、国際化

④：基礎インフラ、技術インフラ、科学インフラ、衛生、環境、評価制度

</blockquote>

東京農工大学大学院工学府産業技術専攻　2013年度第2回

▶ 概 要

　本問を出題した東京農工大学は、MOTプログラムを提供するビジネススクールです。MOTとは "Management of Technology" の略で、技術経営と訳されます。そもそも技術経営は、製造業を対象に研究開発やイノベーション、生産などに関わるマネジメント手法を経営学の見地から体系化することを目指す分野です。しかし今日では、医療や福祉、観光などサービ

ス分野への研究にも領域を広げています。その背景として、製造業と非製造業との間で経営課題が共通してきていることが挙げられます。実際に、東京工業大学や北陸先端科学技術大学院大学が提供するMOTプログラムでは、製造分野で培ったイノベーション研究をサービス分野に広げた講義が用意されています。

　このようにMOTのすそ野が広がっていることを考えると、名称にこだわらず提供するプログラムの内容にも目を向けることが、志望理由に適したビジネススクール選びにつながると言えるでしょう。

▶ 解 説

1　問いを押さえる

(1) 主題と問題を押さえる

　それでは、問題文から主題と問題を確認しましょう。第1パラグラフは、スイスの研究機関IMD（International Institute for Management Development）が発表している国際競争力ランキングの内容と、ランキングにおける日本の低迷が説明されています。ここから、本問が日本の国際競争力が低迷していることを主題に取り上げていることが読み取れます。

　次に、問題を見ていきましょう。本問で問われている問題は、第2パラグラフで示されています。ひとつは、「最近の日本の低迷の要因」です。ここで「最近」とは、第1パラグラフで「2006年以降」という表現、および問題文の後にある表1で2006年以降の状況がまとめられていることから、2006年から2012年の状況を指しています。さらに「低迷」の意味を考えると、第1パラグラフと表1で、かつて総合順位が1位だった日本が、2006年以降総合順位を下げていることを捉えられることから、日本の評価が下がっていることを表していると読み取れます。以上から、1つ目の問題では、日本の国際競争力に対する評価が2006年以降下がっている要因を探ることになります。

　一方2つ目の問題は「これからの日本のものづくり」に注目して、そのあり方を考えることです。1つ目の問題で日本の国際競争力が低迷して

いる要因を検討していることから、「あり方」とはその要因を取り除いて国際競争力を回復させる方法だとわかります。ここで気をつけたいのが「ものづくり」という言葉です。表1を見ると国際競争力は政治や経済、教育など、多岐にわたって評価していることがわかります。これに対し、問題では「ものづくり」、すなわち製造業に焦点を当てることを求めています。「技術経営の観点から」という表現も同じことを述べています。従って「ものづくりのあり方」を考える前提として、1つ目の論点で「ものづくり」に関わる要因を見出すことが必要になります。以上を考えると、先ほど整理した主題は、**ものづくりの観点から**日本の国際競争力低迷を考えることと補うのが適切といえます。

(2) 思い込みを捨てる

ひとつ注意点があります。ここまで主題と問題の整理を進めていくと、

私は製造業に関わっていないから、本問を解くことは難しい

あるいは、

私は製造業に勤めているから、自分が知っていることを書けばよい

と考える方がいるかもしれません。しかし、これらの考えはいずれも適切とはいえません。そもそも概要編で説明したとおり、ビジネススクールは業種や職種、年代を問わず、ビジネスリーダーとしての役割を望む人々が一堂に会して学ぶ場です。筆記試験はビジネススクールで学ぶのに必要なスキルが備わっているかを試す機会ですから、特定の業種や職種に属する人にだけ有利にならないよう配慮しています。本問で提示されたIMDの国際競争力ランキングは日本全体に関わるものですから、製造業の知見がなくても分析することはできます。従って、製造業にも当てはまる日本企業全体の課題を突き止めれば、問いに答えることは十分に可能です。

筆記試験で特定の業種や職種に関する出題があったとき、**自分にとって有利である、あるいは不利であるという思い込みは捨ててください**。筆記

試験の趣旨を念頭に解けば、必ず問いに答えることができます。

2　表を読み取る

(1) どこに注目すべきか

　主題と問題を押さえたので、問いを解く手がかりとなる表1を検証しましょう。問題文にあるとおり、国際競争力は経済状況と政府の効率性、ビジネスの効率性、インフラの4つの指標で評価されています。問いを押さえる過程で、日本は過去には総合で1位であったのに対し、2006年で16位にランクされてからは下降の一途をたどり、2010年と2012年には総合27位まで順位を落としています。そこで総合順位のもととなる4つの指標を見ていくと、政府の効率性に対する評価が2006年の26位から2012年には59位、つまり最下位までランクダウンしています。となると、政府の効率性に注目して要因を検討するのが得策と考えられます。

　でも、待ってください。たしかに、日本全体における国際競争力低迷を検討するのであれば、最も評価の低い政府の効率性に注目するのが妥当ともいえます。しかし、本問で主題としているのは、**ものづくり**、すなわち製造業の観点から日本の国際競争力低迷を考えることでした。製造業に関わる要因を考えることと、政府に関わる問題点を探ることにはズレが生じています。もちろん政府の効率性には産業制度が含まれていることから無関係とはいわないまでも、いささか遠回りといえます。

　では、主題となるものづくりに関わる国際競争力低迷の要因を考えるのに適した指標は何でしょうか。それはビジネスの効率性です。製造業はビジネスの一部ですから、ものづくりの現状に即した要因につなげやすいと考えられます。さらに、評価の推移を見ると2006年は22位と4つの指標で2番目に低く、かつ2012年にかけて評価を下げていることからも、低迷の状況を反映しているといえます。よって、本問を解く上で主軸となる指標は、ビジネスの効率性ということになります。

【表12.1】表1を読み解く

	2006年	2008年	2010年	2012年
総合順位	16			27
① 経済状況	14			24
② 政府の効率性	26	39	37	59
③ ビジネスの効率性	22	24	23	33
④ インフラ			13	17

最下位にあたる項目に目を向けがち

主題の「ものづくり」から注目すべきはここ！

(2) ビジネスの効率性を深掘りする

　ビジネスの効率性に関する説明を見ると、表下の脚注には生産性、労働市場、金融市場、経営慣行、国際化の５つが列挙されています。ただ、それらが何を示しているのか、また各々がどのように評価されているかは、ここでは特定できません。基礎編Part2「Ⅲ．1．情報を引き出す手順」をおさらいすると、表から抜き出した情報が不十分であれば、抜き出した情報から推論すること、それでも不十分ならば拡散的思考で情報を収集することになります。

　推論が必要となるのは、脚注に掲載している５つの用語の定義です。推論といっても手がかりが多くないため、国内の産業をイメージしつつ内容を掘り下げることになります。

　まず生産性は、字義どおり捉えれば生産の効率性、すなわち生産に費やした労力に対する産出量の比率となります。ものづくりという観点だと生産活動がイメージしやすいものの、国際競争力には国内の産業すべてが関わり得るため、営業や管理など企業活動全般の効率性とも解釈できます。

　労働市場と金融市場は、それぞれ人材や金融の流動性と考えられます。企業に必要な人材を確保しやすいか、必要な資金をタイミングよく調達できるかなど、市場という言葉が持つイメージがつかめれば十分です。

　経営慣行は、企業でこれまで積み重ねてきた経験や価値観などがイメージできます。経営という言葉から主として経営者が持つ考え方とも解釈す

ることができます。

　最後の国際化は、さまざまな定義が考えられます。日本企業が海外進出を容易に実現できるか、日本国内の市場で海外企業との競争が促進しているか、あるいは日本企業内でさまざまな国籍の方が活動しているかなど、多義的な言葉といえます。ここでは明確な定義が書かれていないので、この後の拡散的思考と併せて論述に適した定義を選ぶことになります。

3　拡散と収束

(1) 拡散的思考のおさらい

　出題者から提示された情報にも限りがあるため、ここからは自らの手で情報を集める**拡散的思考**を行います。拡散的思考は、情報をもとにさまざまな方向に考えを巡らせ、まだ存在しない新しいアイデアを生み出す思考法でした。拡散的思考を行うときのコツも基礎編で説明しました。ポイントをまとめておくので、忘れた方は基礎編に戻って復習してください。

- すぐに結論を出さないこと
- アイデアの質にこだわりすぎないこと
- 主題から多少外れても気にしないこと

　拡散的思考ではビジネスの効率性を表す5つの内容を手がかりに、これまで書籍や新聞、雑誌などで培った日本経済に関する手持ちの情報を引き出すことになります。日本の国際競争力が低迷した要因になるものはいくつか考えられます。ここでは、**労働生産性**と**デジタル化**を取り上げますので、参考にしてください。

(2) 労働生産性

　労働生産性とは、就業者1人当たりの付加価値をいいます。付加価値は、売上高から材料費や設備に係る減価償却費[25]などのコストを控除した額です。国レベルでの労働生産性は、国内全体における付加価値を合計した**国内総生産**（GDP：Gross Domestic Product）を就業者数で割った値になりま

す。労働生産性はより少ない労力で多くの経済的成果を生み出すことができたかを表す指標であり、経済的豊かさを実現する基礎となります。ちなみに、人件費はコストではなく付加価値に含まれます。付加価値は、賃金として就業者に分配する原資になるからです。

就業者1人当たり労働生産性

$$労働生産性 = \frac{GDP}{就業者数}$$

　日本では、長きにわたり1人当たり労働生産性の低さが指摘されていました。【図12.1】は、主要先進7カ国の就業者1人当たり労働生産性の順位を5年ごとに推移をまとめたものです（順位はOECD加盟国全体のもの）。グラフを見ると、アメリカが長期にわたり上位を維持していることがわかります。一方、ヨーロッパ諸国やカナダを見ると、フランスを除いて低下傾向にあります。これは、アイスランドやルクセンブルクなどで1990年代後半から法人税率を低く抑え、多国籍企業の呼び込みに成功したことが挙げられます。日本はどうでしょうか。日本は1990年こそイギリスを上回ったものの、それ以外は先進国で最下位に甘んじています。さらに2020年には、トルコや韓国、ニュージーランドにも抜かれて28位まで順位を下げています。

【図12.1】主要先進7カ国の就業者1人当たり労働生産性の順位

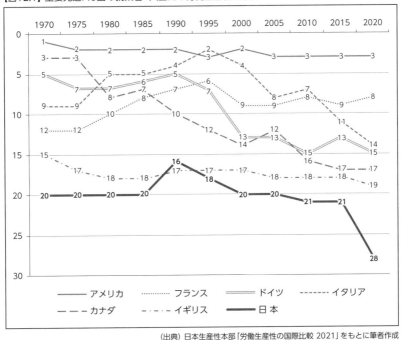

(出典) 日本生産性本部「労働生産性の国際比較 2021」をもとに筆者作成

　なぜ経済大国といわれる日本で1人当たり労働生産性が低いままなのでしょうか。本問の主題となるものづくりの視点でその理由を探ると、バブル期にあたる1990年代前半を境に異なることがわかります。

　高度成長期からバブル期までの日本企業では、生産性を高めることより新製品の開発や売上規模の拡大に力を注いでいました。第二次世界大戦による戦災で多大なダメージを受けた日本が、経済復興のために力を注いだのがものづくりでした。当時は国内外の消費者が生活水準を向上することに関心を持ち、自動車や生活家電が次々と普及していきました。日本企業もその流れに乗り、従業員が切磋琢磨しながら新製品の開発に取り組みました。1966年に販売を開始したトヨタ自動車「カローラ」は、高度成長期を経て国民所得が増える中でマイカー（自家用車）として普及しました。1997年には「累計販売台数世界1位」としてギネス記録に認定[26]され、今

なお単一車種として年間の生産台数で世界１位を誇っています。またソニー「ウォークマン」や日清食品「カップヌードル」など、日本から次々と新製品が生まれ、企業の売上拡大に貢献しました。このように、日本企業は生産性よりも新製品の開発に力を入れたことで、世界での存在価値を高めることに成功しました。ちなみに、この飛躍のメカニズムを探るため、マサチューセッツ工科大学が特に自動車産業に注目して取り組んだ研究の成果が、MOTの原点となっていきます。

　一方、バブル崩壊後における生産性の低さは、**非正規雇用**が増加したことによるものです。1992年にバブル経済が崩壊したころには、国民所得も向上し新製品に対する関心も下がっていきます。これが経済成長の鈍化、すなわち**成熟化**を招き、売上も頭打ちになります。ここから日本企業は、企業として存続する足がかりとなる利益に関心が移ります。利益を確保するために手をつけたのが**人件費**です。これまで日本企業で定着していた終身雇用を改め、パートや契約社員など非正規雇用の比率を増やしたのです。一部例外はあるものの、非正規雇用の多くは賃金や就業時間に制約が加わり、人件費の抑制につなげやすくなります。さらに、女性の社会進出や定年後の人員確保にも非正規雇用が適用されました。このように、日本社会の変化に応じて非正規雇用者が増加していったのです。

　たしかに非正規雇用の増加は人件費の増加を抑える効果を持つため、企業の利益確保には役立ちました。しかし、１人当たりの労働生産性を見るとかえって悪い影響をもたらします。先ほど説明したとおり、１人当たり労働生産性は付加価値を就業人員で割った値になります。分母となる就業人員は、非正規雇用者の増加に連動して増えていきます。他方、分子となる付加価値は人件費が削減されても増えません。定義で説明したとおり人件費は付加価値に含まれるからです。むしろ、売上が改善されなければ付加価値は横ばいか、減少することになります。つまり、日本企業は非正規雇用を増やし利益留保を図ったために、生産性向上につなげられなかったことになります。ここまでの説明を【表12.2】にまとめます。

【表12.2】1人当たり労働生産性が低い理由

労働生産性の構成要素	バブル期以前	バブル崩壊後
付加価値（分子）	新製品の開発が進むことで売上の拡大につながった	国内市場の成熟化により売上が頭打ちになった
就労人員（分母）	新製品開発や売上拡大に必要な人員を正規雇用で確保した	人件費抑制を目的として非正規雇用の比率を増やした
1人当たり労働生産性	付加価値、就労人員とも増加したのに対し、生産性は低いままだった	付加価値が伸びずに就労人員は減らなかったため、かえって悪化した

(3) デジタル化

　日本企業において、国内市場の成熟化とともに直面している課題としてデジタル化が挙げられます。デジタル化とは、既存のビジネスプロセスをデジタル技術の導入によって効率化させることをいいます。最近では、デジタル化をさらに拡張させたDX（デジタルトランスフォーメーション）[27]という言葉も生まれています。ここでは、業務を効率化させるデジタル化に注目して話を進めます。

　デジタル化は生産性の向上に大きく貢献することが期待されます。まず、人の手によって行っていた手間と時間のかかる業務を効率化できます。ムダな手間が省ければその分生産性の改善につながります。さらに、効率化で生まれた時間をほかの作業に充てることで付加価値の向上が期待できます。新製品の開発にかかるアイデア創出に時間をかけることもできるし、プライベートにも考慮したワーク・ライフ・バランスを実現させて従業員の精神的なゆとりを確保することもできます。

　しかし日本企業の現状を見る限りでは、デジタル化が進んでいるとは言い難い状況にあります。その理由として、紙媒体によるコミュニケーション体制がいまだ多く残っていることが挙げられます。現在でも稟議書や申請書、契約書などに署名捺印することが手続上残っているため、紙によるやりとりが続いているケースが多くあります。また、パソコンやスマートフォンなど電子機器に精通していない従業員が多いことも、デジタル化を阻む要因になっています。

少し横道にそれますが、この文章を執筆していたころ（2021年10月）に東京近郊を震源とする大きな地震が起きました。その後テレビでは、地震が起きた翌日に発生したダイヤの乱れで駅に入れずに長蛇の列を作る会社員らの姿が報じられていました。テレワークが導入されていることが伝えられる中でも、デジタル化に対応できていない現状を映し出したように感じた出来事でした。

4 ものづくりのあり方を論証する

ここまで、日本の国際競争力が低迷していることに対する要因を整理しました。製造業について精通していなくとも、問いに答えるのに必要な要素は整理できることが実感できたはずです。

ものづくりのあり方、すなわち低迷を打開する解決策を考えるには**拡散的思考**が有効です。国際競争力を直ちに解決できる策を考え出すのは容易ではありません。解決案の質にこだわりすぎず、根拠づけて説明できるものを取り上げましょう。解答例では、要因で取り上げたデジタル化を推進し、1人当たり労働生産性の改善につなげることを提言しています。

▶ 最後に

本問の締めくくりとして、IMDの国際競争力ランキングについてもう少し掘り下げていきます。IMDは問題文にあるとおりスイスにある研究機関で、ローザンヌでMBAプログラムも提供しています。当該プログラムは世界トップクラスの評価を得ていて、ネスレやフィリップスなど世界的な大企業でCEOとして活躍している人材を輩出しています。

本問は2012年に出題されたため、出題された当時のランキングまでが示されています。ここでは、日本の現状がどうなっているか直近のランキングを紐解いてみましょう。

【表12.3】は2021年までの過去5年間における国際競争力ランキングです。さらに、デジタル技術の活用状況を評価したデジタル競争力ランキング【表12.4】も併記します。デジタル競争力は、新たなデジタル技術を習

得するためのノウハウを表す「知識」と、デジタル技術を開発する環境を示す「技術」、デジタル変革に対する社会の受容性を表す「将来への備え」の3点を評価したものです。なお評価対象となるOECD加盟国・地域は2017年から2020年までが63、2021年が64となっています。

【表12.3】過去5年間における国際競争力ランキング

	2017	2018	2019	2020	2021
総合順位	26	25	30	34	31
経済状況	14	15	16	11	12
政府の効率性	35	41	38	41	41
ビジネスの効率性	35	36	46	55	48
インフラ	14	15	15	21	22

(出典) IMD HP (https://worldcompetitiveness.imd.org/countryprofile/JP/wcy)

【表12.4】過去5年間におけるデジタル競争力ランキング

	2017	2018	2019	2020	2021
総合順位	27	22	23	27	28
知 識	29	18	25	22	25
技 術	23	23	24	26	30
将来への備え	25	25	24	26	27

(出典) IMD HP (https://worldcompetitiveness.imd.org/countryprofile/JP/digital)

　【表12.3】を見ると、2012年に27位だった日本のランキングは改善されず、むしろ下落傾向にあることがわかります。特に目を引くのが、本問で中心に取り上げたビジネスの効率性です。2012年時点では政府の効率性の低さが大きな原因になっていたのに対し、直近5年間はビジネスの効率性が最もランキングの足かせになっています。その要因として取り上げられているのが、**企業の意思決定の迅速さや市場変化への対応**です。IMDの分析によると、これらに対する評価で日本は最下位のクラスにあると指摘されています。

　ではなぜ、意思決定が迅速に行えず市場の変化に対応できないのか。その背景にあるのがデジタル化への遅れです。その証左となるのが【表12.4】にあるデジタル競争力ランキングになります。デジタル競争力が伸

び悩んでいる要因として、総務省が公表した「令和3年版　情報通信白書」では、「知識」、特に人材に関する評価が低下していることを挙げています。その中でも、国際経験が63位、デジタル・技術スキルが62位とほぼ最下位と言える評価になっています。

　これらを整理すると、本問で注目した生産性やデジタル化において、日本企業に対する評価は依然として低いと言えます。しかし、問題3で楠木建教授が述べたとおり、ビジネスの本質は課題解決にあります。生産性の向上やデジタル化の推進に向けた取組みが、新たなビジネスを生む機会になるとも解釈できます。その意味でIMDの国際競争力ランキングは、今後のビジネスを占う有用なデータと言えるでしょう。

解答例

　最近の国際競争力ランキングで日本が低迷している要因として、まず非正規雇用に依存した体制が生産性向上の足かせになっていることが挙げられる。そもそも生産性は、国内の生産活動で生まれた付加価値を就業人員で割った値で測定される。日本企業はかつて、生産性より新製品の開発や売上規模の拡大に力を入れることで、経済の成長を促すことができた。しかしバブルが崩壊した1990年代以降、売上の成長が難しくなった日本企業では、非正規雇用の比率を増やし人件費を抑制し利益の確保につなげた。ここで人件費の抑制は付加価値の改善につながらず、むしろ非正規雇用の比率が高まったことで就業人員全体が増えた可能性がある。これが、生産性を悪化させる結果につながったと考えられる。

　次に、企業内でのIT技術の導入が遅れ、業務プロセスのスピードが下がったことが挙げられる。2000年代に入り、インターネット技術の向上や携帯電話やスマートフォンなどの登場により、世界で急速にデジタル化が進んでいる。これらIT技術を企業が導入することにより、消費者のトレンドなど外部の情報を把握し、企業内での意思決定を迅速に行うコミュニケーション体制を構築することが期待できる。しかし、日本企業では依然として紙媒体を軸足に置いた稟議体制から脱却できず、海外企業に比べ意思決定のスピードが遅れている。つまりデジタル化の遅れが

ビジネスの効率性やインフラ面に対する評価を低下させた可能性が高いといえる。

　これらの要因を踏まえ、IT技術の導入をさらに促進させ、就業人員当たりの生産性を向上させることが、これからの日本のものづくりに必要と考える。かつての消費者は製品の性能が高まることによる利便性に関心が集中していた。しかし、現在では個人のライフスタイルに適した判断基準で製品を選ぶようになり、その関心は多様化している。日本企業が消費者の関心を的確に捉えるには、IT技術を駆使して広く情報を集め、それをスピーディに製品に反映させることが求められる。さらに、消費者の求めに応じた製品を素早く提供するには、製品開発に関わる従業員にも迅速な対応が求められる。IT技術の導入と従業員の迅速な対応を実現できれば、日本企業が生み出す付加価値が高まり、国際競争力の改善につながるものと考えられる。

　以上、技術経営の観点から、日本が低迷している要因とものづくりのあり方に関する考えである。

(997字)

25）設備投資による資金支出を規則的に配分した費用をいいます。

26）https://gazoo.com/column/daily/19/09/27/

27）経済産業省『DX 推進ガイドライン』では、企業がビジネス環境の激しい変化に対応し、データとデジタル技術を活用して、顧客や社会のニーズをもとに、製品やサービス、ビジネスモデルを変革するとともに、業務そのものや、組織、プロセス、企業文化・風土を変革し、競争上の優位性を確立することと定義づけています。

問題 6

一橋大学大学院商学研究科

　以下の文章は、宮本又郎、杉原薫、服部民夫、近藤光男、加護野忠男、猪木武徳、竹内洋著『日本型資本主義』から抜粋したものである。（抜粋に際して、見出しを省略してある。）この文章を読んで、以下の問いに答えなさい。なお解答は全て日本語で書くこと。

問1　傍線部「日本の企業の部課長は、大学時代の専攻内容が職場での仕事に直結していないという意味でも専門性が低い」について、①大学での勉強と仕事の内容との間の関連性が低いという特徴はなぜ生まれてきたのか、②その関連性の低さが日本企業の生産性にどのようなロジックでいかなる影響を与えたのか。あなたの考えを700字以内で論じなさい。

問2　この引用部分のすぐ後で、著者は「給与が年功的なのは実力主義ではないという考え方があるが、これは大きな誤解である」、「日本の長期雇用や年功的に平均賃金が上昇するシステムは『非競争的だ』と思い込んでいる論者が多いが、これは大きな誤解である」と述べている。もし著者のこうした主張が正しいとするならば、あなた自身はそれをどのような論理や事実で正当化するか、500字以内で論じなさい。

(解答時間：90分)

　これからの産業社会では、あらゆる業種においてホワイトカラー的な判断業務の仕事が多くなる。とくに大学卒のホワイトカラーが、近い将来労働力の過半を占めるようになることは容易に予測される。それでは、高等教育を受けたホワイトカラーの人材はどのように養成されるのが望ましいのだろうか。この点について筆者の参加した国際比較の調査結果をまず簡単に紹介したい（小池・猪木［2002］）。

　日本、米国、英国、ドイツの企業の大卒ホワイトカラーの雇用システムについて、1993年から97年にかけて行った共同研究の最終段階で、

日、米、独の大卒ホワイトカラー管理職（部長、課長）を対象にアンケート調査を実施した。ねらいは、日本のホワイトカラーの雇用システムにはいかなる特徴があるのか、そしてそれが日本企業の生産性にどう結びつき、日本経済にいかなる影響を及ぼしているかを明らかにすることにあった。調査の結果、日本の雇用システムについて、米独と比較して次のようなことが判明した。簡単にいくつかの点を要約する。

　日本企業の部課長の学歴は米・独に比べて低く、4年制大学卒が大部分を占めている（表1）。戦後日本は米国の教育制度を導入したため、日本と米国の教育システムは比較しやすいが、その米国は大学院卒（MBAを含め修士号以上）が過半を占める。ドイツは現在大学の大改革が進行中であるが、制度が日本とはやや異なるので、比較には注意を要する。平均的に言うと、20歳前後で（アビトゥーア［大学入学資格試験］の後の兵役、社会奉仕を経て）大学に入学し、5～6年修学し、25、6歳で就職するのが一般的である。そして大学出は学士（Bachelor）ではなく、修士相当MagisterやDiplomを取得するから、日本に比べるとドイツは大学院修了者の割合が高い。この点では日本より高学歴ということになる。ただしドイツは短大より短い修学年数の部長・課長もかなりいるので、全体として学歴の散らばりが一番大きいと言うべきだろう。日本は、大学院修了者の割合が一番小さいという意味で、もっとも低学歴の国である。

　日本の企業の部課長は、大学時代の専攻内容が職場での仕事に直結していないという意味でも専門性が低い。日・米・独の部課長の現在の仕事と大学で学んだ専門との間の関係を調べると、米・独に比べ、日本はもっともその関係が薄い。米国の場合は、会計学を学んで経理の仕事を、人的資源管理（Human Resource Management：HRM）を学んで人事を、あるいはマーケティングを専攻して営業を、というように、特に大学での専門と企業での仕事内容の結びつきが深い。ところが日本では、法学部を出て営業や人事の畑を歩んだり、政治学を専攻して経理の仕事をするといった具合に、大学の勉強と企業での仕事が直接結びつかないケースが多い。ドイツはその中間であるが、それでも大学の専攻と仕事内容との関連性の強さは米国に近い。

　日本の部課長について言えば、「経験会社数は1社のみ」という人が圧

倒的である（つまり内部昇進者が多い）。日・米・独の部課長に他社経験の度数をたずねると、米国は「他社を経験した者」がかなり多いことがわかる。ドイツも日本よりは企業間の移動性は高い。しかし移動をしているのはかなり年齢的に若い層であって、いったん「一生の仕事」と考えると、あまり動かない。言い換えると、日本の部課長が最も勤続年数が長く、次いでドイツ、そして米国という順になる。米国とドイツは若い時期の試行錯誤的な移動が多いと考えられる。そして部課長への昇進に要する平均年数も日、独、米の順になる。つまり、日本は昇進に長い期間を必要とし、「遅い昇進の国」ということになる。

　この調査は日・米・独の職能（function）別の違いを、ホワイトカラーの代表的な職能である、人事、営業、経理部の部課長への昇進で見ている。第1次の選抜出現期と同期の過半数が滞留しはじめる時期を国際比較してみると、入社して選抜・昇進にはっきり差がつき始めるのは、日本では7、8年してからだが、米国は3、4年で見られ最初の選抜出現期が早い。そのため、米国では約半数が入社後10年もたたないうちから、ドイツでは12、3年で同期の過半数が滞留を始める。それに比べ日本は、滞留が始まるのは入社後18〜20年余で、それまでは部課長昇進の可能性があり、ポストをめぐる競争が長く続く。もっともここ10年の注目すべき変化として、日本国内の企業において部課長への昇進は、2、3年ほど短い年数で行われるようになってきている（『労働白書（平成十二年版）』[2000]）。

　部課長育成の望ましいキャリアを職能別（人事、営業、経理）で見ると、日本の企業では、一つの部、すなわち「職能」だけでなく、複数の職位を経験する者が半数以上いる。米国は一つの職位に長年とどまり、職能のなかの複数の分野（area）の仕事を続けるケースが圧倒的に多い。ドイツは日本と米国の中間である。

　優れた人材を育成するためには、いくつかの仕事を経験しながら技能を広げるだけでなく、的確な判断ができるよう技能を深めるようなシステムが必要になる。そのシステムの基準として「効率性」と「公正さ」の二つが重要になる。効率性は個人の技術習得の効率性と、組織つまり多種の技能の組合せの効率性という二つの側面がある。各個人が一つの

職能の中の一分野に特化し、起こりうる事態に専門的に対処できるように組織化できれば最善かもしれない。しかし、企業活動において不確実性は避けられない。突然の欠員や急激な事業拡大など、不測の事態や新しい状況に対応するには、複数の職能、あるいは職能内の複数の分野の経験を積んだ人、それも、関連性が強い、「隣接している」職能、分野での経験が求められるのである。

　もう一つの「公正さ」は、「評価の正確さ」ということを意味する。これが経験した職能の数、職能内の分野 (area) の数に関連するのは、多分野での評価を受けながら、最終的な評価に至るというのが最も確実であるということ、つまり一分野でのパフォーマンスで人材全体を評価するよりも、もう少し広い分野からの情報で総合的に評価する方がよいとする考え方である。組織の中では、こうした複数の職能と分野にまたがるキャリアを持つ人材を、どれくらいの割合で養成することが望ましいのかが重要なポイントとなる。

　では、選抜・昇進に伴う処遇で、給与の上がり方が「年功的」であるのは何故か。その典型は、官僚の給与システムだが、ちなみに、米国の法律事務所の弁護士の給与も、後に説明するように従来は完全な年功制だった。この年功制の意味と論理について考えておくことは、処遇制度を検討するためにも重要である (Lazear [1979])。

　給与が年齢・勤続年数とともに右上がりとなる賃金プロファイルには、企業は働く者から最大限の生産性を、入社して定年までの労働生産にわたって引き出すための道具であるという側面がある。労働生産の初期、入社後しばらくは、労働者は限界生産性より低い賃金を、労働生涯の後期に限界生産性より高い賃金を受け取る。働く者が企業と一種の「ローン」(貸付) 契約をし、そのローンを後に返済してもらうというシステム、「賃金後払い」方式である。生産性を時間をかけて観察し、生涯賃金とのバランスがとれるようなシステムを作り上げている。

表1 部課長の学歴構成（単位：％）

	日本 (1,567人)	アメリカ (752人)	ドイツ (674人)
短大卒以下	13.6	5.9	41.8
大学卒	84.3	32.7	39.9
大学院以上	1.9	60.9	11.3
うちMBA	(0.7)	(37.0)	(32.9)
その他	0.0	0.3	6.1
無回答	0.2	0.3	0.9

（出所）小池・猪木［2002］。

（注）学歴のMBAの比率は、回答計に対する比率である。

（出典）猪木武徳「人事制度と専門家養成」宮本又郎、杉原薫、服部民夫、近藤光男、加護野忠男、猪木武徳、竹内洋著『日本型資本主義』所収、有斐閣、2003年。230頁～235頁（232頁の表1を含む）

一橋大学大学院商学研究科経営学修士コース　2013年度改題

▶ 概要

　本問の出典元となる一橋大学大学院商学研究科は、現在の同大学院経営管理研究科の前身になります。図表・グラフ型問題でこの問題を取り上げたのは、一橋大学では課題文型と図表・グラフ型を融合させた問題形式を取り上げる傾向が定着しているからです。さらに2021年度には、課題文の内容をもとに図を描くことを求める形式が出題されています。解説でも課題文の内容を整理した図表を用いますので、イメージ作りの練習材料として活用してください。

　一橋大学が出題する筆記試験は、国内ビジネススクールでも最も難易度が高いものです。これまで学んだ筆記問題の解き方をマスターし、入念な準備を進めてください。

▶ 解 説

1 　問いを押さえる

(1) 問1で求められる問題を押さえる

　問1は、傍線部の記述に関する説明が求められています。求められている問題は、

　① 大学での勉強と仕事の内容との間の関連性が低いという特徴が生まれてきた理由
　② ①の関連性の低さが日本企業の生産性に与えた影響とそのロジック

の2つになります。

　①にある大学の勉強は、傍線部にある「大学の専攻内容」を言い換えたものです。一方、問題の記述から②が少しつかみにくかったかもしれません。課題文を先取りすると、②と似た内容が第2パラグラフ・4行目に書かれています。ここでは、日本のホワイトカラーの雇用システムが日本企業の生産性にどう結びついたかという、アンケート調査のねらいが示されています。つまり問1は、大学の専攻内容が職場の仕事に直結しない事実をもとに、アンケートのねらいとなる日本企業の生産性との関わりを考えることが求められています。

　生産性は問5と同じく、生産の効率性、すなわち生産に費やした労力に対する産出量の比率をいいます。課題文は営業や事務、研究開発に携わるホワイトカラーを対象にしているため、生産という言葉に違和感を持つかもしれません。ここでは、各人の活動を通じて効率的に付加価値を獲得できたかを表す度合い、と捉えれば大丈夫です。

(2) 問2で求められている問題を押さえる

　問2は課題文の著者による主張を正当化する論理や事実、すなわち根拠を導き出すことが求められています。著者の主張は、引用された部分の直後に述べられているため、問題文で提示されています。具体的には、筆者

は以下の2つの考えについて誤解だと述べています。

- 給与が年功的なのは実力主義ではない
- 日本の長期雇用や年功的に平均賃金が上昇するシステムは「非競争的」だ

　ここも課題文を先取りすると、問1で触れたアンケートのねらいにある日本のホワイトカラーの雇用システムが関連しています。最終パラグラフで、著者は特に賃金に着目して、日本企業が従業員の生産性を長期にわたり観察し、年齢や勤続年数とともに右上がりとなるシステムを作り上げていると結論づけています。このシステムを実力主義ではない、「非競争的」だとする考えがあり、著者はその考えが誤解に基づくものだと主張しているのです。

(3) 主題を押さえる

　基礎編で説明したとおり、主題は筆記試験で提示される問題文に直接示されていないことが多いです。本問も、主題を的確に押さえるには課題文を読む必要があります。

　ただ問題文を先に押さえることで、おおよその主題をつかむことはできます。本問の主題は、日本企業におけるホワイトカラーの雇用システム、特に賃金と生産性の関わりを軸に解き明かすことです。この主題を解決するため、著者は課題文で日本と米国、ドイツの大卒ホワイトカラー管理職を対象に調査したアンケートの結果を述べているのです。

2　課題文を読み取る

(1) 全体の構成

　課題文は大きく4つの内容で構成されています。

　まず第1パラグラフと第2パラグラフで、筆者は問題提起を行っています。このうち第1パラグラフは、課題文を含む論文全体に係る問題提起として、高等教育を受けたホワイトカラーの人材をどのように養成するのが望ましいかと掲げています。一方、これに対する著者の結論は課題文には

ありません。課題文は論文全体の一部を抜粋したものですから、この結論は課題文だけではつかめないのです。よって、第1パラグラフは課題文としては導入部分という扱いになります。

　課題文における問題提起は、次の第2パラグラフに示されています。先ほど説明したアンケート調査のねらい、すなわち日本のホワイトカラーの雇用システムが持つ特徴や、それが日本企業の生産性にどう結びつき日本経済にどう影響したのかを明らかにすることを取り上げているのです。

　この提起を踏まえ、第3パラグラフから第7パラグラフにかけて、アンケートの調査対象となった日本と米国、ドイツについて論点別に結果を整理しています。本問の主題は日本の雇用システムですから、日本を軸に整理することになります。

　第8パラグラフと第9パラグラフは、優れた人材を育成するためのシステムに備えるべき基準となる「**効率性**」と「**公正さ**」について説明しています。ここで注目したいのが、第8パラグラフのトピック・センテンスで、直前のパラグラフで日本に望ましいキャリアと評価されるいくつかの仕事を経験しながら業務を広げるという育成方法を採り上げていることです。ここで筆者は、後に続く生産性と賃金体系に関する議論につなげるべく、人材育成の合理性を論証しています。

　最後の第10パラグラフと第11パラグラフでは、年功的な賃金システムを採用する合理性について、生産性と関わらせながら論証しています。前段で生産性向上につながる人材育成のメカニズムを踏まえ、生産性と賃金との関わりを紐づけています。

(2) アンケートの結果を表で整理する

　課題文の全体構成を押さえることができたので、ここから各論に移ります。課題文では、問題提起からアンケートの結果を説明していることから、読解でもアンケートの結果を整理することになります。

　ここでポイントを整理するのに役立つのが、図表やグラフです。下書用紙で課題文の内容をメモするとき、図表やグラフを使うことで内容に対す

る理解が深まります。**書くときに厳密さを求める必要はありません**。下書用紙は採点対象にならないので、理解できる程度に書けばよいのです。図表やグラフを読むだけでなく自ら書くことにより、これらを使いこなすスキルを高めることができます。

【表13.1】は、パラグラフで示された論点に応じて、日本と米国、ドイツ３カ国の特徴をまとめたものです。先ほど説明したとおり、丁寧に書く必要はなく、問いに答えるポイントが押さえられれば問題ありません。

各々の論点を取り上げると、まず課題文における学歴の説明に違和感を持ったかもしれません。ここでいう学歴は、高卒か大卒かなど、個人が受けた最も高い学校教育段階をいいます。これに対して、学歴をどの学校を卒業したかを指す言葉として用いることも多くあります。この場合に使われる学歴は、学校歴という言葉に置き換えられます。教育学や社会学などアカデミックな視点で学歴を検証するとき、前者の意味に限定して使われることが多く見受けられます。そのため、ここでは課題文に書かれたとおりに学歴が示す意味を捉えれば問題ありません。

【表13.1】日米独におけるホワイトカラー管理職の比較

	日本	アメリカ	ドイツ
学 歴	ほぼ大卒 大学院以上　1.9% MBA　0.7%	大学院卒が過半を占める 大学院以上　60.9% MBA　37.0%	散らばり大きい 大学卒　39.9% (5〜6年修学する) 大学院以上　11.3%
専門性	大学の専攻内容との関係が最も薄い	大学での専門と企業での仕事内容の結びつきが深い	米国に近い
会社移動	少ない 1社のみという人が圧倒的	他社を経験した者が多い	年齢的に若い層で移動が多い 「一生の仕事」を得ると固定化
選抜時期	遅い 18〜20年で選別	早い 10年未満	やや早い 12〜13年
望ましいキャリア	職能と職位を複数経験する	1つの職位に長年留まり、職能の中の複数の分野の仕事を続ける	日本と米国の中間

次の専門性が問１に直接つながる論点として重要となります。ここでいう専門性は、仕事と大学で学んだ専門分野との関係性であるとともに、後

にある望ましいキャリアにもつながっています。実際に米国のキャリアを見ると、1つの職位に長年留まり、1つの職能に係る複数の分野に関する仕事を続けることになります。このことから、米国では仕事と大学の専攻内容が管理職に至るまで一貫して関係性を持つことになります。これに対して、日本では入社時点で両者の関係性は乏しく、さらに職能と職位を複数経験する中でその関係性が強まることはありません。いわば日本企業では、大学時代の専門性を求めていないと考えられるのです。

(3) 効率性と公正さ

　アンケート調査の結果を踏まえ、著者は優れた人材を育成するのに的確な判断ができるよう技能を深めるシステムを作る必要性を訴え、その基準として効率性と公正さの2つを挙げています。

　効率性について著者は2つの側面があるとしつつ、組織における多種の技能の組み合わせに注目しています。それがわかる手がかりが、第8パラグラフ・7行目にある接続表現「しかし」です。基礎編で説明したとおり、**逆接の接続表現は後に続くところを強調するよう著者が意図している**ことを示唆しています。ここでは、企業活動における不確実性に備えるためには、多種の技能を組み合わせる意味での効率性が求められると著者は主張しているのです。

　一方の公正さは、多分野での評価を受けながら最終的な評価に至るというのが評価として最も確実であることを意味します。つまり、多面的に評価する方が人材全体を評価するのに適しているということです。

【図13.1】効率性と公正さ

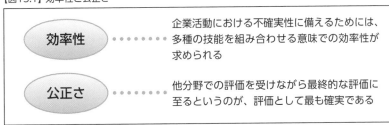

(4) 年功制のイメージを図示する

　第9パラグラフの最後で著者は、複数の職能と分野にまたがるキャリアを持つ人材をどのくらいの割合で養成すればよいかを検討することが、システムを組み立てる重要なポイントになることを指摘しています。これを受けて著者は、日本企業が選抜や昇進に伴う処遇で、給与の上がり方が「年功的」である理由を解き明かしていきます。

　その理由を示す第11パラグラフを解説する前に、追加問題を出します。本問は詳細な説明がされていないので、イメージがつかめているかを確かめることに焦点を当てながら解いてください。

> ### 追加問題
>
> 　著者が第11パラグラフで説明している年功的な賃金システムを簡潔に図示しなさい。
> 　図示するにあたって、グラフの横軸は勤続年数とし、縦軸は1年当たりの賃金および限界生産性とする。また、企業が獲得する限界生産性は一定と仮定し、その全額を賃金に割り当てるものとする。
>
> （制限時間：10分）

　いかがでしたか。詳細な説明がない言葉があったため難しかったかもしれません。概要で説明したとおり、一橋大学では2021年度に課題文の内容をもとにグラフを描くことを求められました。図表やグラフを作成する問題は、ほかにも早稲田大学や東京都立大学で取り上げられました。追加問題を通じて、図表やグラフで答える形式にも慣れていきましょう。

　それでは本論に戻ります。課題文における年功的な賃金システムでキーワードとなるのが、限界生産性です。ここでいう限界は経済学で頻繁に用いられるもので、財やサービスなどを1単位だけ増やしたときに生じる、別の変数の増加分を表します。ここでは、従業員を1人増やすことで得られる付加価値の増加分になります。問題5で扱った就業者1人当たり労働生産性に近いものです。

　一般的に、企業は増加した付加価値の一部を賃金として割り当てます。

第11パラグラフ・3行目で限界生産性をもとに賃金を支払っているのはそのためです。ここでは話を簡略化するため、企業が獲得した生産性、すなわち付加価値の全額を賃金として支払うものとします。それが、【図13.2】です。

【図13.2】限界生産性を全額支払うときの賃金のイメージ

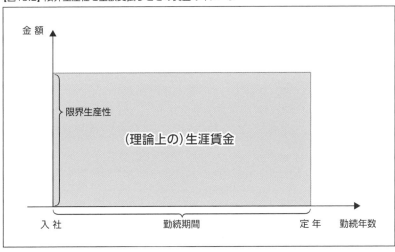

1年当たりの限界生産性がどの程度かは本文ではわかりません。そこで勤続期間を問わず一定だと仮定すると、従業員が勤続期間全体を通じて得られる生涯賃金は長方形になり、以下の算式で求められます。

理論上の生涯賃金 ＝ 1年当たりの限界生産性 ×勤続期間

ただこのままだと、賃金は横ばいで右上がりにはなっていません。第11パラグラフ・3行目を見ると、労働生産の初期、入社後しばらくは限界生産性より低い賃金を、労働生涯の後期には限界生産性より高い賃金を受け取るとあります。これを先ほどのグラフに反映させるべく、1年当たりの賃金が右上がりになるように傾けるのです。それが【図13.3】です。

【図13.3】勤続年数に応じて右上がりとなる賃金のイメージ

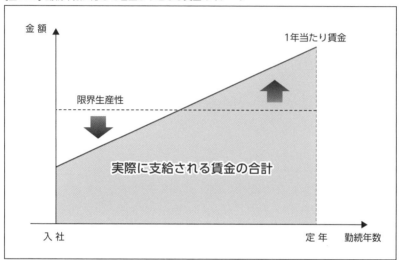

　著者がこのシステムを「賃金後払い」方式と表現したのは、この傾きから生まれた限界生産性との差にあります。入社後間もない時期、すなわちグラフの左側を見ると、本来全額受け取るべき生産性の一部が支払われていません。いわば、生産性の一部を企業に貸し付けている形になります。それがある時期を境に限界生産性より高い賃金を受け取るようになると、貸し付けた分を返済してもらう形に転じ、定年をもって完済となります。**受け取る生涯賃金を変えずに１年当たりの賃金を調節する**。これが年功的な賃金システムのからくりであり、著者は最大限の生産性を引き出すための道具だと評しているのです。

　追加問題の解答例は、【図13.3】になります。もちろん、多少ズレがあってもかまいません。大事なのは、年功的な賃金システムに対するイメージを課題文から的確に押さえることです。簡略な形でも図表やグラフに描くことが、問いに答えるてがかりになるのです。

3　答えを論証する

(1) 問1に答える

　それでは、論証に入ります。問1は、①大学での勉強と仕事の内容との間の関連性が低いという特徴が生まれてきた理由と、②その関連性の低さが日本企業の**生産性**に与えた影響とそのロジックを検討するものでした。

　【表13.1】で整理した課題文にあるアンケート調査によると、日本企業における部課長育成の望ましいキャリアとして、複数の職能、および複数の職位を経験することが挙げられました。これに対して、米国では1つの職位に長年留まり、職能に係る複数の分野に関わる仕事を続けるケースが圧倒的に多く、大学での勉強と仕事の内容との結びつきが強いとしています。米国との比較から、日本企業は複数の職能を経験することが望まれるため、大学での専攻分野を重視する意義はあまりないと考えられます。

　なぜ複数の職能や職位にまたがるキャリアを築くことが日本企業にとって望まれるのか。それが、第8パラグラフと第9パラグラフで説明した**効率性**と**公正さ**です。いずれも優れた人材を育成するシステムに必要な基準となるので、これらも大学での勉強と仕事の内容との間の関連性が低くなる要因と考えられます。日本企業で優れた人材を育成するシステムを踏まえて関連性の低さを論証することが、①が求める理由になります。

　では、それが日本企業の**生産性**にどう影響したのかを検討しましょう。課題文では、生産性について年功的な賃金システムと関わらせて説明しています。つまり②は、日本企業におけるキャリアの考え方に、年功的な賃金システムをどのように根拠づけできるかを説明することが求められているのです。年功的な賃金システムの仕組みは【図13.3】でイメージできたので、これを日本企業における人材育成の合理性とつなぎ合わせます。

　ここからは、【図13.4】をもとに説明します。日本企業では複数の職能と分野にまたがるキャリアを求める観点から、大学での勉強は重視されません。従って、入社時点における従業員の評価は高くありません。そのため、この時点で企業が求める最大限の生産性、すなわち**限界生産性**を獲得するのは難しいことから、限界生産性より低い賃金を受け取ることになり

ます。

　しかし、このままだと従業員は低い賃金に甘んじることになるため、複数の職能と職位を経験し、優れた人材として評価されるよう努力します。その努力が実を結び最大限の生産性が獲得できるようになると、企業は限界生産性より高い賃金を与えることで、生涯賃金とのバランスをとっていきます。同一の企業で複数の職務や職位に係る経験が積み上がることから、当該企業での勤続年数とともに賃金が右上がりになるのです。以上が②を回答するための整理になります。あとは、①、②合わせて700字以内にまとめる必要があるので、ポイントを押さえることを優先して解答をまとめてください。

【図13.4】年功的な賃金システムと人材育成との合理性

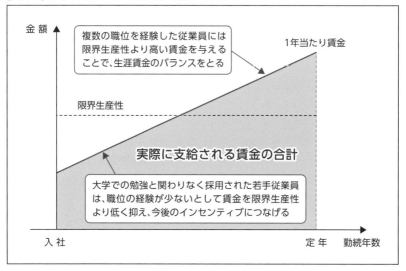

(2) 問2に答える

　問2は課題文の著者による主張を正当化する論理や事実、すなわち根拠を導き出すことが求められています。著者の主張は、問題文にある2つの考え、すなわち給与が年功的なのは実力主義ではないこと、日本の長期雇用や年功的に平均賃金が上昇するシステムは「非競争的」だということが、

共に誤解に基づくものだという指摘です。

　実力主義ではないという主張は、言い換えると**実力を考慮していないと**いうことです。次に「非競争的」というのは、**昇進や昇給といった処遇を**
決めるのに従業員による競争が生まれてないということを表します。

　これらを誤解だとして、反論するにはどうすればよいか。キーワードとなるのが、第5パラグラフにある「遅い昇進の国」という記述です。この遅い昇進に関する議論は、練習問題2で説明しています。練習問題2では、日本企業が新卒学生一括採用により未成熟な人材をOJTやジョブ・ローテーションを通じて育成し、長期にわたって選抜を行うスタンスが定着していることを説明しました。この内容は課題文の第6パラグラフが理解できていれば、遅い昇進の意味を捉えられたはずです。もし内容を忘れていた方は練習問題2に戻って復習してください。

　これらの内容を踏まえると、年功的な賃金システムを導入しても常に勤続年数に応じて賃金を引き上げるのではなく、企業が求める生産性向上が見込めないと評価されれば、選抜や昇進に差が生じることになります。つまり、選抜する期間が米国やドイツと比べて長期に渡るものの、実力を考慮した選抜競争自体は存在するのです。

　ちなみに、選抜からの漏れた従業員が受け取る賃金はどのように変化するかを【図13.5】で図示しています。【図13.4】で説明したとおり、入社時点では最大限の生産性を期待した賃金体系をもとに支払われます。しかし、勤続年数を経て積み上げた経験からその従業員が生み出す限界生産性が期待を下回ると評価されると、当初のペースでは実際の生産性を超える生涯賃金を受け取ることになります。そこで日本企業では、入社後7、8年ごろから選抜や昇進に差をつけ、入社後18〜20年で部課長への昇進が滞留します。それに応じて【図3.15】にあるとおり賃金の上昇も緩やかになり、再評価した限界生産性に見合った生涯賃金を受け取るようにバランスがとられる形になります。

【図13.5】選抜から漏れた従業員の賃金イメージ

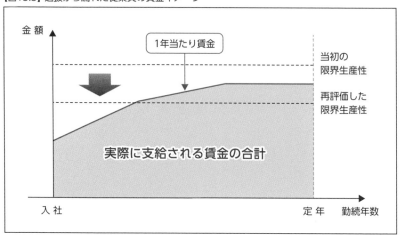

▶ 最後に

　以上で実践編の問題は終了となります。答案作成、お疲れ様でした。

　基礎編や練習編で学んだ問いを解くステップを生かすことができたでしょうか。本書に収録した問題を一通り押さえることで、筆記試験の対策に必要なものを身につけることができます。しかし、実力として完全に定着させるには、**本書を何度も読み返す**こと、**収録している問題を解き直す**ことが重要です。志望校の過去問など本書以外の問題を解くときには、本書を手元に置き、基礎編を中心に見直してください。練習編や実践編に収録した問題は、折に触れて複数回解いてください。解答例を暗記しても意味はありません。問いを解くステップが定着しているかを確かめ、説得力のある解答を自ら作り上げることを繰り返してください。

　本書での学習を通じて、身につけた実力が、ビジネススクールへの入学に貢献できることを心より願っております。

問1

　大学での勉強と仕事の内容との間の関連性が低いという特徴が生まれた理由として、日本企業において複数の職能に係る経験を積むことが、優れた人材を育成するシステムとして定着したからだと考える。優れた人材を育成するシステムには、効率性と公正さが求められる。複数の職能に係る経験を積んだ人ほど突然の欠員や急激な事業拡大などの不確実性に対応できるため、日本企業では組織での効率性が優先された。また人材を評価するのに、広い分野からの情報で総合的に評価する方が公正さを確保できると考えられた。このような観点から、個人の技術習得につながる大学の勉強よりも入社後に経験した複数の職能が重視され、大学での勉強と仕事の内容との間の関連性が低くなったと考えられる。

　次に、大学での勉強と仕事の内容との間の関連性が低いことが日本企業の生産性に影響を与えたロジックについて、以下のとおり整理する。まず大学での勉強が仕事の内容との関連性が低いことから、入社した従業員が持つ職能は低いものと考える。そこで企業は、その従業員から最大限の生産性を入社から定年までの労働により引き出せるよう賃金プロファイルを整備する。具体的には、従業員が入社してしばらくは限界生産性より低い賃金を、勤続を経て複数の職位を経験するに従い限界生産性より高い賃金を給付する。このように日本企業では、従業員の生産性を長期にわたり観察し、生涯賃金のバランスをとれるようなシステムを作り上げたと考えられる。

　以上が、大学での勉強と仕事の内容との間の関連性が低いという特徴が生まれた理由と、日本企業の生産性に与えたロジックに関する説明である。

(684字)

問2

　給与が年功的なのは実力主義でない、あるいは日本の長期雇用や年功的に平均賃金が上昇するシステムは非競争的という考え方は誤解であるとする著者の主張は、当該システムは日本企業の平均的な特徴を説明したに過ぎないことを根拠に正しいものと考える。

引用部分にあるとおり、日本企業では入社して7、8年してから選抜や昇進に差が生じ、20年ほどで部課長への昇進の有無が決定される。職位に差が生じることによって、給与に差が生じるのは十分に想定される。他方、差が生じた従業員を平均すれば、給与が年功的に上昇するため、年功的であっても実力主義の側面を持っているといえる。具体例として、銀行業界のシステムを挙げる。入社直後は支店に配属され、営業や決済を担当する。その後実績が認められれば本社や海外支店への配置換えを経て、支店長に抜擢される。他方、ポスト獲得競争に勝ち得なかった従業員は、グループ会社へ出向・転籍し、銀行本体に戻ることはほぼなくなる。この間、支店長まで昇進した従業員としなかった従業員との給与の格差も勤続年数が進むにつれて大きくなる。

　以上が、引用部分の後にある著者の主張が正しいとする論理、ならびに事実である。

(498字)

経営学テキストの選び方

　知識問題・傾向と対策では、経営学に関する学部レベルの知識を正確に押さえることを求めています。押さえるとは、何も見ずに知識を説明できるレベルに引き上げることを意味します。しかし一口に経営学と言ってもその範囲は膨大ですし、議論の内容も日々変化しています。ビジネススクールで2年間学んでも網羅することは不可能ですし、ましてMBA入試対策の場でやみくもに手をつけてしまうと、たちまち消化不良に陥ってしまいます。

　MBA入試の対策を手がける予備校を利用する場合は、過去の傾向やビジネストレンドを分析してまとめられたテキストや講義を通じて、受験に必要な知識を習得することになります。一方、独学で対策を進める場合は、初学者の視点に立った書籍（基本書）を選び、そこで取り上げられている理論や概念を押さえることになります。ここでは、MBA入試対策として推薦できる基本書を紹介します。

　まず中川功一・佐々木将人・服部泰宏著『考える経営学』（有斐閣）は、経営やマーケティング、会計などの諸分野を事業づくりと組織づくりの2軸で整理しているのが特徴です。自ら事業・企業を作ることをイメージしつつ、事業や組織にまつわる課題を想定しながら読み進める仕組みが施されています。

　次に青島矢一著・榊原清則監修『経営学入門（はじめての経営学）』（東洋経済新報社）は、経営学の見取り図を提供するというコンセプトをもとに経営に関わる学問領域を網羅させるとともに、事例を豊富に取り上げることにより理論と実務を結びつける工夫がされています。MBA受験生の多くが社会人であることからも、本書のように実務家にとって役立つことを想定した書籍は価値があると言えるでしょう。

　基本書は上記以外にも多数あるので、書店などで実際に手に取って自分に合ったものを選びましょう。

Appendix

MBAキーワード

経営戦略論 I ― 全社戦略

全社戦略とは

全社戦略は、企業が扱う事業の範囲（ドメイン）を定めること、また複数の事業を展開している場合は事業間の資源配分を決定することを目的としています。全社戦略の切り口として、**製品・業種、垂直的段階、地域**の3つがあります。

製品・業種に関する議論では、事業の水平的な広がり、すなわち**多角化**の程度を決定します。多角化はさらに、既存事業との関連性が強い**関連多角化**と、関連性が乏しい**非関連多角化**に分類できます。

垂直的段階に関する議論では、開発から製造、販売まで一連の業務について、どの段階を自社で行うかを決めます。このうち複数の業務を1つの企業が営むことを**垂直統合**とよび、その代表的な業態としてユニクロやニトリが取り入れている SPA（製造小売り）があります。

地域に関する議論では、事業を展開する地理的な範囲を決めます。

ドメイン

全社戦略でドメインを設定するメリットには、経営資源の分散を防ぐことや新規事業創出における探索の分散を防ぐことなどが挙げられます。

ドメインを定義づける基準として、製品・サービスそのもので定義づける**物理的定義**と、提供する製品・サービスが持つ機能（目的）から定義づける**機能的定義**があります。物理的定義によるドメインの設定は、事業の範囲が見えやすい分、事業範囲を狭めてしまうリスクがあります。これを**マーケティング近視眼**とよびます。

PPM

複数事業を営む企業が全社戦略を策定するのに重要となるのが、**どの事業にどの程度の資源を配分するか**、という論点です。この論点を整理する枠組みとして提唱されたのが、PPM（プロダクト・ポートフォリオ・マネジ

メント；Product Portfolio Management）です。

　PPMは、横軸に相対的な市場シェア、縦軸に市場成長率をとったマトリクスの中に各事業を位置づけ、4つの領域に分類します。各々の領域は、以下のとおり定義されます。

領域の名称	特　徴
① 問題児	市場の成長率は高いものの相対的シェアが低いため、シェア拡大や研究開発に伴う資金流出が多く見込まれる
② 花　形	市場成長率が高く、相対的シェアが高い（業界首位） 売上が急成長して収入も多いものの、設備投資や研究開発費など先行投資が多いため支出も多く見込まれる
③ 金のなる木	成長率は鈍化しているものの、相対的シェアが高い 売上が維持できるため収入が多いのに対し、先行投資は少ないことから支出は少ない
④ 負け犬	市場の成長性も低く、相対的シェアも低い

　上記4領域の状況と意味合いから、PPMが示唆する資源配分は、金のなる木から得た資金を花形や問題児に投下すべき、ということになります。この方針により、問題児の事業が花形に移り、いずれ花形の事業は金のなる木に移行するサイクルを確立させ、企業の持続的な成長を実現することが期待されるのです。

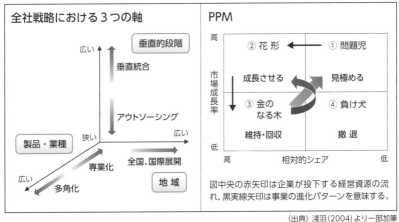

（出典）淺羽（2004）より一部加筆

297

経営戦略論 II ── 事業戦略

| ポーターの競争戦略論

　事業戦略は、他社に対する競争優位性を確保するために企業が手がける事業の方向性を決めるものです。事業戦略で最も著名な理論体系として、ポーターの競争戦略論が挙げられます。

　ポーターの考えを端的にまとめると、業界の動向に注目して独占に近い地位を得る戦略を立てるべきである、となります。この考えに基づき、まず事業が属する業界構造をファイブフォースで分析し、自社を含む業界内の企業を同じ戦略の方向性を持つ企業群─戦略グループとして整理します。その結果に基づき、独占に近い、すなわち競争優位を築きやすい戦略グループを選択する方向に事業を導くことになります。

◼1 ファイブフォース

　ファイブフォースとは業界を脅かす5つの要因─既存企業同士の競争の程度、新規参入者の脅威、代替品・サービスの脅威、買い手（顧客）の交渉力、サプライヤーの交渉力です。フォースとは、業界から利益を奪い取る圧力を意味しています。ポーターはファイブフォースの強弱により、業界の魅力度、利益が獲得しやすい程度を明確にすることを意図しています。

◼2 戦略グループ

　業界の状況を基礎として企業レベルの動向をつかむために用いられるのが、戦略グループという概念です。戦略グループとは、同じ業界内で相互に似通った戦略を追求している企業群をいいます。

　ポーターは、利益が得やすい戦略グループの特徴として移動障壁が高いことを挙げています。移動障壁とは、ある戦略グループから別の戦略グループに移動する際の難易度をいい、移動障壁で囲い込むことで戦略グループへの参入を防ぎ、利益が得やすい状況を作り出すのです。

❸ 3つの基本戦略

　移動障壁を高め利益が得やすい戦略グループに自社の事業を位置づけるために、ポーターは3つの基本戦略を取り上げています。

　ひとつは、同業他社よりも低いコストで製品を作ることを競争優位の源泉とするコスト・リーダーシップ戦略です。コスト・リーダーシップ戦略はあくまで競争優位の源泉を低コスト生産に求めるわけであって、直ちに価格競争を仕掛けるわけではない点に注意してください。

　その次が、買い手のニーズに沿って自社を業界内で独自性を持った企業にしようとする差別化戦略です。顧客に自社の製品や独自性を認知させることにより、顧客との関係が維持されることをねらいます。

　最後がコスト・リーダーシップや差別化を地域や製品ラインなど特定の市場セグメントに展開する集中戦略で、ニッチ戦略とも呼ばれます。

リソース・ベースト・ビュー

　ポーターの競争戦略論に対し、競合他社よりも優れた経営資源や能力を持つことが企業の競争優位を引き出すことにつながると主張する理論体系が、リソース・ベースト・ビュー(RBV)です。RBVでは、競合他社よりも優れた経営資源の特質として、他社にまねされにくいこと、すなわち模倣困難性に注目しています。

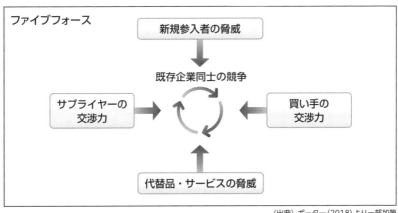

（出典）ポーター（2018）より一部加筆

イノベーション論

イノベーションとは

　経営学における**イノベーション**とは、新しい考え方や技術を取り入れて新たな価値を生み出す活動の総称をいいます。イノベーション論は、新しい知識を企業内にいかに取り入れ、またいかに革新的な成果を出すかに注目し、戦略と組織の両面から研究が進められています。

両利きの経営

　イノベーション研究において昨今注目されているのが、マーチが提唱した知の探索と知の深化を組み合わせる、**両利きの経営**という考え方です。知の探索は、組織が持つ知識から離れ、外部にある新しい知識を追求することをいい、知の深化は組織が持つ知識を活用することをいいます。この知の探索と知の深化を両輪で進めることを、左右両手が使える人にたとえ、両利きの経営と名づけられたのです。

　両利きの経営からイノベーションを実現させた例として、トヨタ生産システムが挙げられます。このシステムを生み出した大野耐一氏は1950年代に米国のスーパーマーケットでのモノや情報の流れに着目し、それを自動車生産に取り入れることで生産システムを確立したのです。

イノベーターのジレンマ

　ビジネススクールの筆記試験で出題頻度が高い概念のひとつが、クリステンセンが唱えた**イノベーターのジレンマ**です。クリステンセンは、業界のトップ企業が破壊的イノベーションに直面した時に市場のリーダーシップを失うメカニズムを解明しました。

　優良企業は顧客の意見に耳を傾け、彼らが求める製品・サービスを開発・提供するため、既存製品への持続的イノベーションに力を入れ積極的に投資します。ここで競合他社が新製品を投入したとします。ただ当初はその製品が持つ性能が低いため、主流顧客の関心は薄く購買には至りません。

そのため優良企業も関心を向けず、継続して既存製品に投資します。これにより、既存製品の性能が顧客の要求水準を超えてしまいます。

一方、競合他社は新製品の持続的イノベーションを積み重ね、顧客が求める最低限の性能を上回ると、顧客の一部が性能は劣るものの価格や使い勝手の良さを理由に新製品に流れ始めます。この移り変わりを**破壊的イノベーション**と呼びます。他社が新製品への持続的イノベーションを継続すると、顧客はさらに新製品に流れ既存製品の市場が侵食されます。新製品への対策に乗り遅れた既存製品の優良企業は、新製品を主力とする新興企業に太刀打ちできず、やがて市場から撤退することになります。

ジレンマは、選ぶ道が2つありながらそのどちらもが望ましくない結果をもたらす状況を指します。優良企業からすれば既存製品に投資を続けても破壊的イノベーションを回避できず、新製品に乗り換えても既存製品を継続して利用する顧客への裏切りと捉えられるリスクがあります。クリステンセンは、このジレンマこそ優良企業が市場のリーダーシップを失う要因だと突き止めたのです。

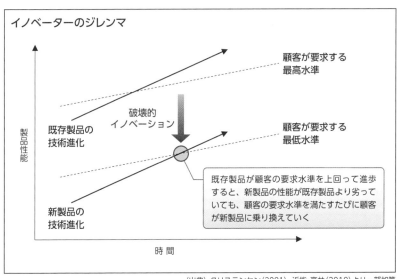

イノベーターのジレンマ

顧客が要求する最高水準

破壊的イノベーション

既存製品の技術進化

顧客が要求する最低水準

製品性能

既存製品が顧客の要求水準を上回って進歩すると、新製品の性能が既存製品より劣っていても、顧客の要求水準を満たすたびに顧客が新製品に乗り換えていく

新製品の技術進化

時間

(出典) クリステンセン(2001)、近能・高井(2010)より一部加筆

マーケティング論

STPマーケティング

マーケティングは、企業が市場を通じて顧客との関係を築くことを目指します。企業が的確にマーケティングを行えるよう、コトラーが体系立てたのがSTPマーケティングです。STPは各プロセスの頭文字をとったもので、以下の3つで構成されています。

セグメンテーション(Segmentation)とは、市場を同一のマーケティング戦略を適用する集団に細分化することです。市場が多種多様なニーズを持った異質の集団であるという考えに基づき、複数の要素で市場を区切り、ターゲットとなる顧客や市場を明確にします。

ターゲティング(Targeting)では、市場のセグメントを評価し、実際にフォーカスすべき市場を設定します。ターゲットとなる市場が設定されたら、その市場で自社製品が優位になるようなポジショニング(Positioning)を行います。自社製品が消費者の中でどのように注目されるかを意識しながら、自社製品が最も有利になるポイントを特定します。

マーケティング・ミックス

マーケティング・ミックスは、マーケティング戦略を組み立てるのに考慮すべき要素であり、製品(Product)、価格(Price)、プロモーション(Promotion)、流通チャネル(Place)で構成されています。それぞれの頭文字をもって4Pといわれています。

1 製品

製品戦略の要は、消費者が抱える課題(ニーズ)を解決するためにどのような方法で製品を利用してもらうかにあります。与えられた環境で目的を達成するために、さまざまな制約のもとで利用可能な要素を組み合わせて、要求を満たすような製品を設計することをデザインといいます。デザインには製品が持つ機能はもちろん、消費者が抱くイメージなども考慮す

ることが求められます。

2 価 格

価格戦略では、とにかく安ければよいという考えに捉われず、提供する製品の価値に見合った対価を設定することが重要となります。近年、初期導入を無料で提供するフリーミアムや、期間内に利用できる権利を定額で提供するサブスクリプションなど、製品・サービスの提供方法の多様化に伴い、新たな価格設定の考え方に注目が集まっています。

3 プロモーション

プロモーションは、企業から消費者に向けての情報発信をいいます。このうち、広告やパブリシティなど、企業が消費者に直接働きかけ、購買意欲を刺激する手法をプル戦略といいます。他方、販売促進や人的販売など、企業が流通業者（卸売・小売業者）に働きかけ、流通業者を通じて自社製品を積極的に販売してもらう手法をプッシュ戦略といいます。

4 チャネル

チャネルは、製品が生産者から消費者に到達するまでの流れを指します。最近は、実店舗やオンラインストアなどのチャネルを統合し、顧客がどのチャネルからも商品を購入できるオムニチャネルが注目されています。店舗を試着体験の場と定め、注文はタブレット端末で行い自宅に無料で配送するモデルを導入した丸井が、オムニチャネルの好例といえます。

ブランド

ブランドは、製品・サービスの生産者や販売者を識別する名称や言葉、記号などをいいます。ブランドを理解する上で気をつけたいのが、高級という意味が直ちには含まれないことです。ブランドの本質は**識別**にあり、消費者に競合する製品やサービスとの違いを理解させ、購入する意思決定を容易にする機能を果たします。

組織デザインと人的資源管理

組織の3要素

　ビジネススクールが研究の対象とする企業は、組織の一形態に含まれます。米国の経営者であり経営学者でもあったバーナードは、組織が備えるべき要素として、(1)組織のメンバーに共通の目的があること、(2)その目的に貢献する意欲があること、(3)目的達成のために意思疎通（コミュニケーション）が図れることを挙げています。経営組織論はこの3要素に注目し、適切に組織を運用するあり方を研究しています。

組織デザイン

　組織デザインは、組織の目的を満たすためにメンバーの役割やコミュニケーションの仕組みを設計することです。ここでは、トップマネジメントのすぐ下に職能別部署を置く職能別組織と、製品や地域などの区分で事業部をまとめ、各職能を持った部署を設ける事業部制組織を紹介します。

形　態	職能別組織	事業部制組織
イメージ	トップ └ 経理・人事など 開発　製造　販売	トップ ├ A事業部　├ B事業部 開発 製造 販売　開発 製造 販売
メリット	・専門性を高めやすい	・事業部門ごとの業績を比較しやすい ・事業全体を見通す視野を持った人材を育成しやすい
デメリット	・複数の製品・サービスを扱うとき、個別に成果を把握するのが難しくなる ・全社的な視野を持った人材を育成しにくい	・事業部間に壁が生まれ、コミュニケーションが困難となり、経営資源の重複が生まれやすい

人的資源管理

人的資源管理では、企業がその目的を達成するために、メンバーの目標を認識させ貢献意欲を引き出す仕組みを考えていきます。

練習問題2や実践編・問題1で取り上げたとおり、日本企業では終身雇用や年功制、企業別労働組合といった日本的経営と呼ばれる雇用慣行が長らく定着してきました。その背景には、第二次世界大戦後の復興と度重なる労使紛争があります。当時の日本は戦災から立ち直ることが急務であり、企業も早急に体勢を整えることが求められました。一方、従業員も雇用維持が生活向上につながると考えるようになり、労使協調を軸とした日本的経営が出来上がったのです。日本的経営は、1972年の「OECD対日労働報告書」で高度成長を実現した実例として紹介されたことで、世界的に広く知られるようになりました。

しかし、1970年代に起きたオイルショックや1992年以降のバブル崩壊を経て、日本企業でも雇用維持が難しくなるとともに、消費者のニーズが短期的に変化してきたのに伴い、長期的に人材を育成する意義も失われつつあります。そこで日本企業では、日本的経営に代わる人材管理の手法が模索されています。そのひとつが目標管理（Management By Objective：MBO）です。

MBOは企業戦略と人事を結びつけて、評価者と被評価者が話し合いながら被評価者の目標を設定し、その達成度で評価する仕組みです。MBOは、組織に共通する目標に被評価者を注目させながら、その設定に参画させることで被評価者自身による自己統制を促す効果が期待されています。

しかしMBOは、達成する実績にこだわり、短期的に達成できる目標ばかり設定する弊害が指摘されています。低い目標ばかり設定されると、その被評価者は自己成長につながらないことに嫌気がさし、企業に対する貢献意欲が失われていきます。MBOを適切に運用するためには、評価者は目標だけでなくその達成に必要な具体的な活動にも目を向け、被評価者に適切なフィードバックを与えることが重要となります。

組織行動論

▎組織行動論とは

　組織行動論は、組織内におけるメンバーの行動に焦点を当てる研究分野です。組織はメンバーの集合体ですから、メンバーの行動、すなわち態度や物事の受け止め方、さらには生産性や満足度なども、組織の目的達成に影響を与えます。組織行動論は、組織に属するメンバーの行動を心理的な側面から解明することを目指しています。

▎モチベーション

　モチベーションは、メンバーの行動を一定の方向に発動させ、推進し持続させるプロセスをいいます。目的に達したいという意欲を高め、その達成に適した行動を選び（動因）、持続的に行動する状況を、モチベーションの高い状態が形成されていると捉えます。

　モチベーションの研究は、人は**何に**動機づけられるのかに着目した内容理論と、人は**どのようにして**動機づけられるのかに着目した過程理論に分けられます。

　内容理論には、主としてマズローの欲求階層理論とハーズバーグの二要因理論があります。マズローは人間には5つの欲求があり、低い段階の欲求が満たされてから次の段階の欲求が生まれると考えました。5つの欲求は低い段階から順に、身体的に必要な生理的欲求、安全に生活したいという安全欲求、周囲との関わりや愛情を求める社会的欲求、他人から尊敬されたいという尊厳の欲求、何かを成し遂げたいという自己実現欲求で構成されます。これに対してハーズバーグは、達成意欲や成長などの内的要因（動機づけ要因）が仕事の満足をもたらすのに対し、上司との関係や職場環境などの外的要因（衛生要因）は仕事の不満足に関係すると提唱しました。つまり組織のメンバーに関わる衛生要因を満たして不満足を解消しても、モチベーションにはつながらないと考えたのです。

　過程理論には、主としてヴルームの期待理論と、デシの内発的動機づけ

理論が挙げられます。期待理論は、人間の行動はその行動があらかじめ定められた報酬につながるという期待の程度と、その報酬が本人に与える魅力の程度で決まる、という考え方です。一方デシは、期待理論で導き出された外発的動機づけとは別に、自身の好奇心や興味・関心など内面的要素から引き起こされる内発的動機づけに注目しました。この理論では、内発的に動機づけられた行動に金銭的報酬が与えられると、報酬により自己の行動がコントロールされているとの感覚に陥り内発的動機づけが低下するアンダーマイニング効果を見出したことが評価されています。

┃リーダーシップ

　リーダーシップとは、リーダーが先頭に立ち、メンバーに目的達成を促すよう影響を与えるプロセスをいいます。

　初期のリーダーシップ研究では、リーダーが先天的に持つ固有の資質に注目し分析するものがほとんどでした。しかし研究を進めるうちに、具体的な特性だけでは有能なリーダーを判断できないことが明らかになりました。そこでリーダーとして望ましい行動スタイルに研究の主題が移っていきます。

　有能なリーダーだけに見られる行動を分析する行動理論の多くは、リーダーの行動を2つの軸に分けて研究するものでした。例を挙げると、ミシガン大学によるリーダーシップ研究では、対人関係を大切にする従業員志向と、職務の手法や課題に注目する生産志向に注目して分析した結果、従業員志向のリーダーが高く評価されました。

　昨今は、状況に応じてどのようなスタイルが望まれるかを検討するフィードラーモデルや、リーダーと個々のメンバーとの関係性に焦点を当てたリーダー・メンバー交換理論（Leader-member exchange：LMX）など、より複雑な状況に応じた議論が展開されています。

現代の経営トピック

プラットフォーム

　プラットフォームとは、他のプレイヤーが提供する製品やサービス、情報と一体となって、はじめて価値を持つ製品やサービスをいいます。そのプラットフォーム上でさまざまな機能を果たす製品やサービスを補完品といいます。普段使うスマートフォンを例にとると、アップル社が提供するiOSやGoogle社が提供するAndroidなど、モバイルオペレーティングシステム（モバイルOS）を基盤として、さまざまなアプリケーションソフトが利用できます。この場合、モバイルOSがプラットフォーム、アプリケーションソフトが補完品になります。また、プラットフォームを提供する企業をプラットフォーマー、補完品を提供する企業を補完プレイヤーといいます。

ネットワーク外部性

　プラットフォームが持つ特性のひとつに、ネットワーク外部性があります。ネットワーク外部性とは、プラットフォームの利用者が増えるほど、そのプラットフォームから得られる便益が増大することをいいます。スマートフォンでいうと、iOSが搭載されているiPhoneの利用者が増えるにつれ、iPhoneの利用者同士で情報交換したり、利用者に向けたアプリケーションソフトの種類も増えたりします。このようにプラットフォームは、利用者の増加が別の利用者にも利便性をもたらすネットワーク外部性が働きやすいという特徴を持っています。

ビジネス・エコシステム

　このネットワーク外部性を最大限生かすため、プラットフォーマーは補完プレイヤーと協力しながら、自社のプラットフォームを普及させようと考えていきます。このとき、プラットフォーマーを軸とする補完プレイヤーとの柔軟な企業ネットワークを、ビジネス・エコシステムといいます。

　プラットフォーマーが自社を軸とするビジネス・エコシステムを発展さ

せる方策としてオープン化があります。オープン化とは、補完プレイヤーにプラットフォームが持つ技術仕様やプログラムのソースコードを公開することをいいます。Google社が提供するAndroidを搭載したスマートフォンの種類が多いのは、同社がAndroidをスマートフォンメーカーに無償で提供しているからです。このようにプラットフォームのオープン化は、市場の拡大を目指す戦略に適しているといえます。

クリティカル・マス

　ネットワーク外部性を引き出すには、消費者に認知されるだけの普及水準、クリティカル・マスを確保することが求められます。クリティカル・マスに達したプラットフォームは、ネットワーク外部性が強く働く傾向にあります。なぜならネットワーク外部性の原動力は、せっかく買った製品やサービスで損をしたくないという消費者の強い欲求にあるからです。そこで消費者は、利用者の多い製品やサービスを選び勝馬に乗ることを目指します。そのため、プラットフォームは一人勝ちと呼ばれる現象が起こりやすいといわれています。

サービスマネジメント

　昨今の日本では、医療や福祉、教育、観光など、サービスの役割が強まりつつあります。そこで、経営学の領域でもサービスの生産性や競争力向上に資するような議論が深まっています。

　サービスが持つ最大の特徴として、無形性があります。これは消費者が購入する前に五感で直接確かめることが難しいことをいいます。従って、消費者が事前にサービスの品質がつかめるよう、導入事例やアンケート結果などサービスを可視化する手立てが必要となります。

　またサービスの提供と消費が同時になされるという不可分性や、誰がいつどのように提供するかで質が変化する変動性といった特徴も重要となります。そこで、利用者が得られる体験に基づき利用者の目線でサービスを設計するというサービスデザインの考え方に注目が集まっています。

◆ 参考文献 ◆

*下記のほか、統計に関する引用元は該当箇所に直接記載しています。

淺羽茂(2004)『経営戦略の経済学』日本評論社

千葉雅也(2017)『勉強の哲学—来たるべきバカのために』文藝春秋

クレイトン・クリステンセン(2001)『増補改訂版 イノベーションのジレンマ—技術革新が巨大企業を滅ぼすとき』(玉田俊平太監修、伊豆原弓訳)翔泳社

原田順子・平野光俊(2018)『新訂 人的資源管理(放送大学大学院教材)』放送大学教育振興会

波頭亮(2004)『思考・論理・分析—「正しく考え、正しく分かること」の理論と実践』産業能率大学出版部

石黒圭(2012)『論文・レポートの基本—この1冊できちんと書ける!』日本実業出版社

情報文化研究所著、高橋昌一郎監修(2021)『情報を正しく選択するための認知バイアス事典 – 世界と自分の見え方を変える「60の心のクセ」のトリセツ』フォレスト出版

上林憲雄編著(2015)『人的資源管理(ベーシック＋)』中央経済社

上林憲雄・平野光俊編著(2019)『日本の人事システム –その伝統と革新』同文舘出版

経済産業省(2018)「デジタルトランスフォーメーションを推進するためのガイドライン」

木下是雄(1994)『レポートの組み立て方(ちくま学芸文庫)』筑摩書房

小池陽慈(2020)『14歳からの文章術 – 一生ものの「発信力」をつける!』笠間書院

近能善範・高井文子(2010)『コア・テキスト イノベーション・マネジメント(ライブラリ経営学コア・テキスト)』新世社

琴坂将広(2018)『経営戦略原論』東洋経済新報社

野矢茂樹(2006)『新版 論理トレーニング(哲学教科書シリーズ)』産業図書

野矢茂樹(2018)『増補版 大人のための国語ゼミ』筑摩書房

野矢茂樹(2020)『まったくゼロからの論理学』岩波書店

マイケル E.ポーター(2018)『新版 競争戦略論Ⅰ』(竹内弘高監訳、DIAMOND ハーバード・ビジネス・レビュー編集部訳)ダイヤモンド社

佐藤郁哉(2021)『ビジネス・リサーチ(はじめての経営学)』東洋経済新報社

篠澤和久・松浦明宏・信太光郎・文景楠(2020)『はじめての論理学 — 伝わるロジカル・ライティング入門(有斐閣ストゥディア)』有斐閣

総務省(2021)『令和3年版情報通信白書』日経印刷

高田貴久(2004)『ロジカル・プレゼンテーション—自分の考えを効果的に伝える戦略コンサルタントの「提案の技術」』英治出版

戸田山和久(2012)『新版 論文の教室 – レポートから卒論まで(NHKブックス)』NHK出版

戸田山和久(2020)『思考の教室 – じょうずに考えるレッスン』NHK出版

鄭 龍権
<ruby>鄭<rt>てい</rt></ruby> <ruby>龍<rt>りゅう</rt></ruby><ruby>権<rt>けん</rt></ruby>

1978年兵庫県神戸市生まれ。関西学院大学法学部卒、早稲田大学商学研究科ビジネス専攻（現・経営管理研究科）修了、MBA取得。現在、公認会計士鄭龍権事務所代表、経営行動科学学会監事。会計事務所代表として主に企業再生支援や企業年金基金に対する合意された手続業務（AUP）などに取り組むほか、河合塾KALSで国内MBA・MOT入試に向けた筆記試験対策や研究計画書指導などを行う。著書に『新版 国内MBA受験のための研究計画書の書き方』（晶文社、編著）など。

国内MBA受験のための筆記試験の解き方

<ruby>国<rt>こく</rt></ruby><ruby>内<rt>ない</rt></ruby>MBA受験のための<ruby>筆<rt>ひっ</rt></ruby><ruby>記<rt>き</rt></ruby><ruby>試<rt>し</rt></ruby><ruby>験<rt>けん</rt></ruby>の<ruby>解<rt>と</rt></ruby>き<ruby>方<rt>かた</rt></ruby>

2022年6月15日　初版

著　　　者	鄭 龍権	
編 集 協 力	河合塾KALS	
発 行 者	株式会社 晶文社	
	〒101-0051 東京都千代田区神田神保町1-11	
	電話（03）3518-4940（代表）・4943（編集）	
	URL　https://www.shobunsha.co.jp	
装　　　丁	grab 等々力嘉彦	
印刷・製本	株式会社太平印刷社	

ⓒRyuken Tei 2022
ISBN978-4-7949-9539-1　Printed in Japan